KB193927

바디 바이블 나눔교재
BODY BIBLE STUDY BOOK

– 인도자용 –

서우북스
SEOWOO BOOKS

Body는 Bible입니다.
인간은 Homo Biblicus
즉 성경의 말씀으로 이루어진 인간입니다.

"Body는 Bible"입니다.
우리의 몸은 살과 뼈로 이루어진 단순한 유기물이 아닙니다. 우리의 척추와 골반, 근육, 발과 어깨, 혈관 아니 우리 몸의 모든 신체 하나 하나가 우리 세포 속에 쓰여진 하나님의 말씀 그대로 이루어진 순종의 결정체인 것입니다.
저는 이런 인간의 원형을 "Homo Biblicus" 즉 성경 말씀으로 이루어진 '몸'이라고 확신합니다.

[바디바이블]이 출간되고 많은 독자들께서 하나님이 창조해 주신 사람의 몸이 얼마나 신비로운 은혜의 산물인가를 공감해 주셨고 감사하게도 짧은 시간임에도 불구하고14쇄를 발행하게 되었습니다. 이 모든 일이 하나님의 섭리임을 고백하며 하나님과 독자분들께 영광과 감사 드립니다.

[바디 바이블]책과 강연으로 독자들을 만나면서, 우리의 몸을 통해 하나님의 말씀을 보다 세심하게 살펴보고자 하는 열망과 요청을 느끼게 되었습니다. 이에 부응하고자 [바디바이블]을 기초로 하여 [바디바이블 나눔교재]를 편찬하게 되었습니다.

바디 바이블 나눔교재
"BODY BIBLE STUDY BOOK"

[바디바이블 나눔교재]는 잠, 골반, 밸런스, 줄기세포, 척추, 무릎, 발, 어깨, 근육, 혈액관리, 관절염의 총 11개의 주제를 52개 작은 제목으로 소분하여 묵상하도록 구성하였습니다. 또한 일러스트를 통해 주제 이해를 돕고 영성의 시간을 갖도록 노력했습니다.

우리의 몸은 성경처럼 묵상할 수 있는 말씀입니다.
52주 동안 우리 몸을 묵상하며 우리 몸 속에 써 놓으신 하나님의 마음, 즉 하나님의 열심과 사랑으로 우리를 하나님의 사람으로 완성시키시겠다는 하나님의 뜻을 발견하시길 바랍니다.
또한 우리의 몸이 하나님의 성전 삼으시고자 하는 '말씀' 그 자체라고 하는 신비를 나누기를 원합니다.

2019년 5월
이창우

Contents

Contents

BODY BIBLE

I
잠(은혜)
묵상

5주

1
잠은
하나님께 맡기라고 하는 부르심이다
: 맡김

준비 | 『바디바이블』 '잠은 하나님께 맡기라고 하는 부르심이다'(p27~29) 읽어오기

오늘의 말씀 | 실로 내가 내 영혼으로 고요하고 평온하게 하기를 젖 뗀 아이가 그의 어머니 품에 있음 같게 하였나니 내 영혼이 젖 뗀 아이와 같도다(시131:2)

기도 | 주님! 오늘도 제가 평안한 잠을 잘 수 있도록 주님을 신뢰하며 주님의 말씀을 기억하며 하루를 시작하고 마감하게 하옵소서! 제가 자는 동안도 주님께서 저를 지키시며 새로운 힘을 주실 것을 믿게 하소서!

도움닫기
마음 열기

> 이 세상에서 가장 잘 자는 사람은 아기입니다. 아기는 하루에 18시간 이상을 잡니다. 그는 자는 시간을 통해서 몸이 자라납니다.
> **< 바디바이블 p27 中 >**

● 아기가 잠을 잘 잘 수 있는 이유는 무엇일까요?

그런 면에서 잠은 완벽한 맡김 그 자체라 할 수 있습니다. 몸과 마음의 완전한 무장 해제이며, 내려놓음의 상태! 그러나 그 완벽한 맡김의 상태 속에서 인간은 새로운 생명으로 태어나게 되는 것입니다.

< 바디바이블 p27 中 >

● 나는 젖뗀 아이와 같은 상태(몸과 마음의 완전한 무장해제 상태)입니까? 아니라면 아기와 무엇이 다릅니까?

1 한 걸음
말씀 살펴보기

1 다윗은 지금 어떤 상황입니까? (시131:1)
➡ 하나님의 도움 없이 인간적인 권력의 힘으로 자꾸 문제를 해결하고 싶은 생각과 싸우고 있는 듯합니다

2 다윗은 왕으로서 감당해야 할 부담 가운데 무엇을 하지 않는다고 하나요? (시131:1)
➡ 큰일과 미치지 못할 기이한 일을 힘쓰지 아니함

3 다윗 왕은 무엇을 대신 하겠다고 결심하나요?(시 131:2)
➡ 젖뗀 아이가 그 어미 품에 있음같이 심령을 고요하고 평온하기에 힘쓴다

4 나윗의 고백을 이스라엘에게로 확장하는 이유는 무엇인가요?
➡ 다윗은 개인적인 고백을 하고 있지만, 다윗은 이스라엘을 대표하는 신앙인이요, 왕이기 때문이다

BODY BIBLE

어미의 품에 있다가 젖을 뗀 아이의 심정이 무엇일까요?
'근원에 대한 절대적인 요청'이 아닐까요? 그 품이 아니면 죽어 버릴 것 같은 상태!
아무리 소유가 많고, 많은 권력을 가지고 있어도 절대적으로 해결되지 않는 인간
의 근원적인 고통을 느끼고 있는 사람이,
"하나님 품에 저를 맡기지 않으면 살 수가 없습니다"라고 하는,
뿌리에서 잘려 나간 가지가 그 원뿌리를 사무치게 그리워하는 고백!
하나님께 온전히 맡겨야만 살 수 있다는 고백인 것입니다.

< 바디바이블 p28 中 >

1 무엇(돈, 권력, 명예, 인기 등)을 가지면 젖뗀 아이의 평온한 심정이 될 수
있을까요?

➡ 온전히 믿을 수 있는 강력한 자가 나를 지켜줄 때

2 나는 어떤 때 하나님께 전적으로 맡깁니까?(근원에 대한 절대적인 요청)

➡ 온전히 믿을 수 있는 전지전능하신 하나님이 나의 어머니, 아버지와 같이 느껴질 때

3 내 힘으로 할 수 없을 때 하나님께 전적으로 맡기고 일이 잘 해결된 경험이
있다면 나누어 봅시다.

많은 동물들 중에서 물에 빠져 죽는 유일한 동물이 있다고 합니다. 그게 누구냐 하면 바로 우리 인간이라고 하는 동물입니다. 평생 우리를 나와 본 적이 없는 돼지를 물에 집어넣으면 물에 둥둥 잘 뜹니다. 제 발로 물길질을 해서 물 밖으로 나옵니다. 물에 들어가 본 적도 없는데도 수영을 합니다.

…그런데 희한하게도 죽으면 물에 뜹니다.

…그럼 왜 인간만 가라앉는 것일까요? 물에 자신을 맡기지 못하기 때문입니다. 왜 우리는 걱정을 하고, 스트레스를 받고 온몸이 굳어 버리고, 혈관이 막히는 것일까요? 왜 암에 걸리고, 화가 나고, 병이 들어 물이라고 하는 이 삶의 해수면에 둥둥 뜨지 못하는 것일까요?

맡기지 못하기 때문입니다. 하나님의 품에 안기지 못하기 때문입니다.

< 바디바이블 p28~29 中 >

1 내가 내려놓지 못하고 걱정하는 것은 무엇인가요?

2 이것을 내려놓기 위해서 무엇을 어떻게 하면 좋을까요?

오늘 깨달은 것과 기도제목을 나눕니다.

● 〈오늘의 말씀〉을 함께 암송합니다.

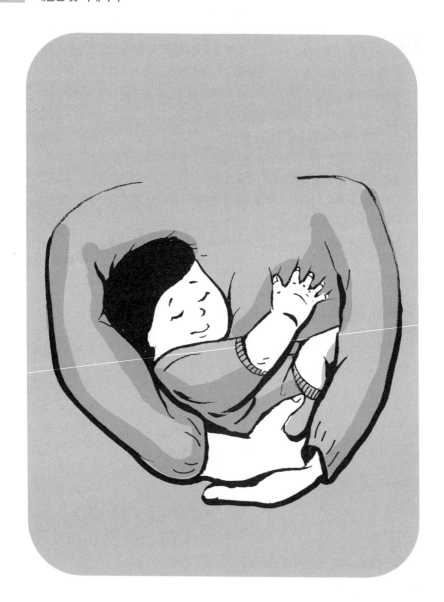

2
잠은 **에고(Ego)**가
제로(Zero)상태가 되는 것이다

: 에고 제로(자기부인)

준비 | 『바디바이블』 '잠은 에고(Ego)가 제로(Zero)상태가 되는 것이다' (p30~33) 읽어오기

오늘의 말씀 | 너희가 일찍이 일어나고 늦게 누우며 수고의 떡을 먹음이 헛되도다 그러므로 여호와께서 그의 사랑하시는 자에게는 잠을 주시는도다(시127:2)

기도 | 주님! 오늘 하루도 자신의 욕심대로 사는 것이 아니라 자신의 욕심을 비우고 하나님의 뜻을 생각하고 순종하게 하소서! 나보다 연약한 이웃을 생각하고 섬기게 하소서!

도움닫기
마음 열기

> 우리의 에고(Ego)는 내가 원하는 일들이 착착 진행되어 나가기를 바랍니다. …내가 원하는 대로 되어야 내 인생이 성공하는 것이라 믿습니다.
>
> **< 바디바이블 p32 >**

● 인생에서 내가 원하는 대로 된 것과 그렇지 않은 것은 무엇입니까?

● 내가 원하는 대로 되었지만 결과가 좋지 않았거나 내가 원하지 않는 대로 되었지만 결과가 오히려 좋았던 적은 없나요?

1 사람이 집을 세우고자 노력하고, 파수꾼이 성을 지키고자 하여도 헛되게 되는 이유는 무엇인가요?(시127:1)

2 사람의 바람과 노력만으로 이루어질 수 없는 상황 속에서 여호와께서는 그 사랑하시는 자에게 무엇을 주시나요?(시127:2)

● 잠을 주신다는 의미가 무엇일지 생각해 봅시다.

➡ 평안에 대한 제시문: 아이가 어머니의 품에서 젖을 먹고 그 품에서 잠이 든 모습이 평안(샬롬)과 비슷하다고 합니다.

2 두 걸음
말씀의 의미를 생각하기

> 내 인생이란 것이 내가 의도하고 내가 원한 방향으로 이루어진 것인가? 앞으로의 내 삶은 내가 쏘아올린 열정이 빚어낸 결과물일까? 그렇지 않다는 것입니다. '잠'은 내 모든 의도와 열정을 제로(Zero)의 상태로 만들어 버립니다. …내 의식과 내 의도와 나의 원함이 완전히 내려 놓아진 제로(Zero)의 '잠' 상태에서 우리는 하나님과 연합하는 것입니다.
>
> **< 바디바이블 p32 中 >**

1 잠을 잔다는 것은 심리적, 정신적으로 어떤 상태인가요?

　➡ 내 모든 의도와 열정이 제로(Zero)가 된 상태

2 내 인생이 내가 의도하고 원하는 방향으로 이루어지지 않은 경험이 있다면 나누어봅시다.

3 하나님은 언제 우리와 연합하시나요?

　➡ 내 의식과 내 의도와 나의 원함이 완전히 내려 놓아진 제로(Zero)의 '잠' 상태에서 우리는 하나님과 연합하신다

3

세 걸음
말씀에 나를 비춰보기

> 내가 제로가 되었는데, 하나님이 내 모든 것이 되셔서 하나님의 원하심과 섭리로 내 인생을 이끌어 가십니다. 내가 온전히 내려 놓아졌을 때, 나의 그 잠듦 속에서 하나님은 전력질주 하십니다. 나의 에고(Ego)가 제로(Zero)인 '잠'이 될 때, 하나님은 하시고자 하시는 일들을 다 이룰만한 하나님 마음에 합한 자의 사람이 되는 것입니다.
>
> **< 바디바이블 p32~33 中 >**

1 하나님은 어떤 상황에서 나의 인생을 하나님 뜻대로 이끌어 가시기 위해 전력질주 하시나요?

➡ 내가 온전히 내려 놓아져 하나님의 마음에 합한 자가 되었을 때

2 하나님의 마음에 합한 자가 되기 위해서 무엇을 어떻게 하면 좋을까요?

➡ 자신의 에고(Ego)가 제로(Zero)가 된 성품을 가진다.

오늘 깨달은 것과 기도제목을 나눕니다.

● 〈오늘의 말씀〉을 함께 암송합니다.

3
잠은
하나님의 열심을 알리는 메시지
: 하나님의 열심

준비 | 『바디바이블』 '잠은 하나님의 열심을 알리는 메시지 (p34~36) 읽어오기

찬양 | 나는 할 수 없지만

오늘의 말씀 | 공중의 새를 보라 심지도 않고 거두지도 않고 창고에 모아들이지 않아도 너희 하늘 아버지께서 기르시나니 너희는 이것들보다 귀하지 아니하냐 (마6:26)

기도 | 주님! 비록 제가 이제 잠을 자겠지만, 제가 자는 동안에도 주님께서 저의 몸에 생기가 있게 하시고, 몸의 각 부분이 제가 자는 동안에 더욱더 제기능을 발휘할 수 있도록 생명력을 주세요!

도움닫기
마음 열기

> 의학적으로 잠을 정의한다면, 몸의 활동이 거의 정지된 것입니다.

● 하나님께서 모든 피조물에게 '잠'을 주신 이유는 무엇일까요?

➡ 건강과 생명활동

- 하나님이 주신 잠은 우리에게 어떤 유익이 되나요?(『바디바이블』p37~39 참고)

➡ 장기와 뇌의 휴식을 통해 재충전, 생명활동에 필요한 호르몬 분비, 세포들의 이취임, 근육의 이완 및 원기회복

1 한 걸음
말씀 살펴보기

1 우리는 때로 걱정거리가 있을 때 좀처럼 잠을 청하지 못하곤 합니다. 우리의 염려가 어떤 도움이 될까요?(마6:27)

➡ 너희 중에 누가 염려함으로 그 키를 한 자나 더할 수 있느냐

2 하나님은 공중의 새와 들의 백합화를 어떻게 돌보시고 계시나요?(마26:26, 28~30)

➡ 심지도 거두지도 않고 창고에 모아들이지도 아니하되 솔로몬의 입은 것보다 아름답게 하심

3 하나님은 하나님의 자녀인 우리들이 무엇을 하지 않기 원하시나요?(마 26:34)

➡ 내일 일을 위하여 염려하지 말라

- 걱정하고 염려하는 자에게 무엇이 적다고 말씀하시나요?(마26:30)

➡ 하나님에 대한 믿음이 부족

- 내일 일을 염려하지 않는 하나님의 자녀, 하나님의 사랑을 입고 있음을 아는 자에게 무엇을 주시나요?(시127:2b)

➡ 여호와께서 그 사랑하는 자에게 잠을 주시는도다

> 한 번 생각해 보세요. 놀랍지 않습니까?
> 자신의 의도와 목적을 이루기 위해 … 힘차게 뛰어 돌아다니던 '존재'가 '아무것도
> 할 수 없는 Nothing!', '비존재'의 상태 속에 놓여지게 된다는 것이 말입니다. 인간의
> 모든 노력과 수고가 멈춰 버립니다.
>
> < 바디바이블 p35 中 >

1 잠을 자는 동안 우리는 우리의 목적을 향해 무엇을 열심히 할 수 있습니까?

➡ 아무것도 할수 없음

2 우리가 자는 동안에 하나님께서는 무엇을 하고 계실까요?

➡ 자연이 살아있고 하늘과 땅이 움직이고 모든 역사가 돌아감

3 내가 노력하지 않았음에도 하나님께서 이루어주신 은혜는 무엇이 있는지
생각해 봅시다.

인간은 Nothing! 아무 공로도 없다는 것입니다.

그 모든 것이 하나님의 열심! 하나님의 노력으로 이루어지고 있다는 진리…

구약에서 말씀하시는 '안식일'의 의미 또한 그렇습니다.… 인간의 의도와 수고가 정지하는 날입니다. 왜 그런가요? 하나님의 열심으로 완성된 날이기 때문입니다.

하나님께서 이루시는 '하나님의 나라! 구원의 역사!'는 인간의 노력이나 율법적 수고가 아니라, 오직 **'하나님의 주권'**이라는 것입니다.

< 바디바이블 p35~36 中 >

1 나에게 일어나는 모든 일의 결과와 인생의 결국(구원)이 나의 노력에 속하지 않았다는 사실을 인정합니까?

⋯⋯⋯⋯⋯⋯⋯⋯⋯⋯⋯⋯⋯⋯⋯⋯⋯⋯⋯⋯⋯⋯⋯⋯⋯⋯⋯⋯⋯⋯⋯⋯⋯⋯⋯⋯⋯

2 인간의 역사도 결국은 하나님의 주권과 섭리대로 진행되어 감을 인정합니까?

⋯⋯⋯⋯⋯⋯⋯⋯⋯⋯⋯⋯⋯⋯⋯⋯⋯⋯⋯⋯⋯⋯⋯⋯⋯⋯⋯⋯⋯⋯⋯⋯⋯⋯⋯⋯⋯

3 잠을 줄여가며 내가 노력한다 하더라도 하나님의 주권대로 이루어질 수밖에 없음을 인정합니까?(시127:2a)

오늘 깨달은 것과 기도제목을 나눕니다.

● 〈오늘의 말씀〉을 함께 암송합니다.

4
잠은 **복음**의 신호체계
: 십자가와 부활

준비 | 『바디바이블』 '잠은 복음의 신호체계' (p37~39) 읽어오기

오늘의 말씀 | 만일 우리가 그의 죽으심과 같은 모양으로 연합한 자가 되었으면 또한 그의 부활과 같은 모양으로 연합한 자도 되리라(롬6:5)

기도 | 주님! 매일 제가 잠을 자고 다시 일어나면서, 미래에 일어날 죽음과 부활의 이미지를 그려 보게 하시고 하나님 나라에 대한 소망을 갖게 하옵소서! 이 땅에서 영원히 사는 것이 아님을 늘 마음에 새기면서 욕심을 버리고 나누며 살게 하소서!

도움닫기
마음 열기

> '잠' 속에서 일어나는 현상들을 보면, '잠'이란 '부활'의 아침을 준비하는 과정이라는 것을 알 수가 있습니다. '잠'은 '내가 아무것도 하지 않는 시간'이지만, 사실은 '가장 많은 생명의 준비 과정이 일어나는 시간'이기도 합니다.
>
> **< 바디바이블 p37 中>**

● 잠을 통해 일어나는 현상들을 정리해 봅시다(『바디바이블』 p37~39 참고).

1 잠을 통해 우리의 내부 (　　장기들이 휴식　　)을 얻게 됩니다

2 잠은 (뇌)가 휴식을 통해서 (재충전)을 하게 해줍니다

3 잠은 생명활동에 필요한 (　　호르몬들이 분비　　)되게 해줍니다

4 우리 몸안에 (　세포들의 이임식과 취임식　)이 왕성하게 일어나는 일들도 자는 시간을 통해서 이뤄지게 됩니다.

5 온몸의 (근육이 이완)되고, (피로)가 풀리며, (원기가 회복)됩니다.

- 내가 아무 노력도 하지 않는 시간이 다음 날의 생활을 준비하는 귀중한 시간 이 된다는 사실이 나에게 어떤 의미로 다가오나요?

  ➡ 잠을 통한 메시지는 나의 노력이 0%인 '하나님의 열심' 100%의 은혜입니다. 즉 십자가에 나를 못박는 것 도, 내가 그리스도와 연합해 부활하는 것도 나의 노력이 아닌 전적인 하나님의 은혜로만 가능합니다.

한 걸음
말씀 살펴보기

1 세례의 의미는 무엇인가요?(롬6:3)

➡ 그리스도와 함께 나의 옛 사람(옛 자아, 육체의 소욕)도 죽었다는 의미
➡ 무릇 그리스도 예수와 합하여 세례를 받은 우리는 그의 죽으심과 합하여 세례를 받은 줄을 알지 못 하느냐

2 그리스도와 함께 죽은 자는 아버지의 영광으로 어떻게 되었습니까?(롬6:4)

➡ 아버지의 영광스러우신 능력으로 죽은자들 가운데서 살리심을 받아 새 생명으로 살게 되었습니다.
➡ 그러므로 우리가 그의 죽으심과 합하여 세례를 받음으로 그와 함께 장사되었나니 이는 아버지의 영 광으로 말미암아 그리스도를 죽은 자 가운데서 살리심과 같이 우리로 또한 새 생명 가운데서 행하게 하려 함이라

> ∞ 예수님과 함께 죽은 자는 (죽음으로 하나가 되었으므로) 다시 살 때도 하나가 되는 것입니다 (롬6:5).

3 우리의 옛 사람이 예수와 함께 십자가에 못 박혔다는 것은 무슨 뜻입니까? (롬6:6~7)

➡ 죄로 가득 찬 육체는 예수님이 십자가에서 죽으실 때 함께 죽었고, 그렇게 죽은 사람은 죄에서 벗어나 의롭게 되었 으므로 더 이상 죄의 종이 아닌 것입니다.
➡ 우리가 알거니와 우리의 옛 사람이 예수와 함께 십자가에 못 박힌 것은 죄의 몸이 죽어 다시는 우리가 죄에게 종 노 릇 하지 아니하려 함이니
➡ 이는 죽은 자가 죄에서 벗어나 의롭다 하심을 얻었음이라

4 그리스도와 함께 죽은 우리가 그리스도와 함께 부활할 것을 어떻게 알 수 있습니까?(롬6:8~9)

➡ 그리스도는 죽음을 이기시고 다시 살아나신 분이시기 때문에 죽음이 그를 주장할 수 없으며, 그분과 연합하여 하나 가 된 우리는 그분과 함께 영원한 생명을 누릴 수 있습니다.
➡ 만일 우리가 그리스도와 함께 죽었으면 또한 그와 함께 살 줄을 믿노니
➡ 이는 그리스도께서 죽은 자 가운데서 살아나셨으매 다시 죽지 아니하시고 사망이 다시 그를 주장하지 못할 줄을 앎이로라

5 예수님은 모든 죄에 대해 한 번에 해결하셨고, 하나님을 위하여 살고 계십니다(롬6:10). 그렇다고 한다면 예수님과 연합한 우리는 어떻게 살아야 할까요?(롬6:11)

➡ 예수님처럼 죄에 대해서는 죽은 사람이고, 예수님 안에서 예수님과 함께 하나님을 위해 살아야 합니다.

➡ 그가 죽으심은 죄에 대하여 단번에 죽으심이요 그가 살아 계심은 하나님께 대하여 살아 계심이니 이와 같이 너희도 너희 자신을 죄에 대하여는 죽은 자요 그리스도 예수 안에서 하나님께 대하여는 살아 있는 자로 여길지어다

2 두 걸음
말씀의 의미를 생각하기

> 하나님께서 정하신 구원의 길은 '십자가와 부활의 길'입니다. '죽어야 사는 것이다'라는 말처럼 복음의 신비를 가장 잘 보여 주는 것이 '잠'입니다.
> '잠'이 아니고선, '잠'을 제대로 통과하지 아니하고선 새날을 맞이할 수 없다는 얘기라는 겁니다. 온전하게 잠들어야 온전하게 깨어 있을 수 있습니다.
>
> **< 바디바이블 p37, 39 中 >**

1 그리스도와 함께 옛 사람이 십자가에서 죽었다는 것은 어떤 의미일까요? 다음 성경구절을 찾아보고 그 의미를 생각해 보세요.

● 롬6:4
➡ 그러므로 우리가 그의 죽으심과 합하여 세례를 받음으로 그와 함께 장사되었나니 이는 아버지의 영광으로 말미암아 그리스도를 죽은 자 가운데서 살리심과 같이 우리로 또한 새 생명 가운데서 행하게 하려 함이라

● 롬6:8
➡ 만일 우리가 그리스도와 함께 죽었으면 또한 그와 함께 살 줄을 믿노니

● 롬8:17
➡ 자녀이면 또한 상속자 곧 하나님의 상속자요 그리스도와 함께한 상속자니 우리가 그와 함께 영광을 받기 위하여 고난도 함께 받아야 할 것이라

● 엡2:5~6
➡ 허물로 죽은 우리를 그리스도와 함께 살리셨고 (너희는 은혜로 구원을 받은 것이라) 또 함께 일으키사 그리스도 예수 안에서 함께 하늘에 앉히시니

BODY BIBLE

- 골2:12
  - ➡ 너희가 침례로 그리스도와 함께 장사되고 또 죽은 자들 가운데서 그를 일으키신 하나님의 역사를 믿음으로 말미암아 그 안에서 함께 일으키심을 받았느니라

- 골3:1
  - ➡ 그러므로 너희가 그리스도와 함께 다시 살리심을 받았으면 위의 것을 찾으라 거기는 그리스도께서 하나님 우편에 앉아 계시느니라

- 골3:3
  - ➡ 이는 너희가 죽었고 너희 생명이 그리스도와 함께 하나님 안에 감추어졌음이라

- 갈2:20
  - ➡ 내가 그리스도와 함께 십자가에 못 박혔나니 그런즉 이제는 내가 사는 것이 아니요 오직 내 안에 그리스도께서 사시는 것이라 이제 내가 육체 가운데 사는 것은 나를 사랑하사 나를 위하여 자기 자신을 버리신 하나님의 아들을 믿는 믿음 안에서 사는 것이라

- 갈5:24
  - ➡ 그리스도 예수의 사람들은 육체와 함께 그 정욕과 탐심을 십자가에 못 박았느니라

∞ 한 알의 밀알이 땅에 떨어져 온전하게 죽어야 많은 열매를 맺듯, 십자가에서 옛 사람이 그리스도와 함께 온전하게 죽어야 그리스도와 함께 살아날 수 있습니다. 죄에 대해 죽은 사람에게 죄의 권세는 아무런 주장을 할 수 없습니다.

2 예수님과 함께 죽은 자는 예수님과 함께 부활하게 됩니다. 예수님과 함께 부활한다는 것은 어떤 의미일까요? 다음 성경구절을 찾아 그 의미를 생각해 보세요.

- 눅20:36
  - ➡ 그들은 다시 죽을 수도 없나니 이는 천사와 동등이요 부활의 자녀로서 하나님의 자녀임이라

- 요11:25
  - ➡ 예수께서 이르시되 나는 부활이요 생명이니 나를 믿는 자는 죽어도 살겠고

- 행4:33
  - ➡ 사도들이 큰 권능으로 주 예수의 부활을 증언하니 무리가 큰 은혜를 받아

- 고전15:13
  - ➡ 만일 죽은 자의 부활이 없으면 그리스도도 다시 살아나지 못하셨으리라

- 고전15:21
  - ➡ 사망이 한 사람으로 말미암았으니 죽은 자의 부활도 한 사람으로 말미암는도다

- 고전15:42
  - ➡ 죽은 자의 부활도 그와 같으니 썩을 것으로 심고 썩지 아니할 것으로 다시 살아나며

- 빌3:10
  - ➡ 내가 그리스도와 그 부활의 권능과 그 고난에 참여함을 알고자 하여 그의 죽으심을 본받아

- 벧전1:3
  - ➡ 우리 주 예수 그리스도의 아버지 하나님을 찬송하리로다 그의 많으신 긍휼대로 예수 그리스도를 죽은 자 가운데서 부활하게 하심으로 말미암아 우리를 거듭나게 하사 산 소망이 있게 하시며

∞ 예수님과 함께 부활했다는 것은 예수님과 온전히 연합하여 살아간다는 것입니다. 예수님은 하나님께 받아들여지는 '의(義)'를 가지셨기에 예수님 안에서 우리도 하나님께 받아들여지며, 예수님처럼 하나님을 위해서 사는 인생이 됩니다. 즉 예수님이 우리 인생의 주인 되시고, 예수님 안에서 우리는 영생을 함께 누리게 됩니다.

BODY BIBLE

3 세 걸음
말씀에 나를 비춰보기

십자가에서 그리스도와 함께 죽어야 그리스도와 함께 살 수 있는 것입니다. 우리의 몸이 밤에도 깨어서 돌아다닌다면 우리 안에 새로운 날을 향한 새로운 생명을 준비할 수 없는 것처럼, 복음 또한 우리가 새날, 새 창조의 날을 맞이하기 위해서, 반드시 십자가에서 나의 옛 자아가 죽임을 당해야 한다고 말씀하고 있는 것입니다.

< 바디바이블 p39 中 >

1 매일 잠에 들면서 불안해하지 않는 이유는 무엇인가요? 나는 부활과 영생의 소망을 가지고 있나요?

∞ 매일 잠들면서 불안해하지 않는 것은 내일 일어날 것을 믿기 때문입니다. 우리는 매일 죽음과 부활을 연습합니다. 그렇다고 한다면 그리스도인에게는 죽음이 끝이 아닙니다. 죽음 이후 부활이 있다는 영생의 소망을 믿기 때문입니다. 이에 죽음을 끝이 아니라 새로운 시작으로 표현합니다.

2 예수님과 하나 된 천국백성으로 살기 위해 나의 옛 자아는 그리스도와 함께 십자가에서 죽었나요? 아직 살아있는 옛 자아의 모습이 있다면 어떤 것인가요?

오늘 깨달은 것과 기도제목을 나눕니다.

● 〈오늘의 말씀〉을 함께 암송합니다.

5
성실해야
잠을 잘 잔다
: 하나님의 은혜 속에 살아가는 인간

준비 ┃ 『바디바이블』 '성실해야 잠을 잘 잔다'(p 40~42) 읽어오기

찬양 ┃ 찬송가330 / 어둔 밤 쉬되리니

오늘의 말씀 ┃ 그러므로 내가 너희에게 이르노니 목숨을 위하여 무엇을 먹을까 무엇을 마실까 몸을 위하여 무엇을 입을까 염려하지 말라 목숨이 음식보다 중하지 아니하며 몸이 의복보다 중하지 아니하냐(마6:25)

기도 ┃ 주님! 제가 무책임하거나 악한 일을 생각해서 잠을 설치지 않게 하시고 가정, 사회, 교회의 일에 성실하고 책임있게 살게 하소서. 그렇게 매일 수고하고 숙면을 할 수 있게 도와주세요!

도움닫기
마음 열기

> 오늘날 현대인들은 무엇을 먹을까? 무엇을 입을까? 노심초사하면서 자지 않고 공부합니다. 자지 않고 일을 합니다. 그렇게 가장 소중한 '잠의 은혜'를 모르고 살아가고 있습니다. 생명의 시스템을 이해하지 못하고, 인위적인 인공 시스템으로 살아가고 있는 것입니다.
>
> **<바디바이블 p40 中>**

● 현대인들이 잠이 부족한 이유는 무엇일까요?

➡ 의식주에 대한 걱정 근심

● 잠을 잘 자지 못하면 어떤 일이 벌어지나요? 잠을 규칙적으로 잘 자는 것과 성
　실함의 연관성은 무엇일까요?

　　➡ 우리 몸의 '생체 시계'는 '자연의 시계'와 일치하기 때문에 우리에게 주어진 사명을 성실하게 감당하게
　　될 때 우리의 몸에 일정량의 필요한 '피로'가 쌓여 잠을 자게 된다.

1 **한 걸음**
말씀 살펴보기

1 우리가 걱정하고 염려하는 문제의 대부분의 본질은 무엇인가요?(마26:31)

　　➡ 의식주

2 우리가 걱정하고 염려하지 않아도 되는 이유는 무엇인가요?(마26:32)

　　➡ 하나님께서 우리에게 의, 식, 주가 필요하다는 것을 알고 계시기 때문

3 하나님은 우리가 걱정하고 염려하는 대신에 무엇을 하기 원하시나요?(마
　26:33)

　　➡ 먼저 하나님의 나라와 그의 의를 구하길 원하심

● 이 말씀(마6:25~34)을 통해 우리에게 주시고자 하는 메시지는 무엇일지 마
　음에 와닿는 구절을 나누어 봅시다.

> 그러므로 내일 일을 위하여 염려하지 말라 내일 일은 내일이 염려할 것이요 한 날
> 의 괴로움은 그 날로 족하니라(마26:34)

> 잠은 잘 자는 것이 중요합니다. 잠을 잘 자기 위해서는 한 가지 중요한 조건이 있습니다. 그것이 바로 우리 몸에 장착되어 있는 '생체 시계'가 아름다운 자연의 시계인 저 하늘에 떠 있는 태양과 일치되어 있어야 한다는 것입니다.
> … 어떻게 해야 우리 몸의 '생체 시계'를 '자연의 시계'와 일치시킬 수 있을까요? 그 이치는 간단합니다. 바로 '성실'입니다. 내게 주어진 일을 성실하게 하는 것입니다. 하나님께서 내게 주신 일, 부모로서 자식으로서 내가 맡은 자리에서 주어진 사명을 충실하게 감당하는 것! 바로 그 '성실'이 우리 마음을 편안케 하고, 우리의 몸에 일정량의 필요한 '피로'를 쌓이게 합니다. 성실로 빚어낸 아름다운 피로감이 잠을 잘 자게 만드는 열쇠라는 것입니다.
>
> **< 바디바이블 p41~42 中 >**

1 숙면을 취하는 방법은 여러 가지가 있지만 그중에서 몸(운동이나 움직임과 같은 신체적 활동)과 마음(다른 사람과의 소통이나 여러 가지를 통해 드는 감정활동)과 이성(독서나 배움 등 지적인 활동)을 적절하게 사용하여 어느 정도 피로감을 느낄 때 숙면을 취할 수 있다고 합니다. 나에게 부족한 것은 무엇일까요?

2 하나님의 은혜 안에 산다는 것과 하나님이 만드신 '생체 시계'의 흐름에 맞춘다는 것은 어떤 공통점이 있을까요?

➡ 우리에게 주어진 사명을 성실하게 감당하게 될 때 우리의 몸에 일정량의 필요한 '피로'가 쌓여 잠을 자게 되며 하나님의 생체 시계의 흐름에 맞추게 된다.

3 내게 주어진 하루하루의 삶을 성실하게 살다보니 어느새 지금에 이르렀다는 경험이 있다면 나누어 봅시다.

∞∞ 그것이 하나님의 은혜입니다. 매일매일 일어나고, 먹고, 주어진 일을 하고, 잠자기를 반복해 왔는데 어느새 이만큼 성장해 있다는 것. 그러한 매일의 삶 속에서 어렸을 때는 육체가 성장하고, 하는 일에 전문성이 생겨가고, 생각과 마음이 성장하고, 믿음이 성장하고, 다른 사람들에 대한 이해가 성장하고, 하나님을 알아간다는 것. 그것이 은혜 안에 사는 인생입니다.

3

세 걸음
말씀에 나를 비춰보기

하나님께서 세우시고자 하는 그 집이 오직 하나님의 열심으로 이뤄진다는 것을 겸손하게 받아들이고, 내게 주신 자리에서 깨어 있는 동안 겸손하고 성실하게 사명의 길을 걸어가는 사람! 바로 그 사람이 Bio시스템으로 살아가는 사람이며 여호와께서 사랑하셔서 이생의 깊은 잠과 저생의 평안한 잠을 허락하시는 복된 사람입니다.

< 바디바이블 p42 中 >

1 나는 일주일에 몇 번이나 편안하게 잠을 자나요?

2 잠을 잘 때, 하루의 일과에 최선을 다하고, 나머지 부분을 하나님께 맡기는 마음으로 편안하고 성실하게 잠을 자나요?

3 매일의 삶 속에서 평안한 잠을 자기 위해서 무엇을 어떻게 하면 좋을까요?

오늘 깨달은 것과 기도제목을 나눕니다.

● 〈오늘의 말씀〉을 함께 암송합니다.

4 **그림 묵상**
깨달은 것 되새기기

II
골반(생명과 영생) 묵상

5주

1
나는 **기적 중에 기적**이다
: 생명 – 나를 향한 특별한 사랑과 섭리

준비 ｜ 『바디바이블』 '나는 기적 중에 기적이다' (p 47~49) 읽어오기

오늘의 말씀 ｜ 내가 주께 감사하옴은 나를 지으심이 심히 기묘하심이라 주께서 하시는 일이 기이함을 내 영혼이 잘 아나이다 내가 은밀한 데서 지음을 받고 땅의 깊은 곳에서 기이하게 지음을 받은 때에 나의 형체가 주의 앞에 숨겨지지 못하였나이다. 내 형질이 이루어지기 전에 주의 눈이 보셨으며 나를 위하여 정한 날이 하루도 되기 전에 주의 책에 다 기록이 되었나이다 (시139:14~16)

기도 ｜ 주님! 저의 생명이 신비하고 귀하게 만들어진 것을 감사하게 하시고 평생 주님을 기쁘시게 하며 이웃을 섬기며, 제 자신도 행복한 삶을 살도록 도와주세요! 가까운 사람과 약한 사람 모두를 구체적으로 섬기는 제가 되게 하소서!

도움닫기
마음 열기

> 성인 남성이 하루에 만들어 내는 정자의 수는 2억 개 정도 됩니다. 한 번 배출될 때 2억~3억 개의 정자가 난자를 행해 나아갑니다. 이렇게 보면 '나'라고 하는 사람의 출생이 2억 분의 1의 확률로 이루어졌다고 할 수 있습니다. 그러나 좀 더 생각해보면 그렇지가 않습니다. 우리의 출생은 2억분의 1이 아니라, 2조 분의 1의 확률이라 할 수 있습니다. 일생 동안 만들어 낸 정자의 수가 2조 개에 달하기 때문입니다.
>
> **<바디바이블 p47 中>**

- 2조 개의 정자 중에서 1이 되는 기적으로 만들어진 '나'라는 자존감과 하나님께 대한 감사가 있습니까?

● 하나님께서는 '나'를 향한 계획을 가지시고 특별하게 지으셨다는 사실을 믿고 있습니까? 믿지 못한다면 왜 그럴까요?

한 걸음
말씀 살펴보기

❶ 하나님은 모든 인류를 지으신 창조주이십니다. 그 위대하신 분이 나를 얼마나 관심있게 지켜보고 계시며 나에 대해 무엇을 아시나요?(시139:1~4)

➡ 관심 있게 살펴보시며 나에 대해(움직임, 생각, 길, 행위, 말) 알지 못하는 것이 하나도 없으심
➡ 여호와여 주께서 나를 살펴보셨으므로 나를 아시나이다
➡ 주께서 내가 앉고 일어섬을 아시고 멀리서도 나의 생각을 밝히 아시오며
➡ 나의 모든 길과 내가 눕는 것을 살펴보셨으므로 나의 모든 행위를 익히 아시오니
➡ 여호와여 내 혀의 말을 알지 못하시는 것이 하나도 없으시니이다

❷ 하나님은 나를 세심하게 지켜보실 뿐 아니라 나에게 어떻게 하시나요?(시139:5)

➡ 주께서 나의 앞뒤를 둘러싸시고 내게 안수하셨나이다

* 여기에서 '앞뒤를 둘러싸시고'라는 말은 나의 사방을 둘러싸서 보호하시고, '내게 안수'하신다는 말은 내 위에 손을 얹고 보호하신다는 뜻입니다. 즉 모든 순간, 모든 상황 속에서 성실하게 나를 지키시고 보호하심을 의미합니다.

❸ 하나님의 사랑을 받는 자녀는 성실하게 돌봐주시는 주님을 놓치거나 떠날 수 있을까요?(시139:7~12)

➡ 하늘도 지하 깊은 곳도, 바다 끝(땅끝)에 가더라도 주님은 붙드시며, 캄캄한 밤에도 대낮처럼 환하게 보심
➡ 내가 주의 영을 떠나 어디로 가며 주의 앞에서 어디로 피하리이까
➡ 내가 하늘에 올라갈지라도 거기 계시며 스올에 내 자리를 펼지라도 거기 계시니이다
➡ 내가 새벽 날개를 치며 바다 끝에 가서 거주할지라도
➡ 거기서도 주의 손이 나를 인도하시며 주의 오른손이 나를 붙드시리이다
➡ 내가 혹시 말하기를 흑암이 반드시 나를 덮고 나를 두른 빛은 밤이 되리라 할지라도
➡ 주에게서는 흑암이 숨기지 못하며 밤이 낮과 같이 비추이나니 주에게는 흑암과 빛이 같음이니이다

❹ 본문에서는 어머니의 배 속에서 오장육부 장기를 다 만들어 주신 분은 누구시며, 이러한 신비로움에 어떻게 표현합니까?(시139:12~14)

➡ 주님께서 모태에서부터 (머리, 팔, 다리 등의 모양뿐 아니라) 보이지 않는 내부의 장기까지 정교하게 만드셨으며, 이러한 신비로운 은혜에 감사를 드리고 있음
➡ 주에게서는 흑암이 숨기지 못하며 밤이 낮과 같이 비추이나니 주에게는 흑암과 빛이 같음이니이다
➡ 주께서 내 내장을 지으시며 나의 모태에서 나를 만드셨나이다
➡ 내가 주께 감사하옴은 나를 지으심이 심히 기묘하심이라 주께서 하시는 일이 기이함을 내 영혼이 잘 아나이다

BODY BIBLE

5 성경은 내가 지어지기 전부터 하나님은 나를 알고 계셨고, 내가 태어난 지 1일이 되기도 전에 주님의 책에 기록되어있다고 말하고 있습니다. 하나님의 나를 향한 사랑과 계획을 담은 구절을 찾아봅시다(시139:15~16).

➡ 내가 은밀한 데서 지음을 받고 땅의 깊은 곳에서 기이하게 지음을 받은 때에 나의 형체가 주의 앞에 숨겨지지 못하였나이다

➡ 내 형질이 이루어지기 전에 주의 눈이 보셨으며 나를 위하여 정한 날이 하루도 되기 전에 주의 책에 다 기록이 되었나이다

---

6 하나님의 나를 향한 생각은 어떠하신가요?(시139:17~18)

➡ 하나님이여 주의 생각이 내게 어찌 그리 보배로우신지요 그 수가 어찌 그리 많은지요

➡ 내가 세려고 할지라도 그 수가 모래보다 많도소이다 내가 깰 때에도 여전히 주와 함께 있나이다

---

7 시인은 그러한 창조주를 인정하지 않고 하나님을 미워하는 악인들을 자신도 미워한다고 말합니다(시139:20~21). 그러한 자신의 마음을 알아달라고 기도하며 어떤 길로 인도하여 주시길 구하고 있나요?(시139:23~24)

➡ 하나님이여 나를 살피사 내 마음을 아시며 나를 시험하사 내 뜻을 아옵소서

➡ 내게 무슨 악한 행위가 있나 보시고 나를 영원한 길로 인도하소서

* 여기에서 '영원한 길'은 멸망되는 악인과는 대비되는 길로 영원하신 하나님과 하나되는 것을 의미합니다.

---

2 두 걸음
말씀의 의미를 생각하기

> 그 성장 과정은 우리가 도저히 헤아리지 못할 놀라운 기적의 연속입니다. 어떻게 10개월 만에 보이지도 않던 세포 하나가 팔과 다리를 가지고, 느끼고 표현할 수 있는 어마어마한 유기체인 인간으로 발전할 수 있을까요? … 이 모든 것은 오직 하나님 말고는 설명할 길이 없습니다. 창조주이신 하나님의 놀라운 능력과 섭리가 이루어 낸 사랑의 창조가 바로 우리의 생명인 것입니다.
>
> **< 바디바이블 p48 中 >**

1 수정란으로 세포 1개였던 내가 세포분열을 하며 포배기를 거쳐 배아, 태아
가 되어 지금의 내가 되었다는 사실이 놀랍지 않나요? 이렇게 오묘한 과정
을 거쳐 이루어진 내가 우연일까요? 특별한 계획과 섭리일까요?

➡ 세포 1개로 0.5g밖에 되지 않았던 태아가 600만 배 커져서 3kg 정도의 신생아로 태어나게 된다는
　것은 하나님의 특별한 계획과 섭리하심을 인정할 수밖에 없음

2 하나님은 특별한 계획 가운데 '나'를 창조하시고, 쉬지 않는 성실과 인자하
심으로 나를 지켜보고 계십니다. 나의 모든 말과 행동, 생각까지 다 아시는
하나님 앞에 혹시 부끄러운 모습은 없나요?

∞ 하나님 앞에 부끄러운 모습, 감정, 생각이 든다고 하더라도 절대 숨지 마십시오.
하나님은 다 알고 계십니다. 그것을 다 아시면서도 이해하시고 변함없이 사랑하시
는 우리의 좋으신 아버지 되십니다. 그 사랑을 신뢰하는 것이 바로 '믿음'입니다.

3 세 걸음
말씀에 나를 비춰보기

… 성스런 출산의 과정은 오직 하나님의 창조와 섭리의 은총이었습니다.
… 생명을 향한 가장 거룩하고 숭고한 노력의 몫은 의사가 아니고, 아기도 산모
도 아닌 하나님의 은혜라는 것을 말입니다. 우리 모두는 시편 139편의 말씀과 같
이 하나님의 기이하시고 신묘막측(神妙莫測: 헤아리고 측량할 수 없을 정도로
오묘하고 신비함)한 은혜로 이 땅에 태어난 하나님의 자녀들입니다. 바로 이 '나'
가 우주보다 더 큰 기적 중에 기적인 것입니다. 내가 일으켜 낸 기적이 아니라,
하나님께서 일으켜 내신 은혜의 기적인 것입니다.

< 바디바이블 p49 中 >

① 생명은 하나님께 속한 것입니다. 그동안 '나'의 인생이 나의 것이라고 생각하지는 않았나요? 내 인생의 주인이 되기 위해 '나'라는 존재가 만들어지는 데 내가 기여한 것은 무엇인가요?

∞ 어떤 사람도 '스스로' 존재하는 사람은 없습니다. 부모님이 계시고, 그 부모님도 그 위에 부모님이 계십니다. 이렇게 계속 올라가다 보면 인류 최초의 사람 역시 스스로 존재한 것이 아니라 그의 부모(창조주)가 존재하게 됩니다.

② 하나님의 특별한 계획 가운데 지음받은 '나'라면, 하나님은 '나'에게 어떤 기대를 가지고 계실까요?

∞ 하나님의 나를 향한 계획은 언제나 내가 생각하는 것 이상입니다. 그리고 하나님께 맡기기만 한다면 하나님은 그 기대를 넘치게 이루는 분이십니다. 절대 자기 자신을 평가절하하지 마십시오. 이 말은 교만하라는 말이 아닙니다. 하나님께 자신을 맡기고 하나님이 나를 보시는 관점으로 자신을 보고 사랑하라는 뜻입니다. 인간 스스로 주인이 되는 '자기애'와 구별되는 말입니다.

오늘 깨달은 것과 기도제목을 나눕니다.

● 〈오늘의 말씀〉을 함께 암송합니다.

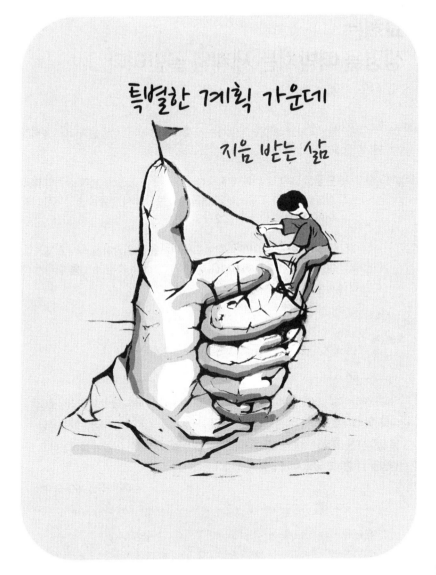

2
교회는
생명을 떠받치는 세계의 골반이다

: 교회의 사명 - 세상을 살리는 생명, 교회

준비 | 『바디바이블』'교회는 생명을 떠받치는 세계의 골반이다', '생명은 최고의 상위개념이다'(p50~55) 읽어오기

오늘의 말씀 | 또 만물을 그의 발 아래에 복종하게 하시고 그를 만물 위에 교회의 머리로 삼으셨느니라 교회는 그의 몸이니 만물 안에서 만물을 충만하게 하시는 이의 충만함이니라(엡1:22~23)

기도 | 주님! 제가 교회의 한 몸을 이루는 지체로서 역할을 잘 감당하게 하시고 제가 속한 교회와 한국교회 전체가 하나님을 머리로 고백하며 주님의 뜻을 이루는 데 쓰임 받게 하소서!

도움닫기
마음 열기

> 우리 몸에는 허리 밑에 골반이 있습니다. 골반이란 단어는 뼈와 밑받침대라는 뜻입니다. 말 그대로 뼈를 받치는 받침대라는 뜻이 됩니다. … 우리 몸의 골반이란 생명을 담아내는 그릇과 관련이 있습니다. … 골반이 없다면 생식 기능이 불가능하고, 생명을 잉태하고 낳을 수가 없는 것입니다.
>
> **< 바디바이블 p50~51 中>**

● 골반이 바르지 못하고 틀어지면 어떤 현상들이 일어날까요?

➡ 걸음걸이가 똑바르지 못하다. 치마가 한쪽으로 돌아간다. 걸어갈 때와 앉을 때 똑바로 균형잡기 어렵다 등

- '생명을 담아내는 그릇'에 어떤 이미지가 떠오르나요? 골반의 기능과 연결해 골반이 없다면, 생명을 담아내는 그릇이 없다면 어떻게 될지 자유롭게 생각을 나누어 봅시다.

  ➡ 그릇이 없다면 물건을 담을 수 없듯이 골반이 없다면 생명을 담을 수가 없다. 골반이 없다면 생명을 잉태하고 키울 수 있는 그릇이 없는 것과 같아서 모태에서 아기를 키울 수 없을 것이다 등

한 걸음
1 말씀 살펴보기

① 사도 바울은 하나님께서 하나님의 자녀들에게 주시는 지혜와 총명으로 그동안 비밀로 감춰져 있던 '하나님의 예정하신 계획'을 알게 됩니다(엡1:8~9). 그 계획은 무엇인가요?(엡1:10)

  ➡ 하늘에 있는 것이나 땅에 있는 것이 다 그리스도 안에서 통일되게 하려 하심이라

② 그리스도와 하나 된 자들, 그리스도 안에 통일된 자들은 어떤 특권을 누리나요?(엡1:3~7)

- 3절
  ➡ 하늘에 속한 모든 신령한 복을 주심

- 4절
  ➡ 우리로 거룩하고 흠이 없게 하심

- 5절
  ➡ 하나님의 아들들이 되게 하심

- 6절
  ➡ 거져 주시는 은혜의 영광을 찬송하게 하심

- 7절
  ➡ 죄사함을 주심

3 사도 바울은 에베소교회 성도들을 위해 어떤 기도를 하나요?(엡1:16~19)

➡ 내가 기도할 때에 기억하며 너희로 말미암아 감사하기를 그치지 아니하고

➡ 우리 주 예수 그리스도의 하나님, 영광의 아버지께서 지혜와 계시의 영을 너희에게 주사 하나님을 알게 하시고

➡ 너희 마음의 눈을 밝히사 그의 부르심의 소망이 무엇이며 성도 안에서 그 기업의 영광의 풍성함이 무엇이며

➡ 그의 힘의 위력으로 역사하심을 따라 믿는 우리에게 베푸신 능력의 지극히 크심이 어떠한 것을 너희로 알게 하시기를 구하노라

* 바울의 기도는 에베소교회뿐 아니라 '이 세상에 존재하는 모든 교회'를 위한 기도입니다. 하나님을 세상의 지혜로는 알 수 없기에 영적인 지혜와 계시의 영(통찰력)을 간구하고, 그것을 통해 하나님의 생명력이 주시는 영광과 축복, 하나님의 능력의 위대함을 알게 하시기를 간구합니다. 이것이 오늘날 세상에서 살아가는 우리(교회)가 알고 담아내어서 전해야 할 능력있는 생명의 내용입니다.

---

4 하나님은 능력으로 우리에게 무엇을 보이셨나요?(엡1:20)

➡ 죽은 자들 가운데서 예수님을 살려내사 사망을 이기신 영원한 생명이 예수님 안에 있음을 보이셨음

➡ 그의 능력이 그리스도 안에서 역사하사 죽은 자들 가운데서 다시 살리시고 하늘에서 자기의 오른편에 앉히사

---

5 하나님은 세상의 모든 것(만물)의 머리로 누구를 세우셨나요?(엡1:22)

➡ 또 만물을 그의 발 아래에 복종하게 하시고 그를 만물 위에 교회의 머리로 삼으셨느니라

---

6 만물의 머리되신 분의 몸은 무엇인가요?(엡1:23)

➡ 교회는 그의 몸이니 만물 안에서 만물을 충만하게 하시는 이의 충만함이니라

* 만물을 충만하게 완성하시는 분의 모든 계획이 '그리스도의 몸 된 교회 안에서(교회를 통해서)'이루어진다는 뜻입니다.

---

7 이러한 계획을 이루시기 위해 누구를 기업(상속자)으로 삼으셨으며, 이를 보증하는(확실하게 약속하는) 분은 누구십니까?(엡1:11,13~14)

➡ 우리(성도)를 그리스도 안에서 교회를 통해 이러한 계획을 이루는 상속자로 부르셨으며, 성령님께서 이 일의 보증되심

➡ 모든 일을 그의 뜻의 결정대로 일하시는 이의 계획을 따라 우리가 예정을 입어 그 안에서 기업이 되었으니

➡ 그 안에서 너희도 진리의 말씀 곧 너희의 구원의 복음을 듣고 그 안에서 또한 믿어 약속의 성령으로 인치심을 받았으니

➡ 이는 우리 기업의 보증이 되사 그 얻으신 것을 속량하시고 그의 영광을 찬송하게 하려 하심이라

* 이로 인해 우리는 그리스도 안에서 하나님께 영광과 찬양을 돌릴 수 있습니다(엡1:12)

사도 바울은 교회를 만물 안에서 만물을 충만하게 하시는 이의 충만함이라고 증거합니다. 교회가 온 우주 만물의 생명의 근본 바탕이라는 뜻입니다.

…저는 개신교회가 이 세계 역사의 골반 역할을 했다고 확신합니다. 골반이 생명을 잉태하듯이 개신교회는 세계 역사의 수많은 가치들을 역사 속에 출생시켰습니다. 종교개혁을 통한 프로테스탄트 교회의 탄생이 그것입니다. 강한 자가 약한 자를 지배한다는 약육강식의 논리를 뛰어넘어 약한 자를 돌보고, 소외된 자를 끌어안는 '인권'의 개념을 이 역사에 주입한 것도 교회의 탄생으로 이뤄진 일입니다.

…오늘날 우리 시대는 생명을 잉태하고 자라게 하고 보존하는 개신교의 가치를 자각해야 합니다. 교회가 무너지면 '인권'의 본질은 사라지고 정치적인 인권 개념만 난무하는 시대가 될 것입니다. 교회가 무너지면 '자유'와 '민주주의'라고 하는 체제가 흔들릴 것입니다. 교회가 무너지면 '개인'의 가치를 소중히 여기는 성숙한 시민 사회가 무너지고, '집단'만 강조되는 전체주의 사회가 도래할 것입니다.

< 바디바이블 p50~52 中 >

❶ '인권'이라는 말이 난무하지만 정작 많은 사람들이 소외감, 불안, 두려움, 양육강식의 극심한 경쟁, 압박, 이기주의 속에 살아가고 있다는 생각이 들지 않나요? 왜 그럴까요?

➡ 생명은 생명에서만 나올 수 있고 잉태될 수 있습니다. 진정한 생명과 사랑은 하나님뿐입니다. 정치적 이데올로기로 내세우는 인권은 자신의 이익을 포장하기 위한 것이므로, 한쪽의 권익을 보장해 주는 반면, 그 반대편의 불편함을 초래할 수도 있고 이기주의로 인해 자신을 주장하는 인권은 다른 사람들을 불편하게 할 수 있습니다. 우리가 사회에서 서비스를 제공받을 때 자신의 인권을 내세워 다른 사람의 권리를 침해한다면 그것은 허울뿐인 인권인 것입니다. 진정한 평화와 인권은 사랑과 희생의 가치에서 비롯됩니다. 생명과 생수의 근원이신 하나님을 버리고 다른 곳에서 생명과 인권을 찾는 것은 물이 없는 사막 속에서 생수를 외치는 것과 같습니다.

❷ 그릇이 오염되면 그 안에 담기는 것들, 그 그릇을 통해 나오는 것들은 어떻게 될까요? 세상에 전할 생명을 담는 교회가 축소되거나 세속화되거나 타락하거나 오염되면 세상의 가치들은 어떻게 될까요?

➡ 생명을 전해야 하는 교회가 축소되면 마치 그릇이 작아진 것 같아서 많은 영향력을 미치기 어렵게 될지도 모릅니다. 교회가 오염되면 바른 가치관과 생명존중을 전하지 못하므로 세상에 생명을 전하고 세상을 정화할 수 없게 됩니다.

> 골반 없는 신체가 아무것도 생산할 수 없듯이 교회가 없는 사회는 자유와 생명
> 과 인권을 창조해 낼 수 없는 것입니다. … 우리도 이 나라와 세계의 골반인 교회
> 를 사랑하고 더욱 소중히 여겨야 할 것입니다.
>
> **< 바디바이블 p52 中 >**

1 나는 세상에서 교회의 골반(생명잉태) 역할에 관심을 갖고 있나요? 아니면
교회에서의 신앙생활 따로, 세상에서의 생활을 따로 하면서 살아가고 있나요?

2 나는 이 나라와 세상에 생명을 전하고, 생명을 잉태하여 낳는 교회를 소중
히 여기고 사랑하나요?

오늘 깨달은 것과 기도제목을 나눕니다.

● 〈오늘의 말씀〉을 함께 암송합니다.

3
생명 출산은
하나님의 역사이다
: 출산

준비 | 『바디바이블』 '생명 출산은 하나님의 역사이다', '출산의 고통은 축복이다'(p 56~61) 읽어오기

오늘의 말씀 | 여호와께서 이르시되 내가 아이를 갖도록 하였은즉 해산하게 하지 아니 하겠느냐 네 하나님이 이르시되 나는 해산하게 하는 이인즉 어찌 태를 닫겠느냐 하시니라(사66:9)

기도 | 주여! 저희들이 아기를 낳고 양육하는 일에 보람과 감사를 느끼게 하시고 특별히 이제 결혼한 신혼의 가정들에게 건강하고 지혜로운 자녀들을 허락하여 주소서!

도움닫기
마음 열기

> 1970년대 우리나라의 출산율은 4명 이었습니다. 80년대는 3명 정도가 되었고, 90년대 는 2명이 되었습니다. 그리고 2000년대 들어서면서 1명 대로 줄어들고 있습니다.
>
> **< 바디바이블 p58 中>**

● 출산율이 줄어드는 이유는 무엇일까요? 국민소득이 올라가고 선진국이 될수 록 출산율이 줄어드는 경향은 어떤 의미일까요?
  ➡ 하나님의 일하심과 은혜를 체험하는 횟수가 줄어들게 된다.

● 출산율이 줄어들고 계속 인구가 줄어들게 된다면 사회적, 국가적, 국제적으로 어떤 현상이 발생할까요?

① 생명은 하나님이 주시는 것입니다. 시험관아기 등 인간의 노력이 개입되는
것 같지만 그 역시도 하나님께서 허락하지 않으시면 생명으로 잉태될 수 없
습니다. 생명을 만드신 하나님은 만드는 것에서 그치지 않으시고 출산하는
과정까지도 주관하십니다. 모든 출산의 과정이 하나님의 섭리 안에 있다고
하십니다. 관련구절을 찾아봅시다(사66:9).

➡ 여호와께서 이르시되 내가 아이를 갖도록 하였은즉 해산하게 하지 아니하겠느냐 네 하나님이 이르
시되 나는 해산하게 하는 이인즉 어찌 태를 닫겠느냐 하시니라

∞ 생명을 주시는 분도, 출산하게 하시는 분도 하나님이십니다.

② 생명은 하나님께서 주관하십니다. 기도로 잉태하여 출산한 구절들을 찾아
봅시다.

● (1) 90세가 되어 아기를 갖을 수 없던 사라(창18:11)에게 자녀를 주시겠다
고 약속하신 하나님(창18:14)은 마침내 그 약속을 어떻게 성취하셨나요?
(창21:2~3, 6~7)

➡ 사라가 임신하고 하나님이 말씀하신 시기가 되어 노년의 아브라함에게 아들을 낳으니
➡ 아브라함이 그에게 태어난 아들 곧 사라가 자기에게 낳은 아들을 이름하여 이삭이라 하였고
➡ 사라가 이르되 하나님이 나를 웃게 하시니 듣는 자가 다 나와 함께 웃으리로다
➡ 또 이르되 사라가 자식들을 젖먹이겠다고 누가 아브라함에게 말하였으리요마는 아브라함의 노경에
내가 아들을 낳았도다 하니라

● (2) 이삭은 40세에 리브가를 아내로 맞았지만 임신하지 못하였습니다. 이
삭이 리브가를 위하여 기도하자 하나님께서는 어떻게 응답하셨으며, 자녀
는 누구누구이고, 이삭은 몇 세에 아버지가 되었습니까?(창25:21, 25~26)

➡ 이삭이 그의 아내가 임신하지 못하므로 그를 위하여 여호와께 간구하매 여호와께서 그의 간구를 들
으셨으므로 그의 아내 리브가가 임신하였더니
➡ 먼저 나온 자는 붉고 전신이 털옷 같아서 이름을 에서라 하였고
➡ 후에 나온 아우는 손으로 에서의 발꿈치를 잡았으므로 그 이름을 야곱이라 하였으며 리브가가 그들
을 낳을 때에 이삭이 육십 세였더라

- (3) 엘가나의 아내 한나는 자식이 없었습니다(삼상1:2). 이에 한나는 괴로운 마음으로 하나님께 통곡하며 기도하였습니다(삼상1:10). 하나님은 그의 기도를 듣고 어떻게 하셨나요?(삼상1:19~20)
  ➡ 그들이 아침에 일찍이 일어나 여호와 앞에 경배하고 돌아가 라마의 자기 집에 이르니라 엘가나가 그의 아내 한나와 동침하매 여호와께서 그를 생각하신지라
  ➡ 한나가 임신하고 때가 이르매 아들을 낳아 사무엘이라 이름하였으니 이는 내가 여호와께 그를 구하였다 함이더라

∞∞ 태의 문을 여는 분은 하나님이십니다. 그러므로 우리가 생명을 주관하는 것처럼 계획하고 조절하려는 것을 멈추어야 합니다.

③ 사도 바울은 갈라디아 교회의 그리스도의 형상을 이루게 하도록 하는 수고를 무엇에 비유합니까?(갈4:19)
  ➡ 나의 자녀들아 너희 속에 그리스도의 형상을 이루기까지 다시 너희를 위하여 해산하는 수고를 하노니

∞∞ 영혼을 구원하는 일도 생명을 얻는 출산 과정과 같습니다. 전도대상자를 품고 기다리고 양육하고 인내해서 하나님 앞에 설 수 있는 신앙인으로 출산할 수 있습니다.

2 **두 걸음**
말씀의 의미를 생각하기

하나님께서는 아기가 태아가 되는 그 첫 삼 개월 동안 인간의 어떤 인위적인 노력이 들어가지 않도록 막으셨습니다. 세포 하나로부터 출발하여 인간의 형상이 만들어지는 그 놀라운 기적의 역사 속에 하나님 아닌 인간의 업적을 제로로 만드신 것입니다.

< 바디바이블 p58 中 >

1 생명의 탄생을 인간이 할 수 있는 영역으로 풀어주셨다면 어떤 일들이 일어 날까요?

➡ 생명의 고귀한 가치를 느끼지 못함. 필요하면 얼마든지 만들어내고 필요 없으면 버릴 수 있는 가치가 됨. 더 좋은 것을 만들게 되면 이전 것은 폐기처분 할 수 있음(물건과 똑같은 가치가 됨)

➡ 자녀를 만들때도 자신이 원하는 대로 지능, 외모, 성격, 성별을 결정하여 자녀를 낳게 되며 자신이 원하는 대로 디자인했기에 자녀를 자신의 소유물로 여기게 됨(돈에 따라서 자녀의 지능, 외모 등이 결정될 수 있음) 등

∞ 생명의 영역은 오직 하나님께 달려있습니다. 인간이 원한다고 해서 갖을 수 있는 것이 아닙니다. 그렇기 때문에 생명의 존엄성이 유지되는 것입니다.

2 하나님이 만드신 생명 중 특별하지 않은 것은 없습니다. 나에게는 어떤 특별함을 주셨나요?

3 세 걸음
말씀에 나를 비춰보기

> 우리가 이 땅에 태어났다는 것이 하나님의 은혜입니다. 또 우리가 생명을 잉태하고 해산하게 되는 체험 역시 하나님의 은혜를 체험하는 것입니다. 생명을 잉태할수록 신비를 알게 되고, 은혜를 알게 되는 것입니다. 출산이 줄어들수록 하나님의 일하심과 하나님의 은혜를 체험하는 횟수도 줄어드는 것입니다.
>
> < 바디바이블 p58 中 >

1 자녀 혹은 어린아이들을 보면서 하나님의 마음을 느낀 적이 있나요? 어떤 것을 느꼈으며 그로 인해 신앙이 성장한 경험이 있다면 나누어 봅시다.

2 출산을 경험하기 위해서는 고통을 통과해야 합니다. 무언가를 쉽게 얻는 것과 많은 대가를 지불하고 얻는 것은 어떤 차이가 있나요? 생명을 얻는 과정에서 고통을 허락하신 이유는 무엇일까요?

∞ 하나님도 우리를 얻기 위해서 하나님의 자리를 버리고 제한된 육체를 입는 성육신을 선택하셨으며, 이 땅에서 십자가의 고통을 감수하셨습니다. 심지어 자신이 지은 피조물에게 조롱과 멸시를 당하는 것도 기꺼이 감수하셨습니다. 조물주는 피조물을 버리고 다시 만들 수 있지만 그렇게 하지 않으셨습니다. 하나님은 왜 고통을 감내하시고 우리를 얻으셨으며, 우리 역시 자녀를 위해 출산의 고통을 당하게 하셨을까요? 왜 하나님은 모든 사람이 구원에 이르기 원하시면서 전도하기 위해서는 많은 희생과 눈물과 기도가 필요하게 하실까요?

오늘 깨달은 것과 기도제목을 나눕니다.

● 〈오늘의 말씀〉을 함께 암송합니다.

4 이야기 묵상
깨달은 것 되새기기

하나님과 교제하기를 즐겨하는 한 여성이 있습니다. 호기심이 많은 그녀는 날마다 하나님께 물었습니다. 그녀가 성장하면서 하나님은 그녀의 마음의 소원과 기도제목을 다 알고 기억하고 계셨고, 거기에 덧붙여 그녀에게 가장 좋은 배우자를 주셨으며 이내 자녀를 잉태하게 되었습니다.

초산인 임산부들이 그렇듯 그녀도 출산을 앞두고 두려워지기 시작하였습니다.

"하나님, 자녀를 낳으라고 주셨으면서 왜 출산의 고통을 주셨나요?"

그녀는 늘 하던 대로 하나님께 물었습니다. 인간이 할 수 없는 큰 은혜의 선물을 주시면서 꼭 고통을 통과해야 하는 것이 이해가 가지 않았기 때문입니다. 이내 그녀는 다음과 같은 응답을 받았다고 합니다.

'출산의 진통은 죄의 대가로 고통을 주려고, 혹은 괴롭게 하려고 만드신 것이 아니다. 아기가 모태의 배 속에서 자라 밖으로 나올 준비가 되면 나오겠다는 신호를 보내는 것이 진통인데 마치 병아리가 알을 깨고 나오기 위해 알 안에서 껍질을 쪼는 것과 같다고 할 수 있다. 그러면 어미 닭은 밖에서 껍질을 함께 쪼아 껍질을 깨고 나올 수 있게 해준다. 마찬가지로 아기가 나올 때가 되면 아래로 머리를 향하고 내려오려는 시도를 반복하면서 진통이 주기적으로 오게 되는데, 점점 나오려고 할수록 진통이 짧아지게 된다. 아랫배에 힘이 저절로 들어가는 순간이 오게 되는데, 그때가 아기와 엄마와 하나님의 줄탁동시(啐啄同時)가 이루어지는 순간인 것이다.'

그녀는 응답을 받은 후, 의미 없는 고통이 아니라 아이와의 교감과 의사소통으로 진통을 주신 것을 알게 되었으며 하나님께서도 우리를 새사람으로 낳고 기르시기 위해 십자가의 고통과 수고를 아끼지 않으신다는 사실을 연결하여 묵상하게 되었습니다. 출산을 앞두고 출산에 대해 공부하면서 정말 그 응답대로 진통이 짧아지고 아기가 아래로 내려오는 과정, 그리고 아기가 골반의 방향에 맞게 몸을 돌리면서 나오는 과정 등을 알게 되었고 아기가 누구에게 배워서가 아닌 하나님의 섭리로 나오게 되는 것임을 알게 되었다고 합니다.

우리가 당연하다고, 혹은 우연이라고 생각하는 모든 것에는 결코 우연이 없습니다. 하나님 안에서는 고난도 의미가 있고, 모든 것이 합력하여 선을 이루게 하시며 하나님을 알아가고 하나님의 마음을 배우게 하십니다.

4
생명을 출산하는 것이
하나님께 순종하는 것이다

: 영생을 낳는 출산 = 사역동사

준비 | 『바디바이블』 '생명을 출산하는 것이 하나님께 순종하는 것이다'(p62~64) 읽어
오기

오늘의 말씀 | 아담은 백삼십 세에 자기의 모양 곧 자기의 형상과 같은 아들을 낳아 이
름을 셋이라 하였고 아담은 셋을 낳은 후 팔백 년을 지내며 자녀들을 낳
았으며 그는 구백삼십 세를 살고 죽었더라 (창5:3~5)

기도 | 주여! 저에게 자녀를 낳고 양육하는 일이 부담으로 느껴지지 않게 하시고 특별
히 젊은 세대들에게 주택과 교육비 등 자녀 출산에 따른 경제적인 부담들로 자
녀 낳기를 포기하지 않도록 믿음을 주시고 직업과 경제적인 복을 주소서!

도움닫기
마음 열기

> 요즘 우리나라의 출산율이 세계에서 최하위입니다. 출산을 하지 않는 세대들이라
> 는 것입니다. 그 말은 하나님께서 우리 몸 안에 주신 최고의 선물이자 은혜를 거부
> 하는 문화인 것입니다.
>
> **< 바디바이블 p63 中>**

● 요즘 우리나라에서 출산율이 줄어드는 이유는 무엇일까요? 그 바탕에는 어떤
문화와 가치가 영향을 미치는 것일까요?
➡ 출산이라는 하나님의 최고의 선물이자 은혜를 거부하는 문화와 가치가 있는 듯하다.

- 하나님은 왜 생명을 잉태하여 생육하고 번성하고 충만하라고 하셨을까요? 이것을 통해 우리가 누리게 되는 은혜는 무엇일까요?(모임 중에 자녀를 가진 분이 있다면 그분이 나누어 주셔도 좋습니다.)

1

한 걸음
말씀 살펴보기

① [가인의 계보] 창세기 4장에서는 하나님의 계보를 이탈한 가인의 계보가 나옵니다.

- (1) 가인은 누구를 떠나 거주하며 자녀를 낳았나요?(창4:16)

  ➡ 가인이 여호와 앞을 떠나서 에덴 동쪽 놋 땅에 거주하더니

- (2) 가인은 성을 쌓고 하나님의 이름이 아닌 누구를 기념하나요?(창4:17)

  ➡ 아내와 동침하매 그가 임신하여 에녹을 낳은지라 가인이 성을 쌓고 그의 아들의 이름으로 성을 이름하여 에녹이라 하니라

  * 성의 이름을 '에녹'이라고 했다는 표현은 '자신'의 성을 쌓고, 자식인 '에녹'에게 받친다는 의미입니다.

- (3) 그렇게 낳은 후손 중 라멕이 저지른 일은 무엇이며, 그에 대해 어떠한 태도를 보이나요?(창4:23~24)

  ➡ 자신에게 상처를 주는 사람을 죽였고, 그에 대해 회개하기보다는 자신을 해치는 사람을 77배 보복한다고 함
  ➡ 라멕이 아내들에게 이르되 아다와 씰라여 내 목소리를 들으라 라멕의 아내들이여 내 말을 들으라 나의 상처로 말미암아 내가 사람을 죽였고 나의 상함으로 말미암아 소년을 죽였도다
  ➡ 가인을 위하여는 벌이 칠 배일진대 라멕을 위하여는 벌이 칠십칠 배이리로다 하였더라

- (4) 가인의 계보에서 반복적으로 나오는 단어는 무엇인가요?(창4:16~22)

반복되는 단어	낳았다
관련구절	17, 18, 20, 22절

2 **[아담의 계보]** 창세기 4~5장에서는 하나님 안에 거하는 아담 후손의 계보가 나옵니다.

- (1) 가인에 의해 아벨이 죽은 후 하나님은 아담에게 다시 아들을 주십니다. 그와 그의 손자의 이름은 무엇이며, 그때부터 사람들은 누구의 이름을 부르기 시작했나요?(창4:25~26)

  ➡ 셋과 에노스, 에노스가 태어난 그때부터 여호와의 이름을 부르기 시작함
  ➡ 아담이 다시 자기 아내와 동침하매 그가 아들을 낳아 그의 이름을 셋이라 하였으니 이는 하나님이 내게 가인이 죽인 아벨 대신에 다른 씨를 주셨다 함이며
  ➡ 셋도 아들을 낳고 그의 이름을 에노스라 하였으며 그 때에 사람들이 비로소 여호와의 이름을 불렀더라

  * 여호와 앞을 떠난 가인의 계보와 여호와의 이름을 부르며 여호와를 찾는 아담의 계보가 대비됩니다.

- (2) 아담의 계보에서 반복적으로 나오는 단어가 3가지 있습니다(창5:3~32).

반복되는 단어	낳았다	지냈다	살고, 죽었더라
관련구절	6, 9, 12, 18, 21, 22, 25, 28, 32절	4, 7, 10, 13, 19, 26, 30절	5, 8, 11, 14, 17, 20, 27, 31절

* '지내며 낳았다'가 함께 나온 구절들도 있지만 찾아보기 쉽게 하기 위해서 구절을 분리해서 적었음을 밝힘.

3 **[가인의 계보 vs. 아담의 계보]** 아담의 계보에는 있지만 가인의 계보에는 없는 단어는 무엇입니까?

➡ 지냈다, 살고 죽었다.

* 아담의 손자 '에노스'의 뜻은 '죽을 수밖에 없는 존재'입니다. 하나님 앞에서 인간의 유한함을 알고나니 여호와의 이름을 부르며 찾을 수밖에 없었고, 그렇게 하나님 앞에 나온 인생은 하나님 앞에서 하나님의 명하시는 사명대로 살고(하나님과 동행하고: 창5:22, 24), 하나님께서 받아주시는 죽음으로 의미있는 인생을 마칩니다.

* 아담의 계보에서 '지냈다' '살고 죽었다'는 단어가 등장하는 것은 하나님 앞에서 의미 있는 삶을 살고, 그 인생이 매듭지어지는 전 과정을 뜻합니다. 반면 가인의 계보에서는 자신의 의지로 자식을 낳았지만 그 삶이 하나님 앞에서 지냈다거나 살아있는 삶이 아니어서 죽음까지 의미있는 것으로 이어지지 못함을 의미합니다. 삶의 의미가 시작되지 못했기 때문에 죽음조차 언급할 수 없는 것입니다.

창세기 4장과 5장을 보면 의인들의 삶의 이야기를 소개해 줍니다. 아담으로 시작된 족보가 노아라고 하는 의인에 이르기까지의 과정을 보여 주고 있습니다. 그런데 성경에서 보여 주는 그 의인들의 삶은 너무도 단순하게 묘사됩니다.
'낳았다, 지냈다, 죽었다' 이렇게 세 개의 내용밖에는 없습니다. ··· 이렇게 간단한 삶이 의인의 삶이라고 합니다. 그리고 그 족보를 통해서 우리를 구원하실 예수 그리스도께서 오십니다.

그런데 여기에 쓰인 **'낳았다'**라는 표현은 **사역동사로** 되어 있다고 합니다. 카인의 족보에서 낳은 자식들은 스스로 낳은 자식들로 표현되어 있고, **의인인 아담의 족보에서 낳은 자식들은 하나님께서 낳게 하셔서 낳았다**고 하는 사역동사로 쓰여져 있습니다.

카인의 자식들은 스스로 자기 힘으로 낳은 자식들이고, 아담의 자식들은 하나님에 의해 은혜로 낳은 자식들이라는 것입니다.

< 바디바이블 p63~64 中 >

1 하나님을 떠나 '스스로' 사는 인생과 하나님 앞에서 '사역동사'로 사는 인생은 그 결과가 어떻게 다를까요?

∞ 하나님을 떠나 자기 뜻대로 사는 인생은 자신의 쾌락과 만족을 쫓는 삶이며 영원할 수 없습니다. 자신에게 상처 준 사람을 용서할 수도 없고, 복수하고 나서도 두려움에 77배의 벌을 받으라는 저주를 해야 하는 것입니다.

2 나의 인생에서 '하나님이 시키셔서 한 일'은 무엇이며, 그 일을 하고 내 마음상태는 어떠했나요?

∞ 당장의 결과, 세상적인 결과보다 중요한 것은 내 안에 하나님의 임재와 마음에 주시는 평안입니다. 사도 바울은 그가 살아있을 당시 복음전파와 순종의 대가로 감옥과 순교를 겪었지만 그가 죽은 이후 그가 집필했던 편지들이 성경으로 남아 많은 사람들을 주님께로 인도하고 있습니다. 나에게 중요한 것은 당장의 결과가 아니라 '순종'의 여부입니다.

3 세 걸음
말씀에 나를 비춰보기

생명을 잉태하여 낳는 것은 내가 내 힘으로 낳는 자녀들이 아닙니다. 하나님에 의해 하나님의 은혜로 낳은 자녀들인 것입니다. 생명을 잉태하는 것은 하나님의 자녀들이 따르는 순종의 길이며, 의인 된 자가 살아가는 순종의 삶이 되는 것입니다.

< 바디바이블 p64 中 >

1 자녀가 있다면 자녀를 나의 소유물로 생각하거나, 나의 바람대로 자라야 한다고 고집하지는 않았습니까? 자녀의 인생이 복되고 잘되기 위해서는 무엇을 내려놓아야 하고, 무엇을 간구해야 할까요? 혹은 부모가 지나치게 부모의 기대대로 하기를 바랄 때 자녀로서 부담스럽고 버거웠던 적은 없나요?

2 하나님께서 내게 주신 것 중 내가 꼭 이루어야겠다고 생각하며 노력하는 것은 무엇인가요? 그것에 열심을 보이는 이유가 하나님이 '시키셔서'입니까? 나의 고집과 집착, 혹은 욕심입니까?

∞ 모든 것이 하나님께로 왔으며 하나님이 주신 사명대로(사역동사로) 사는 것이 삶의 무거운 짐을 내려놓는 것입니다. 하나님께서 시키셨기에 나는 최선을 다할 뿐이며, 결과는 하나님께 맡기게 됩니다. 이것이 '은혜로 사는 인생'입니다.

오늘 깨달은 것과 기도제목을 나눕니다.

● 〈오늘의 말씀〉을 함께 암송합니다.

4 그림 묵상
깨달은 것 되새기기

5
야곱을 출산하지 말고,
이스라엘을 **출산**하라!

: 영생의 열매

준비 | 『바디바이블』 '야곱을 출산하지 말고, 이스라엘을 출산하라!'(p65~67) 읽어오기

오늘의 말씀 | 야곱은 홀로 남았더니 어떤 사람이 날이 새도록 야곱과 씨름하다가 자기가 야곱을 이기지 못함을 보고 그가 야곱의 허벅지 관절을 치매 야곱의 허벅지 관절이 그 사람과 씨름할 때에 어긋났더라(창32:24~25)

기도 | 주님! 저희 가정이 저의 힘으로 만들어진 것이 아니라 주님의 은혜로 된 것임을 알게 하소서, 그러한 저희들이 화목하고 행복한 가운데 하나님께 영광을 돌리며 이웃을 섬기는 거룩한 삶을 살게 하소서!

도움닫기
마음 열기

> 저는 생명을 이어 가는 골반의 신비를 묵상하며, 우리의 골반에 손을 대시는 하나님의 섭리를 헤아려 봅니다. 중력이 작용하는 지구에서 나이를 먹어 가며 네 발이 아닌 두 발로 살아야 하는 인간의 골반은 아무리 노력해도 결국에는 야곱처럼 위골 될 수밖에 없는 운명에 놓여져 있습니다. 물론 우리는 운동이나 자세 교정, 혹은 시술을 통해서 위골되어 가는 우리의 골반을 바로 세워야 합니다.
>
> < 바디바이블 p66 中>

● 지금까지 몇 주간 골반에 대해 묵상하며 골반의 소중함을 느꼈나요? 어떤 소중함을 느꼈는지 나누어 봅시다.

➡ 생명을 잉태하는 곳

- 하나님께서 우리의 인생 여정 가운데서, 우리의 골반을 위골시키시는 이유는 무엇일까요?
  - ➡ 도입이므로 자유롭게 생각을 나누도록 하되, 성경을 보고 이 질문에 대해서 다시 생각하는 시간을 갖습니다.

말씀 살펴보기

1 야곱은 과거 형 에서를 속이고 자신을 죽이려는 형을 피해 도망 나온 신세였습니다. 오랜 세월이 지났지만 막상 고향으로 돌아가 에서를 만나려니 걱정이 되었습니다. 그래서 에서의 기분을 풀기 위해 무엇을 하나요? (창32:3~5, 20)
  - ➡ 야곱은 에서를 만나기 전 사자와 선물들을 보내며 마음을 풀려고 함.
  - ➡ 야곱이 세일 땅 에돔 들에 있는 형 에서에게로 자기보다 앞서 사자들을 보내며
  - ➡ 그들에게 명령하여 이르되 너희는 내 주 에서에게 이같이 말하라 주의 종 야곱이 이같이 말하기를 내가 라반과 함께 거류하며 지금까지 머물러 있었사오며
  - ➡ 내게 소와 나귀와 양 떼와 노비가 있으므로 사람을 보내어 내 주께 알리고 내 주께 은혜 받기를 원하나이다 하라 하였더니
  - ➡ 또 너희는 말하기를 주의 종 야곱이 우리 뒤에 있다 하라 하니 이는 야곱이 말하기를 내가 내 앞에 보내는 예물로 형의 감정을 푼 후에 대면하면 형이 혹시 나를 받아 주리라 함이었더라

2 에서의 마음을 풀기 위해 보냈던 사자들이 돌아와 어떤 소식을 전하나요? (창32:6)
  - ➡ 사자들이 야곱에게 돌아와 이르되 우리가 주인의 형 에서에게 이른즉 그가 사백 명을 거느리고 주인을 만나려고 오더이다

3 야곱의 반응은 어떠한가요?(창32:7~8)
  - ➡ 두렵고 답답함. 에서의 공격에 대비하여 두 떼로 나눔-에서의 공격에 절반은 잃을 것으로 생각하고 있음
  - ➡ 야곱이 심히 두렵고 답답하여 자기와 함께 한 동행자와 양과 소와 낙타를 두 떼로 나누고
  - ➡ 이르되 에서가 와서 한 떼를 치면 남은 한 떼는 피하리라 하고

4 아무도 도와줄 수 없는 두려운 상황에서 야곱은 어떤 기도를 하나요?(창 32:9~12)
  - ➡ 하나님의 약속에 의지해 자신을 보호해 달라는 기도, 자신의 두려움을 솔직하게 말하는 기도
  - ➡ 야곱이 또 이르되 내 조부 아브라함의 하나님, 내 아버지 이삭의 하나님 여호와여 주께서 전에 내게 명하시기를 네 고향, 네 족속에게로 돌아가라 내가 네게 은혜를 베풀리라 하셨나이다

➡ 나는 주께서 주의 종에게 베푸신 모든 은총과 모든 진실하심을 조금도 감당할 수 없사오나 내가 내 지팡이만 가지고 이 요단을 건넜더니 지금은 두 떼나 이루었나이다

➡ 내가 주께 간구하오니 내 형의 손에서, 에서의 손에서 나를 건져내시옵소서 내가 그를 두려워함은 그가 와서 나와 내 처자들을 칠까 겁이 나기 때문이니이다

➡ 주께서 말씀하시기를 내가 반드시 네게 은혜를 베풀어 네 씨로 바다의 셀 수 없는 모래와 같이 많게 하리라 하셨나이다

---

5 그래도 마음이 편하지 않았던 야곱은 얍복강을 건너지 못하고 지나가던 사람을 붙잡고 씨름합니다(창32:24). 날이 새도록 야곱이 놓지 않자 그 사람은 야곱의 어디를 치나요?(창32:25)

➡ 자기가 야곱을 이기지 못함을 보고 그가 야곱의 허벅지 관절을 치매 야곱의 허벅지 관절이 그 사람과 씨름할 때에 어긋났더라

* '이기지 못함'은 힘의 약함을 뜻한다기보다 야곱의 끈질긴 매달림을 꺾을 수 없었다는 것으로 볼 수 있음.

---

6 밤새도록 그 사람을 놓지 않았던 야곱이 바라던 것은 무엇이었나요?(창 32:26)

➡ 그가 이르되 날이 새려하니 나로 가게 하라 야곱이 이르되 당신이 내게 축복하지 아니하면 가게 하지 아니하겠나이다

* 에서에 대한 두려움에 쌓여있던 야곱은 누구에게든지 도움을 청하기 위해 매달릴 수밖에 없었고, 축복을 구할 수밖에 없는 절박한 상황이었습니다.

---

7 그 사람은 야곱에게 어떤 축복을 하였으며(창32:28~30), 야곱과 이스라엘은 어떻게 되었나요?(창32:31~32)

➡ 축복을 받았고, 이스라엘이라는 새 이름을 받았음

➡ 그가 이르되 네 이름을 다시는 야곱이라 부를 것이 아니요 이스라엘이라 부를 것이니 이는 네가 하나님과 및 사람들과 겨루어 이겼음이니라

➡ 야곱이 청하여 이르되 당신의 이름을 알려주소서 그 사람이 이르되 어찌하여 내 이름을 묻느냐 하고 거기서 야곱에게 축복한지라

➡ 그러므로 야곱이 그 곳 이름을 브니엘이라 하였으니 그가 이르기를 내가 하나님과 대면하여 보았으나 내 생명이 보전되었다 함이더라

➡ 그가 브니엘을 지날 때에 해가 돋았고 그의 허벅다리로 말미암아 절었더라

➡ 그 사람이 야곱의 허벅지 관절에 있는 둔부의 힘줄을 쳤으므로 이스라엘 사람들이 지금까지 허벅지 관절에 있는 둔부의 힘줄을 먹지 아니하더라

* 축복의 결과 야곱이 이스라엘로 바뀌게 되었고, 자신의 힘을 의지해서 걷던 다리는 지팡이를 의지해서 걸을 수밖에 없는 저는 다리가 되었습니다. 이것이 과연 어떤 축복일까요?

> 창세기 32장을 보면 하나님께서 야곱의 환도뼈를 치시는 이야기가 나옵니다. …
> 하나님께서 야곱의 환도뼈를 치셨다는 말은 걷지 못하게 하셨다는 뜻이 아닙니다.
> 야곱의 생식기를 치셨다는 뜻입니다. 즉 걷지 못하게 하는 의미로 다리를 치셨다
> 는 뜻이 아니라, 야곱의 생식 능력을 치셨다는 뜻입니다. 왜 그럴까요? 야곱에게서
> 나올 이스라엘은 야곱의 생식 능력으로 낳은 자식들이 아니라, 하나님에게서 나온
> 생명이어야 한다는 것을 말씀하시는 것입니다. 하나님께서 예수님을 이 땅에 나오
> 게 하실 때, 남자인 요셉의 생식 능력을 빌려서 오게 하신 것이 아니라, 마리아를
> 통해 동정녀에게서 나게 하신 것과 같은 것입니다. 하나님은 야곱의 생식 능력인
> 골반을 망가뜨리시고, 야곱에게 이스라엘이라는 새 이름을 주셨습니다.
>
> < 바디바이블 p65~66 中 >

1 야곱 스스로의 힘으로 무언가를 생산해내는 것을 막으시고, 이스라엘이라
는 새 이름을 주신 것은 어떤 의미일까요?

➡ 자신의 힘으로 살아갈 때는 경쟁에서 이기기 위해 다른 사람을 속이는 야곱(속이는 자)이었지만, 자신의
힘을 내려놓을 때 하나님의 나라의 계보를 이어가는 사명자, 이스라엘(하나님의 백성)로 거듭난다는 의미.

2 도입에서 나누었던 질문을 다시 한 번 생각해 봅시다. 왜 하나님은 세월 속
에 우리의 골반을 위골시키실까요?

➡ 우리 역시 하나님 없이 우리의 힘으로 살아가려는 야곱과 같기 때문에 하나님을 의지해야만 영원한
생명을 누릴 수 있습니다. 그러나 우리는 야곱처럼 자신의 힘을 의지해 다른 사람을 속이고, 아프게
하고 결국에는 자신도 속고, 아프게 됩니다. 하나님은 그런 야곱의 환도뼈를 부러뜨리셔서 자신의 힘
이 아닌 하나님을 의지해 영원한 생명을 누리는 자로 거듭나게 하셨습니다.

BODY BIBLE

> "너(내)가 출산하고 있는 것들은 무엇인가? 그것은 야곱인가? 이스라엘인가? 너
> (나)의 노력과 열심의 결과물인가? 하나님의 은혜와 사랑의 결실들인가?"
> "하나님의 백성인 이스라엘이 되어라! 이스라엘이라고 하는 하나님의 열매를 맺
> 는 인생이 되어라!"
>
> **< 바디바이블 p67 中 >**

1 내가 하고 있는 일들이나 성과를 내고 있는 일들은 내 노력과 열심의 결과
물인가요, 하나님의 은혜와 사랑의 결실들인가요?

2 나의 성과를 이루기 위한 삶이 아니라 하나님의 열매를 맺는 삶이 되기 위
해서는 어떻게 해야 할까요?

> ∞ 야곱(세상적인 나)의 골반이 튼튼할수록 야곱의 이기적인 결과물들만 산출할
> 뿐입니다. 야곱(세상적인 스펙, 공로, 업적)이 튼튼할수록 더 많은 야곱만을 낳는 것
> 입니다(『바디바이블』p.66). 문제는 그것은 우리에게 영원하지 않으며 영생을 주지
> 못한다는 것입니다. 우리가 하나님을 의지하지 않고 살아갈 때, 세상 적으로 잘난 나
> 의 부분(학벌, 스펙, 건강, 체력, 힘, 재정 등)을 치셔서 나로 하여금 하나님만 의지하
> 는 인생을 만드시는 것이 진정한 사랑임을 기억하시기 바랍니다(히12:8~11, 잠3:12,
> 잠13:24, 잠15:32).

오늘 깨달은 것과 기도제목을 나눕니다.

● 〈오늘의 말씀〉을 함께 암송합니다.

BODY BIBLE

III

밸런스
(하나님의 사랑과 십자가)
묵상

5주

1
구멍 난 항아리를
채우는 법
: 하나님의 임재 안에 잠기는 삶

준비 | 『바디바이블』 '구멍난 항아리를 채우는 법'(p 75~77) 읽어오기

오늘의 말씀 | 이스라엘에 들으라 우리 하나님 여호와는 오직 유일한 여호와이시니 너는 마음을 다하고 뜻을 다하고 힘을 다하여 네 하나님 여호와를 사랑하라(신6:4~5)

기도 | 주님! 저로 늘 채울 수 없는 탐욕 가운데 살면서 불만을 느끼지 않게 하시고 하나님의 임재를 느끼며 사랑하는 사람들과 함께 평범한 일에도 감사하며 살게 하소서!

도움닫기
마음 열기

"얼마만큼의 돈이 있으면 충분하겠습니까?"라는 기자의 질문에 세계의 부호인 록펠러는 이렇게 대답을 했습니다.
"아주 조금 만 더."
이 질문은 1980년대 말 미국인들을 대상으로도 던져집니다.
"행복한 삶을 위해서 당신은 얼마나 더 많은 돈이 필요하다고 생각하십니까?"
그러자 미국인들의 4분의 3에 해당하는 사람들 역시 록펠러와 비슷한 대답을 했다고 합니다.

< 바디바이블 p75 中>

- 당신은 얼마만큼의 돈, 혹은 무엇이 더 있으면 행복할 것 같습니까? 혹은 누군가 와서 한 가지 소원을 들어준다면 무엇을 이야기하고 싶습니까?

- 하나님 한 분만으로 만족하지 못하는 이유는 무엇일까요?

1 한 걸음
말씀 살펴보기

1 하나님께서 명령과 규례와 법도를 명하신 이유는 우리에게 어떤 유익이 있어서 인가요?(신6:2b~3)
➡ 우리의 생명이 장구하게 하며, 젖과 꿀이 흐르는 땅에서 심히 번성해질 것임

2 하나님의 명령과 규례와 법도는 한마디로 무엇인가요?(신6:4~5)
➡ 마음을 다하고 성품을 다하고 힘을 다하여 네 여호와를 사랑하라

3 우리 삶이 안락해지고 번성하게 될 때에 주의해야 할 점은 무엇인가요?(신6:12b~13)
➡ 여호와 하나님을 잊지 말고 하나님을 경외하고 섬기며 살아야 함

4 신명기 6장 14절 말씀인 '사면에 있는 백성의 신', 즉 다른 신을 따르지 말라는 뜻은 지금의 우리에게는 어떤 의미일까요?
➡ 하나님 말고 내가 의지하는 우상숭배
➡ 제시문: 돈, 성욕, 소유욕, 쾌락들이 우리의 우상이 되는 일을 경계하자!

BODY BIBLE

2

> 저는 행복을 이야기할 때 아리스토텔레스의 말을 연상하곤 합니다. 아리스토텔레스는 그의 행복론에서 인간을 '구멍 난 항아리'라고 정의합니다. 그러면서 "행복을 찾는 것이 불행의 원인이다"라고 말을 했습니다. …
>
> <바디바이블 p76 中>

1 아리스토텔레스는 왜 인간을 '구멍 난 항아리'라고 했을까요?

➡ 인간에게는 가지면 가질수록 더 갖고 싶어 하는 한계가 없는 욕심이 있기 때문이라고 함

2 무엇인가를 가지면 행복할 줄 알았는데 막상 갖고 보니 행복이 오래가지 못했거나, 가지지 않았지만 시간이 지나고 나니 아무렇지도 않던 것들이 있습니까? 있다면 나누어 봅시다.

> … 행복을 찾을수록 불행해진다는 것입니다. 왜냐하면 구멍 난 항아리는 그 어떤 것을 채워도 빠져나가기 때문입니다. 그렇다면 '구멍 난 항아리'인 인간은 어떻게 해야 행복을 채울 수 있을까요?
>
> <바디바이블 p76 中>

3 인간은 어떻게 해야 행복을 채울 수 있을지 위의 질문에 대해 답해 봅시다.

➡ 구멍 난 항아리가 물속에 온전히 잠겨 있듯이 우리의 마음과 뜻과 힘이 하나님 사랑 속에 완전히 잠겨 버린 상태가 되어야 한다.

3 세 걸음
말씀에 나를 비춰보기

> 저는 그 역시 신명기 6장 속에 있다고 믿습니다. 우리의 마음과 뜻과 힘이 하나
> 님 사랑 속에 완전히 잠겨 버리는 상태! 바로 그 상태가 행복인 것입니다. 구멍
> 난 항아리가 물속에 온전히 잠겨 있어야 물을 채울 수 있듯이, 우리 인간은 우리
> 의 지정의가 하나님 안에 잠겨 있는 가운데 행복할 수 있는 것입니다.
>
> **< 바디바이블 p77 中 >**

1 하나님 안에 지정의가 잠겨 있는 삶은 어떤 삶일까요?

2 하나님 안에 잠겨 있으려면 무엇이 필요할까요?

오늘 깨달은 것과 기도제목을 나눕니다.

● 〈오늘의 말씀〉을 함께 암송합니다.

2

행복은 **밸런스**이다
: 영혼육의 밸런스

준비 ｜ 『바디바이블』 '행복은 밸런스이다'(p78~80) 읽어오기

오늘의 말씀 ｜ 사랑하는 자여 네 영혼이 잘됨같이 네가 범사에 잘되고 강건하기를 내가 간구하노라(요삼1:2)

기도 ｜ 주여! 제가 저의 가진 것들로 인하여 교만하지 않게 하시고 또한 너무 결핍이 많아서 열등감에 빠져 살지 않게 하소서! 하나님 나라를 위하여, 가난한 사람들을 위하여 우리의 가진 것을 사용하게 하소서!

도움닫기
마음 열기

> 밸런스를 우리말로는 균형이나, 평균, 평형, 조화라는 말로 씁니다.…
> 이쪽도 아니고 저쪽도 아닌 상태, 위치상 중간에 숨어 있는 상태가 아니라, 밸런스란 이쪽과 저쪽을 모두 가지고 자기 안에서 통제할 수 있는 상태를 말합니다. 그러니까 이쪽이면서 동시에 저쪽이기도 한 상태, 그래서 어느 한쪽으로 기울어지지 않고 양쪽 모두를 만족시켜 줄 수 있는 상태를 '밸런스'. 우리 식으로 말하자면 균형이라고 합니다.
>
> < 바디바이블 p78~79 中>

● 우리 몸이나 생태계, 자연환경과 우주에 균형이 깨지면 어떻게 될까요?

● 육체와 마음과 영혼의 균형이 깨지면 어떻게 될까요?(지식이 많더라도 마음에 평안이 없거나, 많은 돈을 가지고 있어도 건강이 없다거나 등)

1 **한 걸음**
말씀 살펴보기

1 본문은 3가지 측면의 균형을 이야기하고 있습니다. 빈칸을 채워 보세요.
● 사랑하는 자여 네 (영혼)이 잘됨 같이 네가 (범사)에 잘되고 (강건)하기를 내가 간구하노라. (요삼1:2)

---

2 하나님의 명령과 규례와 법도는 한마디로 무엇인가요?(신6:4~5)
● 네가 (진리)안에서 행한다 하니 내가 심히 기뻐하노라(요삼1:3b)
● 네가 무엇이든지 (형제) 곧 (나그네 된 자들)에게 행하는 것은
  (신실한 일)이니 그들이 교회 앞에서 너의 (사랑)을 증언하였느니라
  (요삼1:5b~6a)

---

3 사도 요한이 가이오에게 당부하고 축복하는 말이 무엇인지 살펴봅시다.
● 사랑하는 자여 (악한 것)을 본받지 말고 (선한 것)을 본받으라
  선을 행하는 자는 (하나님께 속하고) 악을 행하는 자는 하나님을 뵙지 못하였느니라(요삼1:11)
● (평강)이 네게 있을지어다(요삼1:15a)

∞ 사도 요한은 사랑하는 가이오가 영혼과 하는 모든 일이 잘되고 건강하기를 기도했습니다. 진리 안에서 행하고, 다른 사람들에게 신실하게 사랑을 베풀고, 하나님께 속한 선한 일을 하는 것은 영혼과 마음과 육신에 균형을 갖춘 삶입니다.

> 1964년 세계보건헌장은 건강이란 무엇인가에 대해 다음과 같이 정의를 내렸습니다. '건강이란 단지 질병이 없는 상태를 의미하는 것뿐 아니라 신체적, 정신적, 사회적으로 완전히 안녕함을 말한다.'
>
> 그 후 1998년 세계보건기구는 건강에 대해 좀 더 심도 깊은 의미를 더해 수정을 합니다. '건강이란 질병이 없거나 허약하지 않을 뿐 아니라 육체적, 정신적, 사회적 및 영적 안녕이 역동적이며 완전한 상태를 말한다.'
>
> '영적 안녕'이란 의미를 더하고 있습니다. 몸과 마음과 사회뿐 아니라 영적으로 건강한 것이 인간이 느끼는 행복이라는 것입니다. …
>
> <바디바이블 p79~80 中>

1 세계보건기구에서 정한 건강은 무엇과 무엇의 균형을 의미하고 있나요?

➡ 육체적, 정신적, 사회적 및 영적인 면에서의 균형

2 세계보건기구에서 '영적인 안녕'의 영역을 더한 이유는 무엇이라고 생각하나요? 다음 글을 참고하여 생각해 봅시다.

> 우리의 육체는 먹고 쉬어야 편안합니다. 의식주가 있어야 합니다. 마음은 서로 사랑하고 사랑받을 사람들과 희망을 간직한 내일을 가지고 있어야 합니다. 그렇게 육체와 마음이 채워져도 인간은 행복할 수 없는 존재입니다. 영적인 밸런스도 함께 있어야 행복인 것입니다.
>
> <바디바이블 p80 中>

> 하나님은 사람에게 영원을 사모하는 마음을 주셨기 때문에 의식주와 희망, 그리고 사람을 사랑하는 것만으로는 행복할 수 없게 하셨습니다. 인간은 불멸을 추구하는 영적인 존재이며, 그 불멸의 주체는 우리 창조주 하나님이십니다. 우리를 만드신 하나님의 사랑이 우리 안에 가득 찰 때, 인간은 비로소 행복해지는 존재인 것입니다.
>
> **< 바디바이블 p80 中 >**

1 나는 영혼육의 밸런스가 잘 맞춰져 있나요? 삼각 다이어그램으로 표현해 보세요.

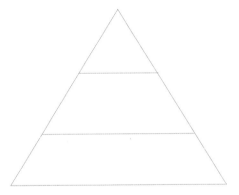

2 채워져 있는 부분과 부족한 부분은 무엇인가요? 부족한 부분을 채워 균형을 맞추려면 무엇이 필요한가요?

오늘 깨달은 것과 기도제목을 나눕니다.

● 〈오늘의 말씀〉을 함께 암송합니다.

균형이 맞아야
안전합니다.
최상의 목표를 보아야
반듯하게 갈 수 있습니다.

하나님이 우리의

최상의 목표되십니다.

3
호메오스타시스(항상성)는
하나님의 사랑
: 하나님의 사랑은 '항상성(항상 동일)'

준비 | 『바디바이블』'호메오스타시스(항상성)은 하나님의 사랑'(p81~84) 읽어오기

오늘의 말씀 | 이같이 한즉 하늘에 계신 너희 아버지의 아들이 되리니 이는 하나님이 그 해를 악인과 선인에게 비추시며 비를 의로운 자와 불의한 자에게 내려 주심이라 (마5:45)

기도 | 주여! 저를 흔드는 실패, 사고, 병, 외로움, 늙어감, 이런 부정적인 환경 가운데서도 우리를 언제나 동일하게 사랑하시는 하나님을 느끼며 살게 하소서! 그리하여 더욱 어려운 사람들, 이 땅의 고아, 과부, 나그네를 배려하며 섬기게 하소서!

도움닫기
마음 열기

> 호메오스타시스를 좀 더 설명하자면 원래 심리학에서 나온 말인데, 그 의미는 우리의 외부 환경이 바뀌어도 우리 몸의 내부 환경은 항상 일정한 상태를 유지하려고 작용을 하고 있다는 뜻입니다. 즉 항상성의 원리를 호메오스타시스라고 합니다. 하나님은 이 세상을 창조하시고 호메오스타시스인 항상성의 원리로 세상을 조화롭고 안정되게 하셨습니다.
>
> < 바디바이블 p81 中>

● 낮과 밤, 더위와 추위, 사계절이 반복되고, 때가 되면 장마와 폭풍이 오는 가운데 어떤 유익이 있을까요?

➡ 생태계의 항상성이 이루어진다.

● 우리 몸의 항상성(체온, 호흡 등)이 유지되지 않는다면 인간은 어떻게 될까요?

➡ 질병 또는 죽음에 이른다.

1 **한 걸음**
말씀 살펴보기

① 세상의 방법은 자신이 억울한 일을 당하면 어떻게 해야 한다고 하나요?(마 5:38)

➡ 또 눈은 눈으로 이는 이로 갚으라 하였다는 것을 너희가 들었으나

② 예수님은 악인(악한 자, 나를 때리는 자, 고발하는 자, 억지로 끌고 가는 자)에게도 어떻게 하라고 하시나요?(마5:39~41)

➡ 나는 너희에게 이르노니 악한 자를 대적하지 말라 누구든지 네 오른편 뺨을 치거든 왼편도 돌려 대며
➡ 또 너를 고발하여 속옷을 가지고자 하는 자에게 겉옷까지도 가지게 하며
➡ 또 누구든지 너로 억지로 오 리를 가게 하거든 그 사람과 십 리를 동행하고

③ 나에게 무엇을 부탁하거나 구하는 자에게 어떻게 하라고 하시나요?(마 5:42)

'네게 구하는 자에게 (　주며　) 네게 꾸고자 하는 자에게

(　　거절하지 말라　　)'

④ 세상의 방법(마5:43)과 예수님의 방법(마5:44)은 어떻게 다른가요?

➡ 네 이웃을 사랑하고 원수를 미워하라
➡ 너희 원수를 사랑하며 너희를 박해하는 자를 위해 기도하라

* 기도는 사랑하는 자를 위해서는 저절로 할 수 있는 것입니다. 그러나 원수를 위해 기도하는 것은 우리의 본성에서는 쉽지 않습니다.

5 그럼에도 불구하고 우리에게 왜 그렇게 하라고 하실까요?(마5:45~47)

➡ 이같이 한즉 하늘에 계신 너희 아버지의 아들이 되리니 이는 하나님이 그 해를 악인과 선인에게 비추시며 의로운 자와 불의한 자에게 내려주심이라

➡ 너희가 너희를 사랑하는 자를 사랑하면 무슨 상이 있으리요 세리도 이같이 아니하느냐 또 너희가 너희 형제에게만 문안하면 남보다 더하는 것이 무엇이냐 이방인들도 이같이 아니하느냐

* 하나님은 하나님의 자녀가 다른 사람들(세리, 이방인)과 구별되어 살기를 원하십니다(마5:46~47). 하나님의 자녀가 하나님처럼 살아갈 때 우리를 통해 하나님의 형상이 보이고 하나님의 향기가 나타날 것입니다.

6 우리는 사랑하는 자녀들을 낮게 평가하지 않고 무한한 가능성으로 평가합니다. 하나님은 우리를 어디에까지 이를 수 있다고 기대하시나요?(마5:48, 엡4:16)

➡ 마5:48 그러므로 하늘에 계신 너희 아버지의 온전하심과 같이 너희도 온전하라

➡ 엡4:16 그에게서 온몸이 각 마디를 통하여 도움을 받음으로 연결되고 결합되어 각 지체의 분량대로 역사하여 그 몸을 자라게 하며 사랑 안에서 스스로 세우느니라

2 **두 걸음**
말씀의 의미를 생각하기

> 하나님께서는 선인이나 악인에게 동일하게 해를 비춰 주시고, 비를 주십니다. 이 세상에 있는 동안만큼은 예수 믿는 사람도 벼락을 맞고 예수 안 믿는 사람도 잘 살아갑니다. 왜 그럴까요? 불벼락을 맞든, 돈벼락을 맞든 어차피 이 세상은 '광야'이기 때문입니다. 죽음을 향해 모두가 다 떠밀려 가는 홍수 같은 이 세상이 우리의 인생 마당이기 때문입니다.
>
> **< 바디바이블 p82 中>**

1 하나님의 자녀와 악인에게 똑같이 해를 주시고 비를 주시는 것, 똑같이 아프기도 하고 어려운 일을 당하기도 하는 것은 받아들이기 쉽지 않습니다. 그래서 인생을 광야라고 합니다. 광야같은 인생 마당에서 인간이 알아야 할 하나의 가치는 무엇일까요?(『바디바이블』 p82 참고)

➡ 이 인생이 광야라는 것을 알고, 광야를 받아들이는 것
➡ 죽음을 받아들이고 그 광야 너머에 있는 하나님을 바라보는 것

2 우리가 받아들이기 힘든 광야 같은 인생이 왜 하나님의 사랑일까요?.

➡ 하나님은 인생이라는 광야를 통해서 영원한 생명이신 하나님을 찾도록 하신다.

➡ 이 땅에서 유한한 인생이 평탄할 때는 하나님을 찾지 않다가 고난이 올 때 하나님을 찾게 되는데, 그로 인해 우리는 하나님을 만나는 경험을 하게 되고 하나님을 만남으로 영원한 생명을 얻게 된다. 하나님은 유한한 이 땅에서의 삶보다 영원한 하나님의 나라를 주는 것에 더 관심이 있으시다. 그분의 자녀에게 가장 좋은 것을 주시기 위해 때로는 기쁨을, 때로는 아픔을 주시는데 기쁜 날과 슬픈 날을 함께 존재하게 하사 자신의 힘이 아닌 하나님만을 의지하게 하시는 것이다(전7:14).

우리가 조금만 더 생각해 보면, 인자해 보이지 않는 하나님의 사랑이야 말로 진정한 사랑이라는 것을 깨달을 수 있습니다.

…우리가 보는 수많은 이 세상과 자연 속에 '나'라고 하는 이기성을 내려놓고 보면, 그 '불인(不仁)'해 보이는 이치가 사실은 천지와 만물을 이롭게 하시는 '하나님의 사랑'이라는 것을 볼 수 있다는 겁니다.

<바디바이블 p82~83 中>

∞ 이 땅에서 유한한 삶을 사는 동안 비록 고난과 어려움이 있어도 하나님을 사랑하고 이웃을 사랑할 수 있는 것은 우리를 향하신 하나님의 사랑과 영원한 생명의 약속을 바라보고 있기 때문입니다.

---

3 세 걸음
말씀에 나를 비춰보기

이런 비통하고 참혹한 상황을 허락하시는 하나님을 사랑이라고 말할 수 있을까? 왜 하나님은 이토록 불쌍한 사람들에게 고통을 주셨단 말인가? 그래도 저는 인정할 수밖에 없었습니다. 고통이란 모든 인생들이 겪을 수밖에 없게 정하신 운명이라는 것을 말입니다.

…고통이 모든 사람의 운명이라면, 그 고통 가운데 있는 모든 인생들을 하나님께서 사랑하시고 있다는 사실은 더 큰 운명인 것입니다.

< 바디바이블 p83~84 中>

1 내가 오랫동안, 혹은 열심히 기도하고 노력했던 일들이 이루어지지 않았을 때 하나님을 원망한 적이 있나요?

2 나는 사랑하시기 때문에 고통을 허락하신다는 하나님의 마음을 이해할 수 있나요? 혹시 하나님이 나를 사랑하신다면 무조건 내가 원하는 대로만 이루어져야 한다고 생각하지는 않았나요? 자녀를 키우고 있다면 부모의 마음으로 나누어 봅시다.

∞ 하나님은 내가 하나님을 사랑하고, 예배와 기도생활을 잘하면 내가 원하는 것을 주시고 내가 신앙생활을 게을리하면 나쁜 것을 주시는 분이 아닙니다. 그분의 사랑은 '항상' 동일합니다. 내가 하나님께 잘하고 있을 때나 못하고 있을 때나 우리에게 가장 좋은 것을 주기 원하십니다. 설령 그것이 지금 당장 내가 보기에는 좋지 않아 보일지라도 내 마음속 깊은 곳과 먼 미래까지 알고 계시는 하나님께서는 보시기에 가장 좋은 것을 '늘' '동일하게' 주시는 하나님이십니다. 이 하나님의 '항상성'은 '변함없는 사랑'입니다.

오늘 깨달은 것과 기도제목을 나눕니다.

● 〈오늘의 말씀〉을 함께 암송합니다.

결혼을 하지 못하는 사람이 신부를 달라는 기도를 했습니다.

하나님은 그에게 천사를 보내주셨습니다. 대신 여자를 절대 때리지 말라고 말씀하셨습니다. 여자를 3번 때리게 될 경우 그 여자는 다시 하늘나라로 올라가게 된다고 하셨습니다. 남자는 그 약속을 지키겠다고 말했습니다.

행복한 결혼생활을 하던 어느날 마을 결혼식장에 참여할 일이 있었습니다. 모두가 즐거운 잔치에서 신부는 울기 시작했습니다. 남자가 아무리 울음을 멈추라고 달래도 소용이 없자 마을 사람들이 수군거렸고 남자는 당황한 나머지 여자를 때렸습니다. 그리고 깨달았습니다. '아~ 내가 여자를 때렸구나'라는 절망감이 들었지만 아직 2번의 기회가 남아있었기에 여자를 데리고 집으로 왔습니다.

몇 년이 지나 마을에 큰 병으로 앓던 아이가 죽어 장례식이 치러졌습니다. 둘은 장례식에 참석했는데 이번에는 여자가 큰 소리로 웃기 시작했습니다. 다들 너무 어린아이가 고통에 시달리다가 이 세상을 떠난 것에 대해 비통함에 빠져있는데 여자가 너무 큰 소리로 웃어서 남자는 당황했습니다. 마을 사람들이 다 쳐다보자 결국 남자는 여자를 때리고 말았습니다.

➡ 이런 내용인데 결국 알고 보니 결혼 이후 불행이 눈에 보여 울었던거고, 아이가 고통을 마치고 천국에 들어가서 웃었던 거였고, 결국 모든 일의 보이지 않는 의미를 깨닫지 못하고 보이는 대로 자신의 마음 대로 판단했던 사람은 아내를 잃었다는 이야기. 사람은 보이는 것으로 행복과 불행을 말하지만 오히려 하나님이 보시기에는 행복같아보이는 그 일이 이루어지지 않는 것이 더 나을 수도 있고, 불행같아 보이는 그 일이 이루어지는 것이 우리에게 더 좋은 것이기에 허락하신다는 의미를 담고 있는 동화

4
돌아오는 것이 '사는 길'이다

: 회개

준비 | 『바디바이블』 '돌아오는 것이 '사는 길'이다'(p85~88) 읽어오기

오늘의 말씀 | 오라 우리가 여호와께로 돌아가자 여호와께서 우리를 찢으셨으나 도로 낫게 하실 것이요 우리를 치셨으나 싸매어 주실 것임이라(호6:1)

기도 | 주님! 제가 잘못된 길로 갈 때에는 경고를 주셔서 깨닫게 하시고 회개하게 도와 주세요! 제가 미련한 계획과 행동을 하거든 실패하게 하셔서 완전한 인생의 실패를 사전에 막아 주소서! 그리고 다시 기회를 주셔서 보다 온전히 주님과 동행하면서 살게 하소서!

도움닫기
마음 열기

> 항상성의 원리라고 하는 '호메오스타시스'는 우리의 생명 안에 작동하고 있습니다. 우리의 몸은 본래의 밸런스 상태를 항상적으로 유지하기 위해 항상 돌아오려고 합니다. …항상성으로 '돌아오지 않는 것'을 질병이라고 합니다. …우리의 몸은 이 '항상성'이라고 하는 '돌아옴'에 의해 건강이 유지되는 것입니다.
>
> **< 바디바이블 p85~86 中>**

● 우리 몸의 항상성을 유지하는 것은 어떤 것들이 있을까요?(『바디바이블』 p85~86 참고)

➡ 체온 36.5도, 호흡의 일정한 리듬, 심장박동, 혈압, 혈액 농도 등

● 우리 몸 밖에서 항상성을 유지하는 것은 어떤 것들이 있을까요? 이 균형이 깨지면 어떻게 될까요?(『바디바이블』p79 참고)

➡ 지구의 만유인력(구심력)과 원심력의 균형, 균형이 깨지면 지구가 태양에 가까이 가거나 멀어져서 타 죽거나 얼어 죽음. 이밖에 다른 예를 언급해도 괜찮음

1 한 걸음
말씀 살펴보기

1 하나님은 호세아를 통해 '북이스라엘'나라 사람들에게 말씀하십니다. 에브라임으로 표현되어 있는 사람들은 무엇을 어기고, 누구를 반역하였나요?(호6:7)

➡ 그들은 아담처럼 언약을 어기고거기서 나를 반역하였느니라(호6:7)

---

2 북이스라엘 사람들은 무엇이 없어 쉽게 사라지고 덧없이 없어지는 어떤 것들과 같다고 하시나요? (호6:4b)

● '…너희의 (인애)가 (아침 구름)이나 쉬 없어지는 (이슬) 같도다'

● (인애), 仁愛, mercy, kindness : 어질고 자비로움. 언약에 기초한 하나님의 '변함없는 사랑'

➡ 언약에 기초한 하나님의 불변적인 사랑이라는 의미를 지닌 히브리어 '헤세드'(창47:29, 신7:9, 미7:20)

➡ (인간에 대한 하나님의) 은혜, 은총, 자비, 인자, 호의, 친절, 긍휼 등(창19:9, 대상16:41, 호2:23)

➡ 인간 서로의 친절이나 동정, 긍휼, 자비, 이웃 사랑 등(창20:13, 21:23, 욥6:14, 잠31:26, 호6:4, 마9:13) 〈라이프성경사전 2006. 8. 15.〉

---

3 반면 우리가 힘써 알아야 할 여호와 하나님의 사랑은 어떠한 속성을 가지고 있으신가요? (호6:1~3)

● 우리의 잘못에 징계하신 다음에는 ___도로 낮게 하시고, 싸매어 주신다___ (호6:1)

● 죄로 인해 죽음에 직면한 존재들을 ___다시 살리시며 일으키셔서 그 앞에 살게 하신다___ (호6:2)

● 그의 나타나심은 새벽빛 같이 (어김없고), 쉽게 마르고 없어지지 않고 땅을 깊숙이 적시는 (늦은 비)와 같이 우리에게 임하신다(호6:3)

4 하나님이 우리에게 원하시는 것은 무엇인가요?(호6:6)

➡ 나는 인애를 원하고 제사를 원치 아니하며 번제보다 하나님을 아는 것을 원하노라

2 두 걸음
말씀의 의미를 생각하기

> '호메오스타시스', '항상성'은 복음에도 흐르고 있습니다. 구약의 예언자들은 타락한 이스라엘을 향해 끊임없이 '돌아오라'고 말을 합니다. 이사야도, 예레미야도, 호세아도 모든 선지자들도 한결같이 "돌아오라!" "돌아오라!"외칩니다.
>
> < 바디바이블 p87 中 >

1 타락한 이스라엘이 돌아오지 않으면 어떻게 되기에 하나님은 예언자들을 보내서 '돌아오라'고 끊임없이 하실까요?(『바디바이블』 p87 참고)

➡ 돌아오지 않으면 죽기 때문에

2 하나님께 돌아오지 않는 것이 왜 치명적인 결과를 낳을까요? 하나님께 돌아온다는 것은 어떤 의미일까요?

> 항상성을 이탈한 것이 질병이듯이, 인간이 하나님의 항상성 안에서 이탈하여 돌아오지 않는 것이 타락이고 죽음입니다. 그 이탈한 곳에서 다시 하나님께로 돌아오는 것이 생명이고 구원입니다.
>
> < 바디바이블 p87 中 >

∞ 하나님께 돌아온다(회개)는 말의 의미는 우리를 만드신 하나님의 섭리 안에 들어온다는 말입니다. 물고기가 물 안에서 가장 자유롭고 물고기답게 살 수 있고, 새가 하늘을 날아다닐 때 가장 자유롭고 새답게 살 수 있듯이, 하나님의 형상대로 지음 받은 영적인 인간은 하나님 안에서 가장 자유롭고, 가장 영적인 존재답게 살 수 있습니다.

3 세 걸음
말씀에 나를 비춰보기

> 예수님 역시 유대인들을 향해 끊임없이 호메오스타시스(항상성)를 외치셨습니다. "회개하고 복음을 믿으라!" 메타노에이오! 회개하라는 말이 곧 돌아오라는 말입니다. 방향을 돌려 하나님의 언약 안으로, 말씀 안으로 돌아오라는 것입니다. …우리는 끝없이 전진하되, 끝없이 돌아와야 합니다. 하나님이 우리 안에 주신 형상 안으로, 하나님의 말씀 안으로 돌아와 자신을 돌아봐야 하는 존재인 것입니다.
>
> **< 바디바이블 p87~88 中 >**

1 일을 시작하기 전에 기도로 하나님의 뜻을 묻고 시작하나요? 내 마음과 계획대로 일을 진행하다가 일이 뜻대로 되지 않을 때야 비로소 하나님을 찾지는 않나요?

2 지금 하나님으로부터 멀리 떠나 내 마음대로, 혹은 세상의 방식대로 살고 있는 부분은 어떤 것입니까? 그 안에 참된 평안과 만족이 있나요?

오늘 깨달은 것과 기도제목을 나눕니다.

● 〈오늘의 말씀〉을 함께 암송합니다.

5
십자가를 세우는 것이
밸런스이다

: 십자가(스타우로스)

준비 ㅣ 『바디바이블』 '십자가를 세우는 것이 밸런스이다', '밸런스의 원리로 살아가는 길'
(p 89~95) 읽어오기

오늘의 말씀 ㅣ 또 다른 두 행악자도 사형을 받게 되어 예수와 함께 끌려가니라 해골이
라 하는 곳에 이르러 거기서 예수를 십자가에 못 박고 두 행악자도 하나
는 우편에 하나는 좌편에 있더라(눅23:32~33)

기도 ㅣ 주여! 제가 세상의 나쁜 풍조에 휩쓸리지 않게 하시고 말씀으로 중심을 잡고 지
혜로운 판단을 하게 하소서! 마음과 몸이 건강한 가운데 가정과 학교, 교회와 사
회에 유익한 말과 행동을 하게 하소서!

도움닫기
마음 열기

> …우리는 살아가면서 밸런스를 쉽게 잃어버리게 됩니다. …우리의 인생도 이데올
> 로기나 잘못된 개념, 유행을 따라 한쪽으로 쏠리게 되면 밸런스를 잃어버리게 되는
> 것입니다.
>
> **< 바디바이블 p91 中>**

● 균형을 잡기보다 습관이나 고정관념, 다른 사람의 이목이나 유행, 사조의 경향
성을 따라 행동한 적이 있나요?(『바디바이블』 p91 참고)

- 균형을 지키지 못하고 한 쪽으로 치우치면 어떤 결과를 초래하게 될까요?(『바디바이블』 p89~91 참고)
  - ➡ 한쪽에 치우치면 나머지 부분들을 약화시킴, 자동차의 방향이 한쪽으로 쏠림, 걸을 때도 한쪽으로 치우치면 척추나 몸의 균형이 맞지 않아 통증을 유발하게 됨, 얼굴의 한 부분을 과하게 고치면 오히려 아름답지 못함, 호르몬이 과하거나 부족해도 문제를 일으킴 등

1
한 걸음
말씀 살펴보기

❶ 군인들과 달린 행악자 중 하나는 예수님을 비방하며 무엇이라고 하였나요?(눅23:36~37, 39)
  - ➡ 군인들도 희롱하면서 나아와 신 포도주를 주며 이르되 네가 만일 유대인의 왕이면 네가 너를 구원하라 하더라
  - ➡ 달린 행악자 중 하나는 비방하여 이르되 네가 그리스도가 아니냐 너와 우리를 구원하라 하되

❷ 예수님 옆에 달린 다른 행악자는 무엇이라고 하나요?(눅23:40~42)
  - ➡ 하나는 그 사람을 꾸짖어 이르되 네가 동일한 정죄를 받고서도 하나님을 두려워 아니하느냐
  - ➡ 우리는 우리의 행한 일에 상당한 보응을 받는 것이니 이에 당연하거니와 이 사람의 행한 것은 옳지 않은 것이 없느니라 하고
  - ➡ 이르되 예수여 당신의 나라에 임하실 때에 나를 기억하소서 하니

❸ 예수님은 다른 행악자에게 무엇이라고 대답해주시나요?(눅23:43)
  - ➡ 예수께서 이르시되 내가 진실로 네게 이르노니 오늘 네가 나와 함께 낙원에 있으리라 하시니라

❹ 죄가 없으신 예수님은 십자가의 고통 속에서 어떤 고백을 하시나요?(눅23:46)
  - ➡ 예수께서 큰소리로 불러 이르시되 아버지 내 영혼을 아버지 손에 부탁하나이다 하고 이 말씀을 하신 후 숨지시니라(눅23:46)

> ∞∞ 예수님은 고통의 순간에도 '아버지의 뜻'을 생각하시며, 자신의 영혼을 '아버지 손'에 맡기셨습니다. 이것이 '십자가'입니다. 자신의 노력과 판단으로 옳아 보이는 것을 선택하기보다는 모든 일을 알고 계시고, 모든 일에 균형을 가지신 하나님께 모든 것을 맡기고 자기를 부인하는 삶. 고통의 순간에도 예수님은 '동일하게' 십자가를 놓지 않으셨습니다.

> '동일하게 똑같이 서 있는 상태'가 밸런스를 이루는 삶의 길이라는 것입니다. 바로 골고다에 서 있는 예수 그리스도와 똑같이 서 있는 상태라는 것입니다.
>
> **< 바디바이블 p91~92 中 >**

1 평온하고 순탄할 때 뿐 아니라 힘든 순간에도 동일하게 하나님께 모든 것을 맡기고 잠잠 할 수 있습니까?

> …예수님의 십자가 좌우에는 두 명의 강도들이 서 있었습니다. 한 강도는 예수님 옆에 서 있었으나, 예수님과 동일하게 서 있지 않았습니다. 또 다른 강도 한 명만 예수님과 똑같이 서 있었습니다. 예수님의 의로운 십자가 안에 자기의 죽음을 함께 매달았습니다.
>
> **< 바디바이블 p92 中 >**

2 나는 예수님의 십자가 좌우의 사람 중 어떤 사람과 비슷한가요? 그렇게 생각한 이유는 무엇입니까?

예수님의 십자가가 하나님과 화목을 이루는 밸런스이며, 나와 이웃이 화목하게 되는 밸런스입니다. 십자가는 위에 계신 분과 아래 있는 우리를 이어 주는 밸런스입니다. 십자가는 이쪽에 있는 원수와 저쪽에 있는 원수를 이어 주는 밸런스입니다. 예수님처럼 나도 나의 십자가를 동일하게 세우는 자가 될 때, 우리의 삶과 영혼이 밸런스를 가지게 되는 것입니다.

< 바디바이블 p92 中 >

1 내 마음 안에서 화목하게 하지 못하게 하는 일과 사람이 있나요? 내가 원하는 해결방법은 무엇이며, 하나님 앞에 나아가면 이 문제를 어떻게 해결해 주실까요?(아버지의 심정으로 나누어 봅시다.)

2 예수님이 하나님과 우리 사이를 화목하게 하시는 화목제물이 되신 것처럼 내가 오늘 중재하고 도와야 할 사람은 누구인가요? 사람과 사람 사이에서 화목하게 하고, 사람과 하나님 사이에서 화목하게 하는 평화의 도구가 되길 기도합시다.

오늘 깨달은 것과 기도제목을 나눕니다.

● 〈오늘의 말씀〉을 함께 암송합니다.

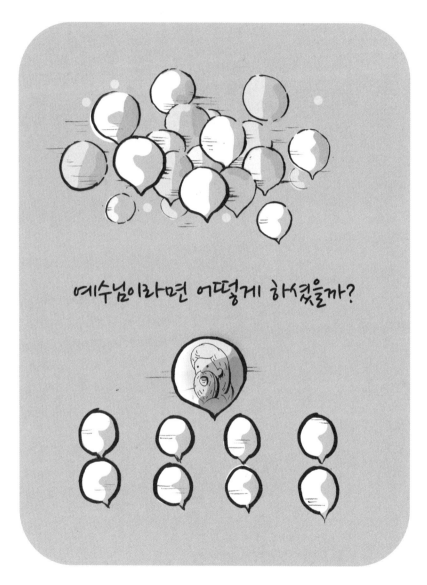

BODY BIBLE

IV
줄기세포
(예수 그리스도, 성육신)
묵상

5주

1
내 안에 있는 무한한 가능성!
예수 그리스도!

: 내 안의 보배

준비 | 『바디바이블』'내 안에 있는 무한한 가능성! 예수 그리스도!' (p103~106) 읽어오기

오늘의 말씀 | 자녀들아 너희는 하나님께 속하였고 또 그들을 이기었나니 이는 너희 안에 계신 이가 세상에 있는 자보다 크심이라(요일4:4)

기도 | 주여! 제가 연약하여 이 땅의 좋아 보이는 것들을 갖고 싶어 하고 그것들을 못가지면 박탈감과 열등감에 시달립니다. 그러나 제가 하나님의 자녀인 것을 알고 소유보다 사랑하는 사람들을 허락받은 것을 감사하게 하소서! 천하보다 귀한 영생의 특권을 가진 것을 감사하며 살게 하소서!

도움닫기
마음 열기

> 만일 통장 안에 천억이 넘는 돈이 들어있는데, 그 사실을 모르고 있다고 상상해 본다면 얼마나 어리석은 인생이 되고 말까요? 집 한 칸 장만하지 못하고, 자식을 낳고 가정을 꾸려 가야 하는데 한 푼도 통장에서 돈을 인출하지 못해 전전긍긍하는 인생이라면 얼마나 한심한 인생일까요?
>
> < 바디바이블 p105 中>

● 여러분은 여러분 스스로를 어떤 사람이라고 생각하나요? 자신에 대한 이미지가 긍정적이며 희망적인가요, 부정적이며 비판적인가요?

● 통장 안에 있는 천억보다 큰 가능성을 가진 존재가 바로 당신입니다. 당신 안에 어떤 가치가 숨어있다고 생각하시나요? 자신의 가치를 모르는 분도 있을 것입니다. 이에 서로의 가능성과 가치를 이야기해 주는 시간을 가져봅시다.

1 한 걸음
말씀 살펴보기

❶ 하나님께 속한 자녀들의 특징은 무엇인가요?

● 이로써 너희가 (하나님의 영을 알지니   ) 곧 예수 그리스도께서 육체로 오신 것을 시인하는 영(요일4:2a)

● 우리는 (하나님께 속하였으니) 하나님을 아는 자는 (우리의 말을 듣고   ) (요일4:6a)

● 사랑하는 자들아 우리가 (서로 사랑   )하자…사랑하는 자마다 하나님으로부터 나서 (하나님을 알고   ) (요일4:7)

● 사랑하는 자들아 (하나님이 이같이 우리를 사랑   )하셨은즉 (요일4:11a)

● (하나님이 우리 안에 거하시고) 그의 사랑이 우리 안에 온전히 이루어지느니라 (요일4:12)

● (하나님   )이 우리를 사랑하시는 (사랑   )을 우리가 (알고 믿었노니) 하나님은 사랑이시라. 사랑 안에 거하는 자는 (하나님 안에 거하고 하나님도 그의 안에 거하시느니라   )(요일4:16)

● 사랑 안에 (두려움이 없고   ) 온전한 사랑이 두려움을 내쫓나니 (요일4:18a)

● 우리가 이 계명을 주께 받았나니 하나님을 사랑하는 자는 또한 (그 형제를 사랑   )할지니라(요일4:21)

2 하나님께 속하지 않은 자들은 어떤 자들인가요?(요일4:3, 5, 6b, 8a, 18b)

- (예수를 시인하지 아니하는 영)마다 하나님께 속한 것이 아니니 이것이 곧 적그리스도의 영이니라(요일4:3a)
- 그들은 세상에 속한 고로 (세상에 속한 말)을 하매 세상이 그들의 말을 듣느니라(요일4:5)
- 하나님께 속하지 아니한 자는 (우리의 말을 듣지 아니하나니) ⋯ (미혹의 영)을 이로써 아느니라(요일4:6)
- (사랑하지 아니하는 자)는 하나님을 알지 못하나니 이는 하나님은 사랑이심이라 (요일4:8)
- (두려움)에는 (형벌)이 있음이라(요일4:18b)

3 하나님께 속하지 않은 자들은 어떤 자들인가요?(요일4:3, 5, 6b, 8a, 18b)

➡ 세상에 속한 말을 하고 하나님을 알지 못하는 자

4 누가 (우리가 살고 있는) 세상보다 크신가요? 그분은 어디에 계신가요?(요일4:4)

➡ 자녀들아 너희는 하나님께 속하였고 또 그들을 이기었나니 이는 너희 안에 계신 이가 세상에 있는 자보다 크심이라

5 그분의 사랑은 우리에게 어떻게 나타났나요?(요일4:9~10)

➡ 하나님의 사랑이 우리에게 이렇게 나타난 바 되었으니 하나님이 자기의 독생자를 세상에 보내심은 그로 말미암아 우리를 살리려 하심이니라 사랑은 여기 있으니 우리가 하나님을 사랑한 것이 아니요 하나님이 우리를 사랑하사 우리 죄를 속하기 위하여 화목 제물로 그 아들을 보내셨음이라

> 통장에 천억이라는 돈이 들어와 있는 것이 팩트라고 한다면 중요한 것은 그 돈을 찾아서 쓸 수 있는 삶이 되어야 하는 것입니다. 그리스도인들은 천억보다 훨씬 더 크고 가치 있는 예수 그리스도를 소유한 사람들인 것입니다.
>
> < 바디바이블 p105 中 >

1 나는 하나님의 사랑으로 그리스도를 소유한 자의 정체성과 자존감, 감사와 만족을 가지고 살아갑니까?

2 하나님의 자녀 됨을 실감하지 못하거나, 낮은 자존감, 실패감과 불만족을 가지고 살아가고 있다면 그 이유는 무엇입니까? 나에게 하나님의 자녀답지 못한 모습이 있다면 나누어 봅시다.

> 내가 어떤 사람이든 내 모습 속에서 드러나고 있는 '나'는 팩트가 아닙니다. 비록 보이지는 않지만 내 안에 들어와 계신 그리스도가 우리의 가능성이며 진정한 실제인 것입니다.
>
> < 바디바이블 p105 中 >

이보다 더 놀라운 사실이 존재할 수 있을까요? 가장 크고 위대하신 존재, 예수 그리스도가 내 안에 들어와 계신다는 것!

내 안에 엄청난 가치, 무한한 가능성, 오병이어의 기적을 일으켜 내시고, 물 위를 걸어가시고, 죽은 자를 살려내시고, 이 천지 만물을 주관하시는 하나님이 바로 내 안에 들어와 있다는 겁니다. 이것보다 더 놀라운 가능성이 있을까요? 이보다 더 큰 발견이 있을까요?

< 바디바이블 p105~106 中 >

1 나는 하나님의 관점으로 나를 봅니까? 나의 관점으로 나를 봅니까? 나 자신을 어떻게 인식하고 있나요?

2 하나님은 나를 어떻게 여기실까요? 하나님이 나를 보시는 사랑의 관점을 알게 해 달라고 기도합시다.

오늘 깨달은 것과 기도제목을 나눕니다.

● 〈오늘의 말씀〉을 함께 암송합니다.

우리의 실패와 절망과 좌절은 현실이 아니라

내 안에 있는

그리스도를

보지 못하는

실패인

것입니다.

2
한 번 태어난 것은
한 번 더 태어나기 위한 것이다
: 거듭남

준비 | 『바디바이블』 '살아라! 힘내라! 100조 개의 세포가 합창을 부르고 있다.' '한 번
태어난 것은 한 번 더 태어나기 위한 것이다.' (p107~112) 읽어오기

오늘의 말씀 | 예수께서 대답하여 이르시되 진실로 진실로 네게 이르노니 사람이 거듭
나지 아니하면 하나님의 나라를 볼 수 없느니라(요3:3)

기도 | 주여! 저로 하여금 거듭남의 의미를 알게 하시고 더욱 생명력 있게 하소서! 감사
가 중심이 되는 가운데 사랑을 실천하게 하시고 온유한 마음으로 가족과 교우,
이웃을 섬기게 하소서! 친절한 말과 온유한 표정, 그리고 섬김의 행동을 하게 하
소서!

도움닫기
마음 열기

> 우리는 의식하지 못하고 살지 모르지만, 이미 우리 몸은 알고 있습니다. 우리의 세
> 포는 거듭남이 생명이라는 것을 이미 알고 매일매일 거듭남을 실행하고 있다는 것
> 입니다. 우리의 몸에서는 매일매일 100억 개 이상의 세포가 살고 죽고를 반복하고
> 있습니다.
>
> **< 바디바이블 p111~112 中>**

● 세포가 매일 살고 죽고를 반복하기 때문에 얻는 유익은 무엇일까요? 만약 세
포가 계속 새롭게 만들어지지 않거나 죽어야 하는 세포가 죽지 않는다면 우리
는 어떻게 될까요?

➡ 다친 곳, 상처난 곳이 회복되지 않음, 암세포가 생김, 생명이 연장되지 못함.

● 이 끝없는 거듭남을 가능하게 하는 열쇠는 무엇일까요? 하나님은 우리 안에
어떤 장치를 해 놓으셨기에 날마다 새로운 피조물이 되는 경험을 하는 걸까
요? (『바디바이블』p112 참고)

➡ 줄기세포를 주셨기 때문

한 걸음
말씀 살펴보기

1 사람이 하나님의 나라를 보려면 어떻게 해야 하나요?(요3:3)

➡ 예수께서 대답하여 이르시되 진실로 진실로 네게 이르노니 사람이 거듭나지 아니하면 하나님의 나라
를 볼 수 없느니라

2 거듭난다는 것은 무엇과 무엇으로 나야 하는 것일까요?(요3:5)

➡ 예수께서 대답하시되 진실로 진실로 네게 이르노니 사람이 물과 성령으로 나지 아니하면 하나님 나
라에 들어갈 수 없느니라(요3:5)

3 니고데모는 거듭난다는 말의 의미를 이해하지 못했습니다(요3:4). 다시 태
어나야 한다는 말을 육체가 다시 태어나는 것으로 이해하고 "어떻게 어머
니 뱃속에 들어갔다가 나올 수 있느냐"고 물었습니다. 그러나 예수님의 말
씀은 그런 의미가 아니었습니다. 예수님께서 말씀하신 '거듭남'의 의미는
무엇이었나요?(요3:6~7)

➡ 육으로 난 것은 육이요 성령으로 난 것은 영이니
➡ 내가 네게 거듭나야 하겠다 하는 말을 놀랍게 여기지 말라

4 성령으로 난 사람의 특징은 무엇인가요?(요3:8)

➡ 바람이 임의로 불매 네가 그 소리는 들어도 어디서 와서 어디로 가는지 알지 못하나니 성령으로 난
사람은 다 이러하니라

5 '물과 성령으로 태어나야 한다'(요3:5~8)는 예수님의 말씀은 무슨 의미일까요?(요3:14~16, 36)

➡ 아들을 믿는 자에게 영원한 생명이 있고, 아들이 없는 자에게는 하나님의 진노가 머물러 있다.

∞∞ 이 세상에 태어난 사람은 누구든지 언젠가는 끝이 옵니다. 어떻게 보면 우리의 육신은 생을 시작하는 순간부터 죽음을 향해 가고 있는 것입니다. 그러면 허무하게 이 세상에서 살다가 죽는 것으로 끝나도록 우리의 인생을 설계해 놓으신 걸까요? 아닙니다. 그 사망의 진노로부터 우리를 구원하시고 '영원한 생명'을 주시는 것이 하나님의 계획입니다. 이 땅에서 사는 동안 '하나님의 아들 예수님을 믿고 받아들이는 자'는 영원한 생명을 얻게 됩니다. 성경은 이것을 한 번 '더 태어남(거듭남)'이라고 표현합니다. 그렇다고 한다면 이 세상의 유한한 삶은 영원한 삶을 준비하는 시간이라고 할 수 있습니다. 이 '거듭남'의 비밀을 세포를 통해 매일 우리에게 말씀하고 계십니다.

2 두 걸음
말씀의 의미를 생각하기

우리의 몸이 줄기 세포로 인해 매일매일 거듭나고 있다고 한다면, 거듭남의 일상으로 우리가 살아가는 것이라고 한다면, 거듭남은 우리가 부인할 수 없는 절대적인 명령입니다.

< 바디바이블 p112 中>

1 모든 세포가 거듭나듯이 모든 사람이 거듭나야 한다는 말에 동의하나요?

2 거듭나지 않는 사람(예수님을 받아들이지 않는 사람)들이 거듭나는 것을 거부하는 이유는 무엇일까요?

한 번 태어나면 인생이고, 거듭나면 영생입니다. 한 번 태어난 것은 한 번 더 태어나기 위해서입니다. 닭알이 한 번 태어난 것은 병아리로 한 번 더 태어나기 위함과 같이, 우리의 인생은 한 번 더 태어나 하나님의 자녀가 되기 위한 과정인 것입니다.

< 바디바이블 p112 中 >

1 거듭난 사람은 예수님을 믿고 영원한 생명을 소유한 사람들입니다. 거듭난 사람은 어떤 특징이 있을까요?

➡ 생명이 있는 사람은 계속 성장한다.

2 나는 거듭한 사람인가요? 부족한 점이 있다면 무엇인가요?

∞ 알을 깨고 거듭났다고 해서 바로 닭이 되는 것이 아니라 병아리가 되었다가 닭으로 성장하듯이, 예수님을 믿고 거듭났다고 해서 그날부터 갑자기 인격과 삶이 달라지는 것은 아닙니다. 날마다 하나님을 향해 가고, 하나님을 사랑하며 예수님을 닮아가게 됩니다. 이러한 과정을 '성화'라고 합니다. 지금 당장 거듭난 사람의 모습으로 완벽하게 변하지 않았다고 해서 낙심하지 마십시오. 성령께서 내 안에 계시다면 나를 날마다 자라게 하시고 마침내 '그리스도의 장성한 분량'(엡4:16)에 이르게 하실 것입니다.

오늘 깨달은 것과 기도제목을 나눕니다.

● 〈오늘의 말씀〉을 함께 암송합니다.

4 **그림 묵상**
깨달은 것 되새기기

한 번 태어난 것에서 머무시겠습니까,

다른 생명을 잉태할 수 있는
존재가 되시겠습니까?

3
줄기세포!
GOD CURE! WE CARE!
: 치유, 마음의 지성소

준비 | 『바디바이블』 '줄기세포! GOD CURE! WE CARE'(p113~116) 읽어오기

오늘의 말씀 | 내 이름을 경외하는 너희에게는 공의로운 해가 떠올라서 치료하는 광선을 비추리니 너희가 나가서 외양간에서 나온 송아지 같이 뛰리라(말4:2)

기도 | 생명의 근원이신 주님! 제 스스로도 건강 관리와 절제, 좋은 습관을 기르게 하시고 제 힘이 못 미치는 곳에는 치료자이신 주님께서 손을 대어 낫게 하여 주소서! 제가 병에 걸렸을 때에는 의사와 간호사들을 통하여도 역사하여 주시고 가족과 교우들 가운데 환우들이 있다면, 그들을 성심으로 돌볼 수 있게 하여 주소서!

도움닫기
마음 열기

> … 아무리 뛰어난 의사라 하더라도, 하나님께서 우리 안에 주신 자연 치유력을 넘어설 수 없습니다. 'GOD CURE! WE CARE!'…'하나님께서 치료하시고, 의사는 돌볼 뿐이다.'
>
> **< 바디바이블 p115 中>**

● 우리의 몸에 자연 치유력이 없다면 어떻게 될까요?

➡ 살이 조금만 다쳐도 회복되지 않고 흉터가 남음, 세제나 표백제에 피부가 벗겨졌을 때, 살짝이라도 화상을 입었을 때, 손톱이 부러졌을 때, 머리카락을 잘랐을 때 회복되지 않음, 여드름이 나거나 모기에 물린 자국이 그대로 있음, 점이나 잡티를 빼려고 레이저를 해도 회복되지 않음 등

● 우리의 마음에도 자연 치유력과 회복력이 어느 정도 있습니다. 정말 어려웠던 순간이 지나 시간이 약이 되었던 경험, 성장하면서 힘든 시간을 통해 성숙의 기회로 삼았던 적이 혹시 있나요?

1 한 걸음
말씀 살펴보기

1 교만한 자와 악을 행하는 자는 용광로 같은 불 앞에 무엇과 같고 어떻게 될 것이라고 말씀하시나요?(말4:1)

➡ 만군의 여호와가 이르노라 보라 용광로 불 같은 날이 이르노니 교만한 자와 악을 행하는 자는 다 지 푸라기 같을 것이라 그 이르는 날에 그들을 살라 그 뿌리와 가지를 남기지 아니할 것이로되

2 하나님을 경외하는 자에게는 무엇을 비추시고, 무엇처럼 건강하게 뛰게 된 다고 하시나요?(말4:2)

➡ 내 이름을 경외하는 너희에게는 공의로운 해가 떠올라서 치료하는 광선을 비추리니 너희가 나가서 외양간에서 나온 송아지같이 뛰리라

3 온 이스라엘(하나님의 백성)을 위하여 주신 무엇과 무엇을 기억하라고 하 시나요?(말4:4)

➡ 너희는 내가 호렙에서 온 이스라엘을 위하여 내 종 모세에게 명한 법 곧 율례와 법도를 기억하라

4 그 날이 오기 전에 하나님께서 보내시는 선지자는 무엇을 하나요?(말 4:5~6)

➡ 보라 여호와의 크고 두려운 날이 이르기 전에 내가 선지자 엘리야를 너희에게 보내리니

➡ 그가 아버지의 마음을 자녀에게로 돌이키게 하고 자녀들의 마음을 그들의 아버지에게로 돌이키게 하 리라 돌이키지 아니하면 두렵건대 내가 와서 저주로 그 땅을 칠까 하노라 하시니라

◇◇◇ 우리 몸에 스스로 치유하고 회복하는 능력을 주셨듯이 우리의 영혼도 하나님께 로 돌아와야 치유와 회복을 누리게 됩니다.

> 우리 몸 안에 우리의 생명을 만들어 내는 근원적인 방이 있습니다. 저는 그 방이 우리 몸의 지성소라고 생각합니다. 예수 그리스도가 계신 방, 예수 그리스도의 생명력이 제단을 타고 흘러 우리 몸 곳곳으로 흐르게 하는 방! 그 거룩한 방이 우리 몸의 줄기세포이며, 하나님이 우리에게 주신 치유의 지성소인 것입니다.
>
> < 바디바이블 p115~116 中 >

1 내 마음속에서 예수님을 만남으로 어려웠던 감정과 문제가 해결된 적이 있나요? 문제 상황은 변하지 않았지만 나의 마음이 달라져서 문제를 바라보는 시각이 달라졌다든지, 상대방은 변하지 않았지만 나의 마음이 달라진 경험이 있다면 나누어 봅시다.

2 예수님을 만나는 근원적인 방, 우리 몸의 지성소로 들어가는 방법은 무엇일까요?

3 **세 걸음**
말씀에 나를 비춰보기

> 우리가 하나님을 경외하는 마음으로 바깥에 집중하던 우리의 시선을 우리의 내면으로 거두어들이고, 우리 몸 안에서 일어나는 신비에 귀를 기울인다면, 공의로운 해가 떠오르게 될 것입니다. 예수 그리스도라고 하는 치료 광선을 우리에게 비추실 것입니다.
>
> < 바디바이블 p116 中 >

BODY BIBLE

1 내가 지금 예수님이 계신 마음의 지성소에 가지고 나아가야 할 문제는 무엇인가요?

---

2 예수님께 치유의 광선을 요청해야 하는 내 마음의 상처나 쓴 뿌리는 무엇인가요? 조용하게 묵상하며 나의 아픔을 주님께 아뢰고 내려놓는 시간을 가져 봅시다.

∞ 하나님은 우리의 모든 문제 상황을 아시고, 그 모든 문제를 해결하실 수 있는 분이십니다. 우리 마음과 영혼의 상처를 치유하실 수 있는 의사는 하나님밖에 없습니다. 의사 앞에서 상처를 숨기는 것은 현명하지 못합니다. 하나님 앞에 나의 상처와 아픔을 솔직하게, 나의 무거운 죄와 짐을 정직하게 직면하여 고백하고 내려놓아야 합니다. 그리고 의사의 처방대로, 의사가 집도하는 대로 내 몸을 맡겨야 합니다. 그 수술대에 올라가는 것이 때로는 두렵고 겁이 나더라도 믿고 순종하고 맡기면 반드시 아픔과 삶의 무게가 치유되고 자유하게 될 것입니다.

오늘 깨달은 것과 기도제목을 나눕니다.

● 〈오늘의 말씀〉을 함께 암송합니다.

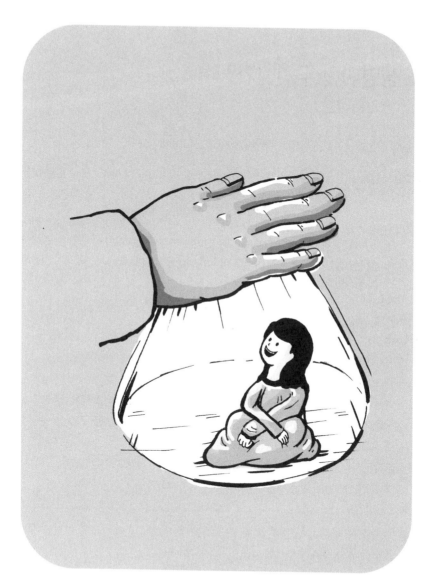

4
생명이란 무엇인가?
: 영원한 생명

준비 | 『바디바이블』 '생명이란 무엇인가?'(p117~120) 읽어오기

오늘의 말씀 | 영생은 곧 유일하신 참 하나님과 그가 보내신 자 예수 그리스도를 아는 것이니이다(요17:3)

기도 | 저를 만드신 하나님! 생명이 단지 숨을 쉬고 먹고 자는 것만이 아님을 알게 하소서! 하나님과의 친밀한 교제와 예배, 그리고 이웃과 사랑하며 살게 하소서! 연약한 생명들을 도우며 살게 하시고 아직 하나님을 알지 못하는 자들에게는 친절하게 정성껏 복음을 전하게 하소서!

도움닫기
마음 열기

> 어떤 사람이 인간에 대한 화학성분을 분석했다고 해봅시다. 인간의 노력으로 어떤 종류의 단백질과 얼마간의 지방, 탄수화물이 들어가면 되는지, 사람을 구성하는 원소는 어떤 것들이 있는지와 비율 등을 알아냈다고 합시다. 그래서 그것으로 이제 우리도 사람을 만들 수 있다고 주장한다면 하나님께서는 뭐라고 하실까요?
> "재료(원소)도 내가 만든 재료 말고 너가 만들어서 해봐라."

● 우리 몸을 단순히 단백질, 지방, 탄소화물 등이 조합된 유기체로 인식한다면 우리의 가치는 어느 정도일까요?

→ 영이 있고, 혼이 있다. 영이 없는 육체만으로는 살아있다고 볼 수 없다

● 신체를 구성하는 화합물들만으로는 인간이 형성되지 않습니다. 인간에게는 화학적 성분 이외에 어떤 것들이 있어야 살아있는 인간이라고 할 수 있을까요?

1
한 걸음
말씀 살펴보기

1 하나님이 모든 사람에게 무엇을 주시기 위해 아들(예수님)에게 권세를 주셨나요?(요17:2)
➡ 영생

2 영생(죽지 않고 영원한 생명, 진정한 생명)은 무엇에서 비롯되나요?(요17:3)
➡ 유일하신 참 하나님과 그가 보내신 자 예수 그리스도를 아는 것

3 하나님의 아들 예수님은 언제부터 하나님 아버지와 함께하셨나요?(요17:5)
➡ 창세전부터

4 하나님 아버지와 하나이신 예수님을 통해 아버지의 마음이 담긴 구원의 말씀이 예수님께, 우리에게 전달되었습니다. 하나님의 자녀가 되는 자들의 특징은 무엇인가요?
- 그들은 이것(말씀)을 (받고) 내가 (아버지께로부터 나온 줄) 참으로 (아오며) 아버지께서 나를 보내신 줄도 (믿었사옵니이다) (요17:8)
- 그들로 내 (기쁨)을 그 들안에서 (충만히) 가지게 하려 하심 (요17:13)
- 예수님이 세상에 속하지 아니함같이 하나님의 자녀들도 (세상에 속하지 아니함)으로 세상이 미워함 (요17:14)

5 하나님 아버지의 말씀을 무엇이라고 하시나요?(요17:17)

➡ 진리

6 말씀과 말씀 되신 예수님을 통해 우리 모두가 하나 되어 누구 안에 거하길 원하시나요?(요17:21)

➡ 우리(하나님과 예수님)안에

7 예수님께서 우리에게 알려주시고자 하는 하나님의 마음은 무엇인가요? (요17:26)

➡ 예수님을 사랑하시는 그 사랑이 우리 안에 있고, 하나님 되신 예수님이 우리 안에 거하시는 것(하나 되기 원하심)

두 걸음

2 말씀의 의미를 생각하기

성경은 우리가 가진 생명의 개념을 파괴시킵니다. 그렇게 과학이 만들어 내는 생물을 생명이라고 이야기하지 않는다는 것입니다. …성경은 죽었으나 살아있다고 합니다. 살았으나 실상은 죽은 거라고 이야기합니다. 예수님은 부모님을 장사 지내고 따르겠다는 제자를 향해 '죽은 자들로 죽은 자를 장사하게 하라'고 하십니다.

< 바디바이블 p119 中 >

1 당신이 생각하는 '살아있다'는 개념은 무엇입니까? 성경에서 말하는 '살아있다'의 개념과 어떻게 다릅니까?(『바디바이블』p119 참고)

➡ 성경에서 말하는 살아있다는 개념은 육체뿐만 아니라 영혼까지 살아있다는 의미

∞ 성경은 하나님의 영을 소유하고 있지 않는 사람들을 '육체(육축, 짐승)'로 묘사합니다. 영이 없으면 그냥 '육체(고깃 덩어리)'에 지나지 않는다는 의미입니다. 하나님은 만드신 육체에 '하나님의 영(생기)'를 불어넣으시고 비로소 '사람'이라고 하셨습니다.

2 성경에서 '죽었으나 살았고, 살았으나 죽은 것'이라 하는 것은 무슨 뜻일까요?

➡ 육체는 죽었으나 영은 살았고, 육체는 살았으나 영은 죽은 것

3 | **세 걸음**
말씀에 나를 비춰보기

> …생명이란 하나님께서 아담의 코에 불어넣으신 '호흡'입니다. 그 호흡은 하나님
> 과 그 아들 예수 그리스도를 아는 말씀입니다. 하나님의 감춰진 영원한 호흡이신
> 예수 그리스도가 우리 안에 계시는 것이 진정한 생명인 것입니다.
>
> **< 바디바이블 p120 中 >**

1 '사람이 떡으로만 살 것이 아니요 하나님의 입으로부터 나오는 모든 말씀
으로 살것이라'(신8:3, 마4:4, 눅4:4)이라고 하셨습니다. 즉 떡을 먹는 육체
로만 사는 것이 아니라 우리 영은 하나님의 말씀으로 산다는 뜻입니다. 그
렇다면 우리 영이 '하나님의 말씀으로 산다'는 말은 무슨 의미일까요?

➡ 하나님과 같은 호흡, 같은 생명이 되는 것. 하나님의 마음을 알고 그 마음이 담긴 말씀이신 예수님이
내 안에 살아계시는 것

2 성경에서 말한대로 '하나님과 그 아들 예수 그리스도'를 내 안에 모신 자,
'하나님의 말씀'을 내 안에 가진 자가 살아있는 자입니다. 나는 살아있는 자
입니까?

오늘 깨달은 것과 기도제목을 나눕니다.

● 〈오늘의 말씀〉을 함께 암송합니다.

BODY BIBLE

5
줄기세포는 **성육신**하신
예수 그리스도를 보여주는 **예표**이다.
: 치유, 마음의 지성소

준비 | 『바디바이블』 '줄기세포는 성육신하신 예수 그리스도를 보여주는 예표이다.'(p 121~123) 읽어오기

오늘의 말씀 | 그는 근본 하나님의 본체시나 하나님과 동등됨을 취할 것으로 여기지 아니하시고 오히려 자기를 비워 종의 형체를 가지사 사람들과 같이 되셨고 사람의 모양으로 나타나사 자기를 낮추시고 죽기까지 복종하셨으니 곧 십자가에 죽으심이라(빌2:6~8)

기도 | 주여! 저의 욕망은 끝없이 높아지려고 합니다. 많이 가지려고만 합니다. 영적으로 성숙해지게 하셔서, 저도 주님과 같이 낮아지고 섬김으로 많은 사람들을 유익하게 하며 이웃을 살리게 하소서!

도움닫기
마음 열기

> 유발 하라리의 『호모 데우스』라는 책을 보면, 가까운 미래의 인간은 인류의 굶주림과 질병, 그리고 전쟁의 문제를 해결하게 될 것이고, 그다음 인류는 '호모 데우스'로 신이 되려고 할 것이라고 미래를 예측하였습니다.
>
> **< 바디바이블 p121 中 >**

● 인간이 신이 된다면 (유전정보를 선택해서 발현하고, 질병이 생기면 새로 장기를 만들어 영생하는 상태) 어떤 일들이 벌어질까요? 장점과 단점으로 나누어 생각해 봅시다.

● 탁월한 유전자, 질병의 정복, 이 세상에서 영원히 사는 것이 인류에게 참된 만족과 행복을 줄 수 있을까요? 육체의 영생만으로 행복이 충족되지 않는다면 인간에게는 무엇이 더 필요할까요?

1 **한 걸음**
말씀 살펴보기

1 본문은 바울이 빌립보교회 성도들에게 보내는 편지입니다. 바울은 사람들에게 서로 어떻게 대하기를 권면하나요?(빌2:2~3)

● 마음을 같이하여 같은 (사랑)을 가지고 뜻을 합하며
(한마음)을 품어

● 아무 일에든지 다툼이나 허영으로 하지 말고 오직 (겸손한 마음)으로 각각 자기보다 (남을 낮게 여기고)

2 우리 안에 품어야 하는 마음은 어떤 마음인가요?(빌2:5~8)

● 너희 안에 이 마음을 품으라 곧 (그리스도 예수의 마음)이니

● 그는 근본 하나님의 본체시나
(하나님과 동등됨을 취할 것으로 여기지 아니하시고)

● 오히려 (자기를 비워) 종의 형체를 가지사 사람들과 같이 되셨고

● 사람의 모양으로 나타나사 (자기를 낮추시고) (죽기까지 복종)하셨으니 곧 (십자가)에 죽으심이라

3 자신의 권리를 포기하고 죽기까지 복종하신 예수님께 하나님은 어떤 영광을 주시나요?(빌2:9~11)

- 이러므로 하나님이 그를 (지극히 높여   )

  (모든 이름 위에 뛰어난 이름   )을 주사

- 하늘에 있는 자들과 땅에 있는 자들과 땅 아래에 있는 자들로

  (모든 무릎을 예수의 이름에 꿇게   ) 하시고

- 모든 입으로 (예수 그리스도를 주라 시인   )하여

  (하나님 아버지께 영광   )을 돌리게 하셨느니라

두 걸음
말씀의 의미를 생각하기

> 과연 인간의 바램대로, 그런 영생의 세계가 우리가 사는 이 현상 세계에서 실현될 수 있을까요? 저는 여기에 신앙과 불신앙의 차이, 바벨탑과 하나님의 나라라고 하는 이데올로기가 충돌하고 있다고 생각합니다.
>
> … 인간의 조작과 인간의 간섭 VS 하나님의 조작과 하나님의 간섭!
>
> 무엇이 인간의 영원성, 영생에 도달하게 할 것인가?
>
> **< 바디바이블 p122 中 >**

1 인간의 노력으로 도달하는 영생과 하나님이 주시는 영생은 어떤 차이가 있을까요? 인간의 힘으로, 인간이 원하는 대로 영원히 살 수 있는 신이 된다는 것과 하나님께서 주시는 영생과는 어떤 차이가 있을까요?

➔ 창조주 하나님이 우리를 피조물로 지으셨다는 사실을 부인하고 스스로 창조주가 되려고 한다

② 『바디바이블』114~115, 122~123페이지를 참고해 '배아줄기세포'와 '성체줄기세포'를 비교해봅시다.

배아줄기세포(만능세포)	성체줄기세포
수정란에서 '모든' 장기들을 만들어냄	성인의 몸에서 배아줄기세포의 '일부' 기능성 가짐
특징 · 모든 장기를 만들 수 있는 능력 · 기형인 암세포를 형성할 경우 면역을 거부 · 복제인간으로 영원히 살려는 욕망을 불러일으킴	**특징** · **자기복제능력** - 자기와 동일한 형태와 능력을 가진 다른 줄기세포를 만들 수 있음 · **다분화능력** - 인체에 필요한 다른 조직으로 변화 · **호밍효과** - 손상된 부위를 스스로 찾아갈 수 있음
만능세포, 전지전능세포	몸 구석구석을 치료하는 젊은 치유자

* 전지전능한 배아줄기세포는 스스로를 낮추고 비하하여 우리 몸의 성체줄기세포로 성육신하셨습니다. 모든 것이 가능하지만 하나님의 말씀, 하나님의 마음을 이루시기 위해, 우리에게 하나님의 마음을 전하고 구원하시기 위해 스스로를 제한하신 것입니다. 그런 예수님께 하나님은 모든 이름 위에 높은 이름을 주시고, 모든 무릎을 그 앞에 꿇게 하셨습니다.

3 세 걸음
말씀에 나를 비춰보기

줄기세포의 성육신을 통한 말씀은 인간으로 하여금 유전자를 조작하고, 줄기세포를 극대화하여 인간으로 하여금 영생하라는 메시지가 아닙니다. 하나님은 우리의 몸, 모든 인간 안에 넣어 두신 줄기세포를 통해 성육신하신 예수 그리스도가 우리의 구원임을 말씀해 주시고 있는 것입니다.

우리 몸 안에 성육신으로 남아 있는 성체줄기세포는 우리에게 영원한 생명을 안겨다 줄 수 없습니다. 줄기세포는 예수 그리스도를 보여주는 그림자일 뿐입니다. 우리 몸 안에서 예수 그리스도를 가리키고 있는 손가락일 뿐입니다.

우리가 보아야 할 영생을 주시는 줄기세포는 예수 그리스도이십니다. 그리스도께서 이 땅에 예수로 오셔서, 그 예수 그리스도 안에 모든 인간을 치유하고 구원하시겠다는 하나님의 마음을 보라는 것이, 줄기세포의 메시지인 것입니다.

< 바디바이블 p123 中 >

① '배아줄기세포'가 자신의 권리를 포기해 '성체줄기세포'가 되지 않고 계속 '배아줄기세포'상태로 평생을 살아간다면 기형인 암세포를 유발하게 될 경우, 오히려 더 큰 위험에 빠지게 됩니다(『바디바이블』 p114). 주어진 권리를 지나치게 사용해서 공동체나 다른 사람에게 불편을 준 일은 없나요? 혹시 다른 사람이 그러는 경우를 보게 된다면 마음이 어떠할까요?

내게 주어진 물질과 재능, 권리, 특권이라고 해서 온전히 내 것은 아닙니다. 하나님께서 내게 이 땅을 사는 동안 잠시 맡겨주신 것입니다. 그렇다면 왜 우리에게 맡겨주셨을까요? 하나님의 마음을 알고, 그 마음을 이루는 일에 동참하기 원하시는 마음으로, 하나님과 함께하는 즐거움을 느낄 수 있도록 우리에게 맡겨주신 것이고, 우리는 맡은 것을 잘 활용해야 하는 청지기인 것입니다. 지나치게 이기적이고 나만을 위해 사용하는 것은 우리의 물질, 재능, 권리, 특권의 주인이 보시기에 맡겨주신 목적에 부합하지 않을 수 있습니다. 그렇다면 이제 본래의 주인이신 하나님의 마음에 귀 기울여 봅시다.

② 자신을 비워 종의 형체를 가지신 예수님으로 인해 우리는 하나님과 화평을 누리고 구원을 얻었습니다. 오늘 내가 당연히 누릴 수 있는 권리를 포기하고 다른 사람을 이롭게 할 수 있는 것에는 무엇이 있을까요? 내가 손해 보더라도 베풀 수 있는 최고의 선이 무엇인지 나누어 봅시다.

➡ 전도

오늘 깨달은 것과 기도제목을 나눕니다.

● 〈오늘의 말씀〉을 함께 암송합니다.

그림 묵상
깨달은 것 되새기기

V
척추
(하나님 나라, 자기부인)
묵상

5주

1
우뚝 서 있는 **십자가가**
인류의 기둥이다

: 삶을 대하는 태도 (삶의 기둥이 되는 태도)

준비 ┃ 『바디바이블』 '우뚝 서 있는 십자가가 인류의 기둥이다'(p131~134) 읽어오기

오늘의 말씀 ┃ 그들이 예수를 맡으매 예수께서 자기의 십자가를 지시고 해골(히브리말로 골고다)이라 하는 곳에 나가시니 그들이 거기서 예수를 십자가에 못 박을 새(요19:17~18)

기도 ┃ 주님! 제 몸의 잘못된 자세가 관절에 대한 질병을 만들어내듯이, 삶의 자세(태도)가 건강하게 해 주세요! 하나님의 뜻과 명령을 존중하며 바른 태도로, 바른 방향으로 걸어가게 하소서!

도움닫기
마음 열기

가난한 집안에서 태어난 두 형제 있었습니다. 같은 환경에서 성장했는데 두 형제는 전혀 다른 인생이 됩니다. 형은 자포자기 인생으로 살다가 거렁뱅이가 되고, 동생은 열심히 공부해서 유명한 교수가 됩니다. '어찌 이렇게 다를 수 있을까?' 한 기자가 연구를 하기 시작했습니다.

연구 끝에 기자는 특이한 것을 하나 발견하게 됩니다. 형제가 자란 집에 조그만 액자가 하나 걸려 있던 겁니다. 두 형제는 그 액자 속에 적힌 글을 보면서 자랐습니다. 그 액자에는 'Dream is nowhere(꿈은 어느 곳에도 없다)'라고 적혀 있었습니다. '세상에 꿈이 없다니 어떻게 이런 글귀를 집안에 걸어둔단 말인가!

기자는 형제에게 그 액자가 기억 나느냐고 물었습니다. 그러자 거렁뱅이 형이 대답을 합니다. "있었죠. 20년 넘게 우리 집에 있던 액자인데 제가 어찌 잊겠습니까? 그 액자에는 'Dream is nowhere.(꿈은 어느 곳에도 없다.)'라는 글이 써 있었지요. 전 그것을 보며 늘 생각했습니다. 내게는 어떤 희망도 없다는 것을"

그러나 대학교수로 성공을 한 동생은 미소를 머금더니 이렇게 대답합니다. "기억 나네요. 띄어쓰기가 잘못됐던 액자가 있었습니다. 'Dream is nowhere'로 써 있었지 만, 원래는 'Dream is now here(꿈은 바로 지금 여기에 있다)'인데 잘못 쓰여진 액 자였습니다. 저는 그 글을 보면서 그래 꿈은 여기에 있어! 나도 그 꿈을 이루겠어! 하고 열심히 살아서 오늘의 제가 되었습니다."

< 바디바이블 p131~132 中>

● 나는 긍정적인 삶의 태도를 갖은 사람입니까, 부정적인 태도를 가진 사람입니 까? 내가 두 형제 였다면 어떤 태도를 가졌을까요?

● 자신의 삶에서 어려움을 극복하고 긍정적인 삶의 태도를 가졌던 경험이나, 그 리 나쁘지 않았음에도 부정적인 태도를 가졌던 경험이 있다면 나누어 봅시다.

"인생을 결정하는 것은 '태도의 문제'이다" 라는 말이 있습니다. '객관적 사실이 무 엇인가?'보다 그 사실을 바라보는 태도가 우리의 인생을 결정하는 더 중요한 요소 라는 뜻입니다.

< 바디바이블 p132 中>

1 한 걸음
말씀 살펴보기

1 예수님은 본인이 하나님의 아들이라고 말씀하셨습니다. 그러자 사람들은 빌라도에게 예수님을 죽여 달라고 합니다. 그 말을 듣고 빌라도는 두려워하 며 예수님께 다시 묻습니다(요19:7~8a). 죄 없으신 예수님은 빌라도에게 자신의 상황을 충분히 호소할 수 있음에도 어떻게 하시나요?(요19:9b)

➡ 예수께서 대답하여 주지 아니하시는지라

② 빌라도는 예수님을 놓아주거나 십자가에 못 박을 수 있는 재판권을 가지고 있었습니다. 실제로 예수님은 십자가에 못 박힐만한 일을 하신 적이 없습니다. 빌라도도 예수님이 십자가에 못 박힐만한 일이 없다고 생각하기에 다시 묻고 있는 것입니다. 그런데도 예수님은 왜 그런 선택을 하셨을까요? (요 19:11)

➡ 예수께서 대답하시되 위에서 주지 아니하셨더라면 나를 해할 권한이 없었으리니 그러므로 나를 네게 넘겨 준 자의 죄는 더 크다 하시니라

∞∞ 예수님은 자신의 억울함을 푸는 일보다 '하나님의 권위'와 '하나님의 뜻'만 생각하셨습니다. 모든 권위는 하나님께로부터 왔고, 하나님의 뜻이 십자가라면 자신의 억울함을 항변하거나 거부하지 않고 받아들이기로 하셨습니다. 하나님은 예수님의 죄 없으심과 모든 상황을 알고 계시기에 세상의 권세를 의지하기보다는 모든 일을 하나님께 맡기는 삶의 태도를 가지셨습니다.

두 걸음
2 말씀의 의미를 생각하기

척추의 질환은 대부분이 태도에서 옵니다. 삶이 무거워서 오는 것보다는 잘못된 자세 때문에 오게 됩니다. 척추 건강에 있어서 더 중요한 것이 사실보다 태도라는 것입니다.
하나님은 우리의 척추를 수평이 아닌 수직의 구조로 만들어 주셨습니다. 척추는 땅을 향해 누워있는 모습이 아니라, 하늘을 향해 우뚝 서 있는 형상입니다. 오직 인간의 척추만이 기둥처럼 세워져 있습니다.
척추가 곧 하나님의 말씀입니다.

< 바디바이블 p133 中>

1 예수님의 이 땅에서의 삶을 보면 자신을 따르던 사람들에 의해 십자가에 못 박히고, 사랑했던 제자들에게 배신을 당하고 젊은 나이에 비참하게 십자가 에서 죽는 인생을 사셨습니다. 삶을 대하는 예수님의 태도는 어떠했나요? 비관적이었나요? 하나님의 뜻만 생각하시면서 십자가의 길을 따르는 순종 을 선택하셨나요? 나도 예수님처럼 십자가 앞에서 나의 억울함을 인간적으 로 호소하기보다 하나님만 바라보는 우뚝 선 신앙으로 침묵할 수 있나요?

∞ 자기애와 자기 의를 가진 인간의 마음으로는 절대 할 수 없는 것이 십자가를 지 는 삶입니다. 인간의 삶은 오히려 그 반대(자신의 안락함, 평안함, 자신의 영광)를 추 구합니다. 성령의 도우심 없이는 불가능한 것입니다.

2 우리 몸의 기둥인 척추는 하나님을 향해 우뚝 서 있습니다. 척추를 보면서 내 삶의 기둥도 하나님을 향해 우뚝 서 있어야 함을 생각할 수 있습니다. 내 삶을 지금까지 이끌어 주신 기둥 같은 약속의 말씀들이 있습니까? 있다면 그 말씀을 붙잡고 살아왔던 삶의 경험들을 나누어 봅시다.

3 세 걸음
말씀에 나를 비춰보기

십자가는 모든 인류를 떠 받치고 있는 척추입니다. 십자가가 세상의 모든 짐을 감당할 수 있는 이유는 똑바로 서 있기 때문입니다. 절망과 포기와 슬픔의 궁극 인 골고다라는 팩트보다 강력한 것이 똑바로 서 있는 십자가이듯이, 우리는 십자 가의 올곧음을 통해서 삶의 태도를 배워야 합니다.

< 바디바이블 p133~134 中 >

1 지금 나의 상황은 어떻습니까? 아무 문제없이 평탄하여 하나님을 잊지는 않았습니까? 혹은 문제 때문에 절망 가운데 있습니까? 문제 상황이 있다면 그 문제 상황을 어떻게 보아야 할까요? 중요한 것은 문제 그 자체(팩트)보다 그것을 통해 이루고자 하시는 하나님의 섭리와 뜻입니다(전7:14).

➡ 형통한 날에는 기뻐하고 곤고한 날에는 되돌아 보아라 하나님이 이 두 가지를 병행하게 하사 사람으로 그의 장래 일을 능히 헤아려 알지 못하게 하셨느니라

2 내 마음이 꺾이지 않으면 아무도 우리의 의지를 꺾을 수 없습니다. 내가 허락하지 않으면 아무도 내 마음을 빼앗을 수 없습니다.(『바디바이블』p134) 내 마음에서 절대 꺾이지 않아야 할 중심, 우뚝 서 있어야 할 삶의 기둥은 무엇이라고 생각하나요?

오늘 깨달은 것과 기도제목을 나눕니다.

● 〈오늘의 말씀〉을 함께 암송합니다.

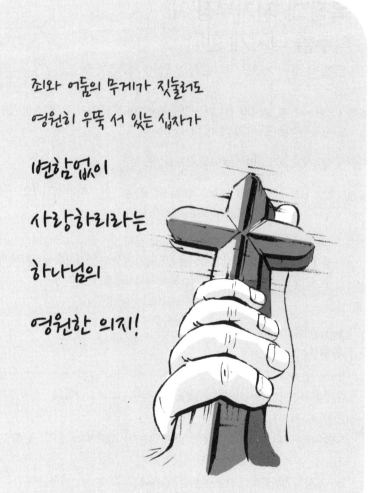

죄와 어둠의 무게가 짓눌러도
영원히 우뚝 서 있는 십자가

변함없이

사랑하리라는

하나님의

영원한 의지!

2
'목적'과 '자기부정'이
척추를 펴지게 한다
: 목적을 향한 자기부인, 목적이 있는 자기부인

준비 | 『바디바이블』 '척추를 결정하는 것은 세계관이다', '목적과 자기부정이 척추를 펴지게 한다'(p135~142) 읽어오기

찬양 | 강명식의 '승리' 중에서 (or '주와 같이 길 가는 것')

오늘의 말씀 | 누구든지 나를 따라오려거든 자기를 부인하고 자기 십자가를 지고 나를 따를 것이니라(마16:24)

기도 | 주님! 저의 짧은 생각과 경험을 기준으로 삼지 않게 하시고 주님의 말씀과 교훈을 기준 삼게 하소서! 저의 욕망을 부인하고 주님의 십자가를 긍정하게 하소서! 무늬만 기독교인이 아니라 그리스도의 제자로서 살게 하소서!

도움닫기
마음 열기

두 사람의 나그네가 눈길을 가고 있었습니다. 둘은 걷다가 하나의 내기를 걸었습니다. 한 친구가 먼저 말합니다.

"우리 여기서부터 걸어서 누가 더 똑바르게 걷는지 시합을 해 보자. 여기 눈에 발자국을 보면 누가 똑바로 걸었는지 알 수 있을거야."

둘은 그렇게 합의를 하고 한참 길을 걸었습니다. 그리고는 두 사람이 눈에 남긴 발자국을 대조해 보았습니다. 먼저 내기를 걸었던 친구의 발자국은 삐뚤삐뚤했습니다. 그런데 다른 친구의 발자국은 일직선이었습니다. 내기에 진 친구가 물었습니다.

"아니 어떻게 자네는 이렇게 똑바로 길을 걸을 수 있었나?"

그러자 친구가 대답을 합니다.

"응. 자네는 그저 걷고 싶은 대로 걸었지만, 나는 저 너머에 있는 나무를 보면서 내

발길을 조정하면서 걸었을 뿐이네!"

< 바디바이블 p141 中 >

● 당장의 이익을 생각하고 선택했다가 결국에는 손해를 본 경험이 있나요? 혹은 당장에 불이익이 되는 것 같았지만 시간이 오래 지나고 보니 오히려 이익이 되었던 경험이 있다면 나누어 봅시다.

● 삶 속에서도 눈앞에 있는 것만 생각하고 선택하는 것보다 멀리보고 선택하는 것이 중요합니다. 나는 멀리보고 선택하는 사람입니까? 시합에서 이긴 친구가 바라본 나무처럼 내 인생의 바라보아야 할 푯대는 무엇일까요?

   ➡ 은퇴 이후 혹은 노년 정도가 아니라 죽음 너머에 있는 영원한 삶과 하나님 나라를 바라보아야 합니다 (빌3:14)

1 한 걸음
말씀 살펴보기

1 예수님께서 제자들에게 많은 고난을 받고 십자가에서 죽으실 것을 이야기 하였습니다. 그 이야기를 들은 베드로의 반응은 어떠했나요?(마16:21~22) 베드로가 왜 그런 반응을 보였을지 생각해 봅시다.

   ➡ 베드로가 예수를 붙들고 항변하여 이르되 주여 그리 마옵소서 이 일이 결코 주께 미치지 아니하리이다
   ➡ 요한과 야고보의 어머니가 예수님의 좌우편에 앉혀 달라는 말에 분노한 것으로 보아 제자들은 예수님께서 정치적인 권력을 잡으실 때 자신도 같이 영광을 누리기 원했을 것이다. 그런데 예수님이 아무 힘없이 죽는다고 말씀하시자 베드로의 입장에서는 예수님을 생각하고 아끼는 마음에서 죽음을 생각하지 마시라고 하였겠지만 무의식 중에서는 자신에게도 아무런 유익이 없을 것에 대한 염려가 깔려 있었다.

   * 여기에서 (개역개정)항변하다, (개역한글)간하다는 말은 '꾸짖다'는 표현입니다.

2 예수님은 그런 베드로에게 뭐라고 말씀하셨나요?(마16:23)
   ➡ 예수께서 돌이키시며 베드로에게 이르시되 사탄아 내 뒤로 물러 가라 너는 나를 넘어지게 하는 자로다 네가 하나님의 일을 생각하지 아니하고 도리어 사람의 일을 생각하는도다 하시고

3 예수님은 예수님을 따르려면 무엇을 해야 한다고 하시나요?(마16:24)

➡ 이에 예수께서 제자들에게 이르시되 누구든지 나를 따라오려거든 자기를 부인하고 자기 십자가를 지고 나를 따를 것이니라

4 예수님을 따르는 삶은 인간의 본성과는 다른 길입니다. 사람은 누구나 자신에게 편하고, 자신이 사는 길을 선택합니다. 그러나 예수님은 오히려 무엇을 선택하는 길이 사는 길이라고 말씀하시나요?(마16:25~26)

➡ 누구든지 제 목숨을 구원하고자 하면 잃을 것이요 누구든지 나를 위하여 제 목숨을 잃으면 찾으리라

➡ 사람이 만일 온 천하를 얻고도 제 목숨을 잃으면 무엇이 유익하리요 사람이 무엇을 주고 제 목숨과 바꾸겠느냐

5 인자(예수님)께서 다시 오실 때, 이 땅에서 우리가 한 선택이 어떤 결과를 가져다준다고 하시나요?(마16:27)

➡ 인자가 아버지의 영광으로 그 천사들과 함께 오리니 그 때에 각 사람이 행한 대로 갚으리라

---

2 두 걸음
말씀의 의미를 생각하기

> 우리의 마음과 태도도 똑같습니다. 몸처럼 불균형을 가지고 있습니다. 선입견이나, 오개념이 생각 속에 눌러붙어 있어서 꼭 자기 편한 대로 생각하게 되고, 고정된 가치관으로 인해 늘 똑같은 방식으로 판단하게 됩니다. 그런 불균형적인 사고와 태도가 우리의 마음을 변형시키고, 우리의 인성을 변형시킵니다. 우리의 전인격을 변형시킵니다.
>
> 예수님은 제자들에게 "누구든지 나를 따라오려거든 자기를 부인하고 자기 십자가를 지고 나를 따를 것이니라"고 말씀하셨습니다. 이 말씀 안에는 '목적'과 '자기부정'이라는 의미가 담겨 있습니다. 예수님을 따르겠다는 '목적'이 있다면, '자기를 부정하는' 필연적인 선택이 주어진다는 것입니다.
>
> **< 바디바이블 p140~141 中>**

1 더 큰 목표를 향해 당장 눈앞의 작은 것을 포기할 수 있나요? 그것이 가능한 이유는 무엇일까요?

➡ (예) 시험에 합격하기 위해 당장 노는 것을 포기하고 시험 공부하는 것, 질병에서 낫기 위해 쓴 약이나 아픈 주사를 맞는 것, 더 많은 성취를 위해 열심히 일하는 것 등

➡ 미래의 소망이 있기 때문에 현실에 자기가 하고 싶은 것을 포기하고 부정하는 일이 가능합니다.

---

2 영원한 생명을 위해 나는 이 땅에서 누리는 것을 포기할 수 있나요? 어느 정도는 되지만 이것만은 안된다고 하는 것들에는 무엇이 있을까요? 그것을 포기할 수 없는 이유는 무엇인가요?

---

3 **세 걸음**
말씀에 나를 비춰보기

> 우리는 '선천적인 불균형'을 체질적인 본성으로 가지고 있습니다. 아무런 목적과 그 목적에 맞는 자기 부정의 과정이 없다면, 우리에게서 자연스럽게 튀어나오는 행동과 생각은 이기적인 자기 본성일 수밖에 없습니다. …우리의 '목적'은 예수 그리스도입니다. 예수 그리스도를 잃어버리면 우리는 내 마음 편한대로, 내가 생각해 온대로, 살아갈 수밖에 없습니다. 예수 그리스도를 잃어버리면 나를 주인공으로 세우고자 하는 이기적인 본성에 사로잡혀 인격이 변형되고, 됨됨이가 변형되고, 신앙이 변형되는 것입니다.
>
> < 바디바이블 p141~142 中 >

1 어떤 일을 결정할 때 나의 기준은 주로 무엇인가요? '하나님의 뜻', '예수님이라면 어떻게 하셨을까?'보다 이기적인 자기 본성(나의 편함과 이익)이 우선시되어 하나님께 묻기 전에 자동적으로 선택하고 있지는 않나요?

2 나의 길을 가는 것과 예수님의 길은 어떤 차이가 있을까요? 내가 하고 싶은 것과 예수님께서 나에게 원하시는 것은 무엇인지 생각해 봅시다.

> ∞ 예수님의 길을 따른다는 것은 내 인생의 주인이 예수님이 되시는 것을 의미합니다. 우리 스스로가 머리가 되는 것을 포기하고 머리가 되신 예수님의 손과 발이 되어 예수님과 '함께'하는 것입니다. 내 마음대로 하고 싶은 우리의 자아는 이 사실을 받아들이기가 달갑지 않지만 자기를 부인하고 예수님을 따르는 자들은 자기 스스로 메는 멍에보다 예수님과 함께 메는 멍에가 쉽고 가벼운 것을 느끼고 체험할 수 있게 됩니다(마11:30). 그리고 결국 내가 메는 멍에는 내가 원하는 결과를 얻어내지 못할 때가 많습니다. 하지만 예수님의 멍에를 메면 예수님의 정하신 목적지에 반드시 도달합니다.

오늘 깨달은 것과 기도제목을 나눕니다.

● 〈오늘의 말씀〉을 함께 암송합니다.

나는 마음이 온유하고 겸손하니 나의 멍에를 메고

내게 배우라 그리하면 너희 마음이 쉼을 얻으리니

이는 내 멍에는 쉽고 내 짐은
가벼움이라 하시리라

3
내 척추가 소중하다면
교회도 **소중**하다

: 세상 속에서 교회로 살아가기

준비 ┃ 『바디바이블』 '내 척추가 소중하다면 교회도 소중하다'(p143~146) 읽어오기

오늘의 말씀 ┃ 교회는 그의 몸이니 만물 안에서 만물을 충만하게 하시는 이의 충만함이
니라(엡1:23)

기도 ┃ 주님! 저의 사회 생활(학교, 직장, 이웃 관계…)을 통하여 많은 사람들이 기독교
의 이미지를 좋게 느끼게 하소서! 저의 정직하고 친절한 삶을 통하여 하나님께
영광을 돌리며, 이웃이 하나님과 교회에 호감을 갖게 하소서!

도움닫기
마음 열기

> 척추는 우리의 몸에서 세 가지 핵심 기능을 담당합니다. 이 세 개의 기능을 통해 몸
> 이라고 하는 건축물이 완벽하게 이루어지게 됩니다.
> 첫째로 척추는 몸의 기둥 역할을 합니다.…
> 둘째로 척추는 중추신경과 말초신경의 소통장소입니다.…
> 셋째로 척추는 상지와 하지를 협력하게 해 주는 역할을 합니다.…
>
> **< 바디바이블 p143~144 中>**

● 『바디바이블』 143~144페이지를 참고하여 척추의 기능과 역할을 정리하고
척추가 교회의 어느 부분에 해당하는지 생각해 봅시다.

	척추	교회
기둥	몸의 ____상체 무게____ 를 떠받침	만물과 세상의 기둥으로 ____세상____ 을 떠받침
소통	__뇌__ 가 → 감각(중추신경, 말초신경)에게 명령 __감각__ 이 → __뇌__ 에게 상태를 전달	__그리스도__ 가 → 우리(교회)에게 명령 __우리__ 가 → __그리스도__ 에게 아룀
연결 협력	__온 몸__ 이 함께 일하고 협력하고 일하게 함	__그리스도와 우리(교회)__ 가 함께 움직임

● 그리스도께서 거하시는 우리 한 사람, 한 사람이 교회입니다. 나는 교회로서 세상의 '기둥, 그리스도와의 소통, 그리스도와의 연결과 연합'을 잘 이루고 있습니까? 내가 잘하고 있는 부분과 부족한 부분은 무엇입니까?

한 걸음
1 말씀 살펴보기

1 **[그리스도로 세상의 기둥]** 하나님은 하나님께서 창조하신 온 세상과 만물에 '하나님의 뜻'과 '하나님의 사랑'을 전하기 원하셔서 하나님의 집(교회)을 세우셨습니다.

● (1) 만물을 창조하신 분은 누구십니까?(엡3:9)
 ➡ 영원부터 만물을 창조하신 하나님 속에 감추어졌던 비밀의 경륜이 어떠한 것을 드러내게 하려 하심이라

● (2) 하나님은 하나님이 지으신 만물(세상)을 어떻게 생각하고 무엇을 주시기 원하십니까?(요3:16)
 ➡ 하나님이 세상을 이처럼 사랑하사 독생자를 주셨으니 이는 그를 믿는 자마다 멸망하지 않고 영생을 얻게 하려 하심이라

- (3) 하나님의 집은 무엇이며, 무엇의 '기둥'과 '터'가 됩니까?(딤전3:15b)

  이 집은 살아 계신 (하나님의 교회   )요 (진리)의 (기둥)과 (터)니라

- (4) 하나님은 무엇을 통해 세상과 만물을 떠받치고 지탱하기 원하실까요?
  (엡3:10)

  ➡ 이는 이제 교회로 말미암아 하늘에 있는 통치자들과 권세들에게 하나님의 각종 지혜를 알게 하려 하심이니

- (5) 이것은 영원토록 누구안에서 이루시도록 정하신 뜻입니까?(엡3:11)

  곧 영원부터 우리 (주 그리스도 예수   ) 안에서 예정하신 뜻대로 하신 것이라

2 **[그리스도와 세상과 소통]** 하나님께서는 '하나님의 뜻'을 온 세상에 알리시기 위해 '그리스도'를 '머리(뇌)'로 정하셨습니다. 그리고 그분의 뜻을 그리스도 예수를 통하여 우리에게 알리셨습니다.

- (1) 하나님은 만물 위에 교회를 세우시고, 예수님을 그 교회의 무엇으로 삼으셨습니까?(엡1:22)

  ➡ 또 만물을 그의 발 아래에 복종하게 하시고 그를 만물 위에 교회의 머리로 삼으셨느니라

- (2) 우리 개개인과 우리가 속한 교회는 그분의 무엇으로, 만물을 어떻게 하는 존재들입니까?(엡1:23)

  ➡ 교회는 그(예수님)의 몸이니 만물 안에서 만물을 충만하게 하시는 이의 충만함이니라

3 **[그리스도와 세상과 연결]** 하나님의 뜻을 먼저 받은 교회와 성도는 하나님과 함께 일하는 '동역자'가 되어 머리 되신 그리스도와 함께 움직이고 협력하게 됩니다.

- (1) 그분의 뜻의 비밀(숨겨져 있던 사실)을 알리시기 위해 우리에게 무엇을 주셨습니까?(엡1:8)

  ➡ 이는 그가 모든 지혜와 총명을 우리에게 넘치게 하사

- (2) 머리의 명령이 신경에게 전달되듯이 그 뜻의 비밀을 누구에게 알리셨습니까?(엡1:9)

  ➡ 그 뜻의 비밀을 우리에게 알리신 것이요 그의 기뻐하심을 따라 그리스도 안에서 때가 찬 경륜을 위하여 예정하신 것이니

- (3) 그 뜻의 내용은 무엇입니까?(엡1:10)

  ➡ 하늘에 있는 것이나 땅에 있는 것이 다 그리스도 안에서 통일되게 하심이라

- (4) 그 뜻을 이루시기 위해 하나님은 우리를 하나님의 무엇으로 부르셨습니까?(고전3:9)

  ➡ 우리는 하나님의 동역자들이요 너희는 하나님의 밭이요 하나님의 집이니라

2 두 걸음
말씀의 의미를 생각하기

> 교회가 세워지는 원리와 우리의 척추 원리가 하나라는 것입니다. 교회는 세상의 기둥입니다. 교회가 기둥처럼 세계를 떠받들고 있습니다. 교회의 머리는 그리스도이며, 그리스도는 말초신경인 우리에게 명령을 내립니다. 그리스도와 우리가 의사소통을 합니다. 그리스도가 움직이면 우리가 움직이고, 우리가 움직이면 그리스도도 함께 움직이는 것입니다. **교회가 생명입니다. 교회가 중심입니다.**
>
> **< 바디바이블 p144 中 >**

1 세상의 기둥으로서 세상을 떠받치는 역할은 하나님의 사랑으로 세상을 섬기는 일입니다. 지금 내가 속한 곳에서부터 할 수 있는 세상을 섬기는 일은 무엇이 있을까요?

2 그리스도와 세상 사이에서 소통의 메신저 역할을 하는 우리는 하나님의 마음으로 세상을 보기 위해 하나님과 교제하여야 하고, 세상의 아픔과 고통을 하나님께 고하는 중보기도자의 역할을 감당해야 합니다. 매일 하나님과 이야기하고 중보하는 시간을 정해 봅시다. 나의 중보가 필요한 사람, 공동체, 나라는 어디인가요?

3 그리스도와 세상을 연결하는 우리는 그리스도와 한 몸이므로 그분의 손과 발이 되어 세상에 하나님의 나라를 이루는 일(복음전파)에 동참해야 합니다. 예수님의 마음으로 예수님의 손과 발이 되어 하나님의 나라를 이루어 가기 위해 내가 할 수 있는 일은 무엇이 있을까요?

3 세 걸음
말씀에 나를 비춰보기

> 하나님은 교회를 우리의 척추를 본 따서 만드셨습니다. 우리의 척추를 소중히 여긴다면, 교회를 소중히 여겨야 하는 것입니다.
>
> **< 바디바이블 p146 中 >**

1 우리는 척추 없이 몸을 지탱할 수도, 몸을 움직일 수도, 감각을 느낄 수도 없습니다. 세상에 교회가 없다면 세상과 하나님 사이의 연결자도, 중보자도, 성령의 지혜와 묵시도 없게 될 것입니다. 하나님의 가치관이 없는 세상은 어떻게 될까요? 내가 세상을 볼 때 하나님의 임재가 필요한 나라, 영역, 공동체, 사람은 누구인가요?

2 내 안에 하나님의 임재가 필요한 부분, 문제는 없나요? 하나님 없이 세상의 가치관으로 살아왔던 부분은 없는지 돌이켜 보고, 하나님의 뜻을 바로 알뿐만 아니라 그 뜻을 많은 사람들에게 흘려보낼 수 있는 향기로운 사람이 되게 해 달라고 기도합시다.

오늘 깨달은 것과 기도제목을 나눕니다.

● 〈오늘의 말씀〉을 함께 암송합니다.

4
사람이 소중한 이유
: 소중한 나, 소중한 사람들(이웃)

준비 | 『바디바이블』 '사람이 소중한 이유'(p147~150) 읽어오기

오늘의 말씀 | 하나님이 세상을 이처럼 사랑하사 독생자를 주셨으니 이는 그를 믿는 자마다 멸망치 않고 영생을 얻하려 하심이라(요3:16)

기도 | 주여! 제가 원세포 동물로부터 진화되어 온 존재가 아니고 하나님의 형상대로 지음 받았음을 믿게 하소서! 하나님을 닮고 하나님과 사랑하며 하나님을 예배하게 하소서! 그런 자부심을 가지고 이웃과 평화를 만들며 행복한 삶을 살게 하소서! 이 땅의 불의를 정의로, 불화를 평화로 변화시키게 하소서!

도움닫기
마음 열기

> 하이데거라는 철학자는 인간을 '존재의 집'이라고 했습니다. 존재가 사는 집! 하나님이 사는 집!이라는 것입니다. 하이데거가 그 '존재'를 '언어'라고 이야기했듯이 사람이라고 하는 '성막'이란, '말씀'이신 '그리스도'를 모시기 위한 집입니다.
>
> **< 바디바이블 p148 中>**

● 지갑에 1억의 돈이 들어있으면 그 지갑 자체의 가격은 비록 얼마하지 않아도 1억의 가치를 지닌 지갑이 됩니다. 내 안에 온 우주 만물의 창조주이신 하나님이 들어와 계시다면 나의 가치는 어느 정도가 될까요? 내가 잘나고 잘나지 않고와 상관없이 하나님의 가치를 지니게 되는 것입니다. 이 사실이 믿겨지나요? 나는 나의 가치를 어느 정도로 생각하며 살았나요?

- 세상적인 관점에서 나의 가치가 보잘것없게 느껴질 때, 내가 붙잡아야 할 것은 무엇일까요?
  ➡ 하나님의 말씀으로 나를 가득 채워야만 하나님의 관점으로 나를 보고 나를 사랑할 수 있다

- 다음 구절들 중 마음에 와닿는 구절들을 체크하고 묵상하여 하나님의 관점으로 나의 정체성을 세워 봅시다.

□ 너의 하나님 여호와가 너의 가운데에 계시니 그는 구원을 베푸실 전능자이시라 그가 너로 말미암아 기쁨을 이기지 못하시며 너를 잠잠히 사랑하시며 너로 말미암아 즐거이 부르며 기뻐하시리라 하리라(습3:17)

□ 영접하는 자 곧 그 이름을 믿는 자들에게는 하나님의 자녀가 되는 권세를 주셨으니(요1:12)

□ 그러나 이 모든 일에 우리를 사랑하시는 이로 말미암아 우리가 넉넉히 이기느니라(롬8:37)

□ 주와 합하는 자는 한 영이니라(고전6:17)

□ 그러므로 네가 이 후로는 종이 아니요 아들이니 아들이면 하나님으로 말미암아 유업을 받을 자니라(갈4:7)

□ 하나님을 따라 의와 진리의 거룩함으로 지으심을 받은 새사람을 입으라(엡4:24)

□ 내게 능력 주시는 자 안에서 내가 모든 것을 할 수 있느니라(빌4:13)

□ 너희 중에 누구든지 지혜가 부족하거든 모든 사람에게 후히 주시고 꾸짖지 아니하시는 하나님께 구하라 그리하면 주시리라(약1:5)

□ 그러므로 우리는 긍휼하심을 받고 때를 따라 돕는 은혜를 얻기 위하여 은혜의 보좌 앞에 담대히 나아갈 것이니라(히4:16)

□ 그러나 너희는 택하신 족속이요 왕 같은 제사장들이요 거룩한 나라요 그의 소유가 된 백성이니 이는 너희를 어두운 데서 불러내어 그의 기이한 빛에 들어가게 하신 이의 아름다운 덕을 선포하게 하려 하심이라(벧전2:9)

□ 이같이 하면 우리 주 곧 구주 예수 그리스도의 영원한 나라에 들어감을 넉넉히 너희에게 주시리라(벧후1:11)

내 안에 하나님의 '말씀'이 없으면 세상적인 가치관이 가득 차게 됩니다. 우리는 세상 가운데 살기 때문에 세상의 영향을 쉽게 받고, 우리 안을 세상의 기준들로 채우게 됩니다. 그렇게 되면 나를 판단하는 기준이 세상의 기준이 됩니다. 세상은 '약육강식', '적자생존'으로 남보다 뛰어나지 못하면 시험에서 떨어지게 되고, 이기지 못하면 패자가 되어 도태된다고 합니다. 세상에서 살아남기에 적자(적합한 존재)가 되지 못하면 쓸모없는 인간, 패배자라고 말합니다.

그러나 하나님과 동행하는 사람의 관점은 다릅니다. 세상이 보기에 좋은 길을 포기하고 하나님 보시기에 좋은 길을 선택하고도 즐거워합니다. 다른 사람을 위해서 손해를 보고도 기뻐하고, 우겨쌈을 당하여도 싸이지 아니하고, 답답한 일을 당하여도 낙심하지 아니하며, 박해를 받아도 버려지지 않고, 거꾸러뜨림을 당해도 망하지 않는 사람(고후 4:8~9)입니다. 쉽게 말해 시험에 떨어져도, 일이 잘 안되도, 복음을 전하다 어려움을 겪어도 그것은 하나님이 나를 버리신 것이 아니라 나에게 가장 좋은 것을 주시기 위한 과정임을 알고 있는 사람입니다. 경쟁률이 높고 합격하기 어렵다고 해서 주늑들거나 낙심하지 않고, 하나님 뜻이면 그 길을 가고 하나님 뜻이 아니면 그 길을 가지 않습니다. 오로지 기준은 '나를 향하신 하나님의 선하신 뜻'입니다. 이런 사람은 세상이 아무리 괴롭게 하더라도 낙심하지 않고 하나님을 바라봄으로 승리하기 때문에 세상이 감당할 수 없습니다(히11:38).

1 **한 걸음**
말씀 살펴보기

1 하나님이 독생자를 주신 마음의 동기는 무엇인가요?(요3:16)
- 하나님이 세상을 이처럼 (사랑   )하사 독생자를 주셨으니 이는 그를 믿는 자마다 (멸망   )하지 않고 (영생   )을 얻게 하려 하심이라

2 하나님이 그분의 아들을 세상에 보내신 이유는 무엇을 위함인가요?(요 3:17)
- 하나님이 그 아들을 세상에 보내신 것은 세상을 심판하려 하심이 아니요 그로 말미암아 세상이 (구원   )을 받게 하려 하심이라

3 그분을 믿는 자와 믿지 않는 자의 차이는 무엇인가요? (요3:18)

● 그를 믿는 자는 (　심판　)을 받지 아니하는 것이요 믿지 아니하는 자는 하나님의 독생자의 이름을 믿지 아니하므로 벌써 (　심판　)을 받은 것이니라

◇◇ 하나님은 모든 사람이 진리를 알고 구원에 이르기 원하시지만(딤전2:4) 구원의 선물을 끝까지 받지 않겠다고 하는 사람들에게는 억지로 구원을 주실 수 없습니다. 모든 사람에게 구원을 주시기 위해 자신의 아들까지도 기꺼이 내놓으신 그분의 사랑을 이해할 수 있나요?

2

두 걸음
말씀의 의미를 생각하기

오늘날 '인간은 왜 소중한 존재인가?'라는 물음이 던져지는 시대가 되었습니다. '인간은 아메바에서 진화된 발전된 동물이다', '가장 발전된 존재이기에 인간이 소중한 것이다'라고 하는 주장들도 있습니다.…

…인간이 가장 진화된, 발전된 존재라고 한다면 그 발상은 이기주의입니다. 인간이 가장 강하기 때문에 소중하다고 한다면 그 발상은 약육강식입니다. 이기주의와 약육강식은 '가치'가 될 수 없습니다. 인간의 정신과 영혼을 고양시킬 만한 '의미'가 될 수 없습니다.

모든 생명이 다 똑같이 소중할까요? 생명은 생명을 섭취해서 살아갑니다. … 우리 밥상에 올라오는 생선만 해도 그 생선이 멸치를 먹고, 멸치는 플랑크톤을 먹고, 플랑크톤은 또 다른 생명들을 먹었습니다. 생명은 생명으로 살아가는 것입니다.

하나님도 우리의 생명을 소중히 여기셨습니다. 아들의 생명을 우리에게 주셨습니다.

< 바디바이블 p148~150 中 >

1 모든 생명이 같은 가치를 지니고 있다고 주장한다면 아메바와 나는 동등한 가치일까요? 인간이 더 소중한 이유는 무엇인가요?

➡ 하나님께서 우리를 소중히 여겨 주셨기 때문에

---

2 가장 진화된 상태이고 고등하기 때문에 인간이 모든 생명보다 뛰어나다는 말은 진화론의 가치에 기반한 말입니다. 그렇다고 한다면 앞으로 인류가 진화되면 우리는 도태되고 하등한 존재가 된다는 것에 동의하는 것 아닐까요? 인간이 가장 뛰어나서 하나님께서 사랑하신다면 어떤 사람들이 가장 사랑을 받을까요? 나도 사랑받는 사람에 포함될 수 있을까요?

∞∞ 감사한 사실은 우리의 재능, 조건, 물질, 상태, 외모, 능력 등과 아무 상관없이 우리를 '자녀'로서 사랑해 주신다는 것입니다.

3 세 걸음
말씀에 나를 비춰보기

인간의 생명은 왜 소중합니까? 하나님께서 우리를 소중히 여겨 주셨기 때문에 소중한 것입니다.

그런데 더 놀라운 것은 우리의 생명 가치를 최고로 올려 주신 하나님께서 우리 안에 주인으로 들어오기 원하신다는 것입니다.

성경은 우리를 하나님이 거하시는 성전이라고 합니다. 하나님의 집이라고 합니다. 집은 원래 소중하지 않습니다. 주인이 소중합니다. 주인이 소중해야 집이 소중한 것입니다.

인간이 소중한 이유는 하나님입니다. 하나님이 우리 안에 거하시기 때문입니다. 하나님이 우리를 소중히 여겨 주셨기 때문인 것입니다.

< 바디바이블 p150 中 >

1 하나님께서 나를 어떻게 보실지 하나님의 입장이 되어 나에게 편지를 써 봅시다.

2 다른 사람을 사랑하려면 그 사람을 사랑하시는 하나님의 마음을 가져야 하고, 그 안에 계시는 하나님을 사랑해야 합니다. 내가 사랑하기 힘든 사람은 누구인가요? 하나님은 그 사람을 어떻게 보실까요? 그 사람 안에 계신 하나님을 보게 해 달라고 기도합시다.

오늘 깨달은 것과 기도제목을 나눕니다.

● 〈오늘의 말씀〉을 함께 암송합니다.

5
내가 세상에 나온 **이유**
: 나, 하나님께서 거하시는 집

준비 | 『바디바이블』 '내가 세상에 나온 이유' (p151~154) 읽어오기

오늘의 말씀 | 너희도 성령 안에서 하나님이 거하실 처소가 되기 위하여 그리스도 예수 안에서 함께 지어져 가느니라(엡2:22)

기도 | 주님! 제 안에 있는 연약함과 악함을 작게 하여 주시고 주님의 강함과 선함을 닮게 해 주세요! 저의 마음이 주님이 거하시는 성전이 될 수 있도록 하나님의 자녀다운 생각과 말과 행동을 하게 도와주세요! 실패와 고통 속에서도 저의 내면이 강건하게 해 주셔서 저보다 더 어렵고 힘든 사람들에게 위로와 용기를 줄 수 있게 해 주세요!

도움닫기
마음 열기

> 성경은 우리를 하나님의 형상을 따라 지었다고 말씀하십니다. 물론 눈에 보이는 우리 육체의 형태를 두고 말씀하시는 것은 아닐 수 있습니다. 그러나 눈에 보이는 것들은 보이지 않는 것들로부터 말미암았듯이, 우리가 눈으로 볼 수 있는 우리 신체 속에 보이지 않는 하나님의 마음을 담아 두시지 않았을까요?
>
> **< 바디바이블 p152~153 中>**

● 〈로마서〉에서는 만물이 하나님의 신성을 드러낸다고 나타나 있습니다(롬 1:20). 나는 무엇을 보며 하나님의 살아계심을 느낍니까?

➡ 창세로 부터 그의 보이지 아니하는 것들 곧 그의 영원하신 능력과 신성이 그 만드신 만물에 분명히 보여 알게 되나니 그러므로 저희가 핑계치 못할지니라(롬1:20)

● 게리 토마스의 『영성에도 색깔이 있다』는 책을 보면 영성의 9가지 색깔이 소개됩니다. 다음 중 나는 어떤 영성에 해당 하나요? 어떨 때 하나님에 대한 사랑을 느끼나요? (중복 체크 가능)

> ☐ 1. 자연주의 영성 : 야외에서 하나님을 사랑한다
> ☐ 2. 감각주의 영성 : 오감으로 하나님을 사랑한다
> ☐ 3. 전통주의 영성 : 의식과 상징으로 하나님을 사랑한다
> ☐ 4. 금욕주의 영성 : 고독과 단순성으로 하나님을 사랑한다
> ☐ 5. 행동주의 영성 : 참여와 대결로 하나님을 사랑한다
> ☐ 6. 박애주의 영성 : 이웃 사랑으로 하나님을 사랑한다
> ☐ 7. 열정주의 영성 : 신비와 축제로 하나님을 사랑한다
> ☐ 8. 묵상주의 영성 : 사모함으로 하나님을 사랑한다
> ☐ 9. 지성주의 영성 : 생각으로 하나님을 사랑한다

어떤 작가나 미술가, 음악가의 작품 안에는 만든 사람의 생각, 혼, 스타일, 방식 등이 담겨 있습니다. 이와 같이 온 우주만물에도 창조주 하나님의 섭리, 손길, 뜻과 마음이 담겨있습니다. 우리는 모든 것을 통해서 말씀하시는 하나님의 음성을 들을 수 있고, 느낄 수 있으며, 알 수 있습니다. 그런데 더욱 놀라운 사실은 온 우주 만물 중에서 항상 나와 함께 거하는 '나 자신' 안에도 하나님을 알만한 것을 숨겨놓으셨다는 것입니다. 그것은 하나님께서 내 안에 거하시기 위해 나를 특별한 집으로 만들어 가신다는 사랑과 은혜, 구원의 이야기입니다.

1

한 걸음
말씀 살펴보기

❶ 우리는 누가 만드셨고, 무슨 일을 위하여 누구 안에서 지음을 받았나요? (엡2:10)

➡ 우리는 그가 만드신 바라 그리스도 예수 안에서 선한 일을 위하여 지으심을 받은 자니 이 일은 하나님이 전에 예비하사 우리로 그 가운데서 행하게 하려 하심이니라

❷ 하나님의 선하신 뜻과 약속으로부터 멀리 떨어져 있던 우리(엡2:11~12)는 무엇으로 하나님과 가까워졌나요?(엡2:13)

➡ 이제는 전에 멀리 있던 너희가 그리스도 예수 안에서 그리스도의 피로 가까워졌느니라

3 예수님은 우리의 무엇이 되시며, 하나님과 우리 사이의 막힌 담을 어떻게 헐으셨나요?(엡2:14)

➜ 그는 우리의 화평이신지라 둘로 하나를 만드사 원수 된 것 곧 중간에 막힌 담을 자기 육체로 허시고

---

4 우리를 하나님의 집으로 만들어 가시기 위해 예수님은 친히 무엇이 되셨나요?(엡2:20)

➜ 너희는 사도들과 선지자들의 터 위에 세우심을 입은 자라 그리스도 예수께서 친히 모퉁잇돌이 되셨느니라

---

5 예수님으로 인해 우리는 성령 안에서 무엇이 되어 가고, 무엇으로 지어져 가나요?(엡2:21~22)

➜ 그의 안에서 건물마다 서로 연결하여 주 안에서 성전이 되어 가고 너희도 성령 안에서 하나님이 거하실 처소가 되기 위하여 그리스도 예수 안에서 함께 지어져 가느니라

---

6 예수님으로 말미암아 우리는 누구에게 나갈 수 있고, 누구와 함께 거하는 집이 되나요?(엡2:18)

➜ 이는 그로 말미암아 우리 둘이 한 성령 안에서 아버지께 나아감을 얻게 하려 하심이라

---

7 예수님으로 인해 하나님의 집으로 지어져 가는 우리는 무엇이 되었나요?(엡2:19b)

➜ 오직 성도들과 동일한 시민이요 하나님의 권속이라

---

8 예수님이 하신 일을 통해 우리에게 주시고자 하는 것은 무엇인가요?(엡2:17)

➜ 또 오셔서 먼 데 있는 너희에게 평안을 전하시고 가까운 데 있는 자들에게 평안을 전하셨으니

···척추는 우리 몸을 이루는 기본 프레임이라 할 수 있는데, 하나님께서 하나님의 집을 지어 가시는 프레임과 척추와 너무도 닮아 있습니다.

성경에서 하나님 나리의 집을 지어 가는 과정에서 중요하게 나오는 '수'가 7과 12, 그리고 10이라는 것을 우리는 잘 알고 있습니다. 천지를 창조하시고 완성하시는 것을 7일 창조로 보여주시고 있고, 그 나라를 완성하시는 데 12지파, 혹은 12제자들을 통해서 이스라엘이라고 하는 '집'을 완성하십니다. 그리고 10이라고 하는 '계명'을 통해서 하나님 나라의 백성들을 출산하십니다.

성경에서 7은 창조의 완성이고, 12는 하나님 나라의 집의 완성이며, 10은 하나님 나라 백성의 탄생을 의미합니다.

< 바디바이블 p151~152 中>

1 『바디바이블』 151~152페이지 내용을 참고하여 다음 표를 완성해 봅시다.

	7	10	12
의미	_창조_ 의 완성	하나님 나라 _백성_ 탄생	하나님 나라의 _집_ 의 완성
예	천지창조 _7_ 일	_10_ 계명	_12_ 지파, _12_ 제자
척추	경추 _7_ 개	요추 _10_ 개 (허리 5개+골반 5개)	흉추 _12_ 개
성경과의 연관성	7일 = 안식일 안식일의 주인 = 그리스도 7개의 경추(안식일)가 머리(그리스도)를 받치고 있음	10계명 = 하나님의 백성으로 잉태 요천추 10마디는 생식과 출산과 연결되어 생명이 잉태, 출산되는 골반에 관여	12지파, 12제자의 연합 = 이스라엘 공동체 보호 12개의 흉추가 갈비뼈와 연결되어 우리 몸 (이스라엘 공동체, 교회 공동체)을 보호함

2 창조의 완성인 안식은 그리스도를 머리로 모시는 것입니다. 나는 안식에 이른 사람입니까?

∞ 죽어서 천국에 가는 것만 안식이 아니라 우리는 이 땅에서도 안식(영생)을 누리고, 맛보며 살아갈 수 있습니다. 하나님의 마음을 알고, 그분과 동행하며, 그분 한 분만으로 만족하는 삶을 살고 있다면 안식을 누리고 있는 삶입니다.

3 하나님 나라는 하나님이 거하시는 집(나, 공동체-가정, 교회, 국가)를 의미합니다. 하나님이 거하시는 곳은 그렇지 않은 곳과 어떤 차이가 있을까요?

∞ 내가 하나님의 집이 되고, 우리 가정에 하나님의 나라가 임한다면, 또한 우리나라에 하나님이 온전히 주인 되신다면, 나의 앞길도, 우리 가정도, 이 나라도 하나님께서 지키고 보호하실 것입니다. 이 모든 일은 그분께 주권을 맡겨드리는 삶에서 시작됩니다.

4 모든 사람은 모태에서 태어납니다. 그런데 하나님의 백성이 되기 위해서는 한 번 더 태어나야 합니다. 이것을 '거듭남'이라고 합니다. 하나님의 백성은 하나님의 자궁 안에 들어가 물과 성령으로 다시 태어난 사람들입니다. 한 번 태어난 알이 병아리로 거듭나면 알이었을 때와의 삶과는 전혀 다른 삶을 살듯, 거듭난 사람은 한 번 태어난 사람과 다른 가치관으로 세상을 살아갑니다. 알이었을 때는 알지 못하지만 병아리가 자라 다시 닭이 되고 새로운 생명을 품듯이 한 번 났을 때는 몰랐던 영혼의 자유함을 누리며 다른 영혼을 구원하기 위해 힘씁니다. 나는 하나님의 자녀로 거듭난 사람입니까?

∞ 단, 명심하십시오. 이것은 내 의지로 되는 것이 아니라 성령으로 거듭나면 저절로 되어지는 것입니다. 아직 거듭나지 않았다면 거듭나게 해 달라고 성령님께 간구하십시오.

집은 집주인이 짓는 것입니다(히3:4). 집을 짓는 목적은 그 집 안에 집주인이 주인으로 거하기 위해서 입니다. 우리 몸은 엄마의 몸속에서 잉태되는 순간 그리스도께서 주인이 되어서 그리스도께서 거하시기 위해 집으로 건축되어지는 과정입니다. 그 목적을 이루시기 위해서 하나님은 우리에게 몸을 주시고, 우리의 생명이 시작하는 그 순간부터 우리 안에 거하기를 원하시는 것입니다.

우리는 이 몸을 가지고 일평생을 살면서 물어야 합니다. 이 몸, 이 집은 빈 집인가? 참주인이 아니라 강도가 사는 집인가? 참된 주인이신 그리스도께서 거하시는 하나님의 집인가? 물어야 하는 것입니다.

< 바디바이블 p153~154 中 >

1 내 삶의 주인은 누구인가요? 나는 스스로 있는 자가 아니라 하나님께서 지으신 자라고 한다면 내 삶의 주인은 하나님이신가요, 나인가요?

2 주인이 아닌 사람이 주인 행세를 하는 것을 '강도'라고 합니다. 다음 구절의 의미를 묵상해 봅시다.

'내 집은 기도하는 집이라 일컬음을 받으리라 하였거늘 너희는 강도의 소굴을 만드는도다 하시니라'(마21:13).

* '기도'의 헬라어 '프로슈케'는 '하나님을 향하다', '하나님을 가까이하다' 나아가 '하나님과 하나 되다'라는 의미의 어원에서 비롯되었습니다. 하나님의 집인 우리는 하나님을 향해 가까이 나아가 마침내 하나가 되어야 집주인의 목적에 부합하는 것이 됩니다. 그 외에 다른 목적을 이루기 위해 우리 몸과 삶을 사용하는 사람들을 '강도'라고 하십니다.

오늘 깨달은 것과 기도제목을 나눕니다.

● 〈오늘의 말씀〉을 함께 암송합니다.

나는 오늘도 예수님 안에서

하나님이 거하실 집으로

만들어져 가고 있습니다.

VI
무릎
(강한 하나님
& 연약한 나의 동행)
묵상

4주

1
복은 무릎에 있다
: 복된 인생(하나님과 동행)

준비 | 『바디바이블』 '복은 무릎에 있다'(p171~174) 읽어오기

오늘의 말씀 | 복 있는 사람은 악인들의 꾀를 따르지 아니하며 죄인들의 길에 서지 아니하며 오만한 자들의 자리에 앉지 아니하고(시1:1)

기도 | 주여! 단지 물질이 많아지는 것을 복이라 여기지 않게 하소서! 하나님께 사랑을 받으면서 가족, 이웃을 사랑하는 삶이 진정한 복인 것을 알게 하소서! 하나님과 동행하는 삶이 복된 것임을 삶 속에서 고백하게 하소서!

도움닫기
마음 열기

> 많은 사람들이 생각하는 복에 관한 이론은 '착하게 살면 복을 받는다. 덕이 있어야 복을 받는다'입니다.
>
> **< 바디바이블 p171 中 >**

● 덕이 있는 사람은 복을 받을까요? 착하게 사는 사람이 복을 받고 악하게 사는 사람은 복을 받지 못할까요? 그렇지 않은 경우는 없었나요?

영어로 복은 'Bless'입니다. '신이 당신에게 복을 주시기를 원합니다'라고 합니다. 즉 복은 신에게 달려 있다는 것입니다. 신을 잘 섬기면 복을 받고, 잘 섬기지 않으면 복을 받지 못한다는 뜻입니다.

< 바디바이블 p171 中 >

● 정말 신을 잘 섬기고, 예배에 열심히 참여하고, 기도를 많이 하면 복을 받을까요? 그러면 교회에 다니는 사람들은 아무런 고통도 아픔도 실패도 겪지 않나요? 이 부분에 대해서는 어떻게 생각하시나요?

사람들은 신명기를 이해할 때 하나님이 주신 계명을 잘 지켜 행하면 복을 받고, 계명을 지키지 않으면 복을 받지 못하고 저주를 받는다고 생각합니다. … 복이 인과응보인 줄 압니다. 내가 노력 100을 넣었으니 100의 복을 돌려달라는 식입니다.

< 바디바이블 p172 中 >

● 계명을 잘 지키면 복을 받을까요? 안식일을 거룩하게 지키고, 여호와의 이름을 망령되이 부르지 않고, 부모를 공경하고, 이웃의 것을 탐내지 않는 사람들이 복을 받나요? 계명을 다 잘 지켰지만 복을 받지 못한 사람은 없나요? 유대인들은 계명을 엄격하게 지키지만 그들에게 구원이 있나요?

∞ 사람들은 좋지 않은 일이 일어나면 그 일을 해결해 보려고 노력을 하고, 노력을 해도 소용이 없을 때는 '내가 과거에 무엇을 잘못해서 오늘날 이런 일을 만났나 보다'라고 생각하고 자책하게 됩니다. 인과응보적 사고입니다. 그러나 예수 그리스도를 마음에 모신 자, 하나님의 사랑하는 자, 하나님의 뜻대로 살아가는 자에게는 기쁜 일, 슬픈 일도 '모든 일에 합력하여 선을 이루시는 하나님의 섭리'(롬8:28)가 됩니다.

1 복 있는 사람들이 하지 않는 것은 무엇입니까?(시1:1)

➡ 복 있는 사람은 악인들의 꾀를 따르지 아니하며 죄인들의 길에 서지 아니하며 오만한 자들의 자리에 앉지 아니하고

2 복 있는 사람들이 하는 것은 무엇입니까?(시1:2)

➡ 오직 여호와의 율법을 즐거워하여 그의 율법을 주야로 묵상하는도다

3 복 있는 사람들은 무엇과 같고, 그가 하는 모든 일은 어떻게 됩니까?(시1:3)

➡ 그는 시냇가에 심은 나무가 철을 따라 열매를 맺으며 그 잎사귀가 마르지 아니함 같으니 그가 하는 모든 일이 다 형통하리로다

4 시편 1편은 '복 있는 자'들의 반대를 '악인'으로 표현합니다. 악인은 무엇과 같습니까?(시1:4)

➡ 악인들은 그렇지 아니함이여 오직 바람에 나는 겨와 같도다

∞ 겨는 그 안에 알맹이(씨)가 없기 때문에 키질을 하면 키 밖으로 떨어지고 바람에 날아갑니다. 우리 인생을 마치는 날 하나님께서 우리를 달아보는 키질을 하실 때, 예수 그리스도라는 생명의 씨를 그 안에 품은 자는 알곡이 되어 곳간에 들이시고 그 속에 알맹이(씨)가 없는 쭉정이는 모아 불에 사른다고 하십니다. 성경은 '그 씨'를 '예수 그리스도'라고 하며 그 씨를 믿고 마음에 품은 자를 '복 있는 자', '하나님의 자녀', '의인'이라 불러주십니다.

5 예수님으로 인해 우리는 성령 안에서 무엇이 되어 가고, 무엇으로 지어져 가나요?(엡2:21~22)

➡ 그의 안에서 건물마다 서로 연결하여 주 안에서 성전이 되어 가고 너희도 성령 안에서 하나님이 거하실 처소가 되기 위하여 그리스도 예수 안에서 함께 지어져 가느니라

6 예수 그리스도라는 씨를 품은 자를 '복있는 자', '의인'이라고 합니다. 의인과 악인의 결과는 어떻게 됩니까?(시1:6)

➡ 무릇 의인들의 길은 여호와께서 인정하시나 악인들의 길은 망하리로다

···복이란 무엇일까요? 시편 1편은 우리에게 복에 관한 전혀 다른 정의를 보여주고 있습니다. 복 있는 사람을 악인들의 꾀를 따르지 아니하고 죄인들의 길에 서지 아니하며 오만한 자들의 자리에 앉지도 않고 오직 여호와의 율법을 주야로 묵상하는 사람이라고 정의하고 있습니다.

저는 이 말씀에서 복 있는 사람의 상태가 '다리'와 연결되고 있는 것을 보게 됩니다. 복 있는 사람은 악인들의 꾀를 '따르지 않는다', 죄인들의 길에 '서지 않는다', 오만한 자들의 자리에 '앉지 않는다'는 겁니다.

시편 1편에서 말하는 '복'이란 단어는 '곧다', '솔직하다', '직행하다', '똑바로 가다'라는 단어라고 합니다. 한마디로 무릎이 거듭난 사람입니다.

< 바디바이블 p172~173 中 >

1 내가 생각한 '복'과 성경에서 말하는 '복'의 의미는 어떠한 차이가 있나요?

2 악인들의 꾀를 '따르지 않고', 죄인들의 길에 '서지 않고', 오만한 자들의 자리에 '앉지 않기' 위해서 필요한 것은 무엇일까요?

➡ 정직해야 합니다. 악을 미워하고, 자신의 이익을 위해 악과 타협하지 않은 상태, 그것이 올곧은 상태입니다

3 무릎이 거듭난 사람은 악인의 꾀를 따르는 것과 죄인의 길에 서는 것과 오만한 자들의 자리에 앉는 대신 무엇을 할까요? (『바디바이블』p173참고)

➡ 정직한 자는 '기도'하는 무릎입니다. 거짓말을 하지 않는다는 정직의 의미가 아니라 하나님 앞에서 정결한 마음을 갖는 것입니다. 하나님의 진리 앞에 무릎을 꿇고, 나의 공로나 의를 섞지 않은 채 순도 100% 하나님을 의지하고 의뢰하는 믿음을 가진 자가 정직한 자입니다. 그런 자는 하나님의 마음을 알게 해 달라고 기도하고, 하나님의 마음을 알게 되면 그 마음으로 기도하고, 하나님이 은혜로 주시는 은혜를 사모하여 받게 됩니다.

현대인들은 99개를 가지고도 만족할 줄 몰라 나머지 1개를 가지지 못한 것에 불만족을 토로합니다. 그 1개를 더 가지겠다고 불의한 자들의 꾀를 따르고 악인들의 길에 들어서며 오만한 자들의 자리에 앉는 행동을 서슴없이 행합니다. 그 1개를 더 소유해야 '복'받은 인생이라고 생각을 하는 것입니다.

복이란 하나님과 동행하는 인생이 누리는 행복입니다. 정직한 자가 누리는 기쁨, 진리의 길에 들어선 인생에게 값없이 은혜로 주시는 은혜인 것입니다.

< 바디바이블 p174 中 >

1 '하나님과 동행하는 인생'이 복된 인생이라는 말에 동의하십니까? 동의한다면 그 이유는 무엇이며, 동의하지 못한다면 그 이유는 무엇입니까?

2 99개를 가지고도 만족하지 못해 1개를 더 가지기 위해 갖은 방법을 써서 1개를 얻게 되면, 과연 진정한 복을 얻게 될까요? 1개를 더 가지고 나서도 거기에서 나보다 더 가진 사람들에 대한 부러움은 없을까요?

3 하나님께서 인생에게 주시는 값없는 은혜를 누리고 싶은 마음이 있나요? 정직한 자, 하나님의 진리에 들어간 자가 되기 위해 무엇을 구해야 할까요?

오늘 깨달은 것과 기도제목을 나눕니다.

● 〈오늘의 말씀〉을 함께 암송합니다.

2
건강을 거두어들이는 방법 - 걷기
: 예수님과 동행(예수님과 같은 길 걷기, 예수님처럼 걷기)

준비 | 『바디바이블』 '건강을 거두어 들이는 방법' (p175~178) 읽어오기

오늘의 말씀 | 예수께서 온 갈릴리에 두루 다니사 그들의 회당에서 가르치시며 천국 복
음을 전파하시며 백성 중의 모든 병과 모든 약한 것을 고치시니(마4:23)

기도 | 주여! 주께서 주신 이 눈으로 하나님을 바라보며 두 다리로 걷게 하소서! 저로
무의미한 자리가 아닌, 꼭 필요한 자리에 가게 하소서! 이웃을 사랑하는 발걸음,
복음을 전하는 발걸음을 옮기며 살게 하소서!

도움닫기
마음 열기

> …튼튼한 무릎의 비결은 무엇일까요? 바로 '걷기'입니다.
> 장수하는 사람들을 보면 한결같은 공통점이 있습니다. 무릎이 튼튼하다는 것입니
> 다. 제대로 서 있지 못하거나 걷지 못하는 상황에서 오래 사는 사람은 없습니다. 걷
> 는 사람이 장수합니다.
>
> **< 바디바이블 p176 中 >**

● 나는 평소에 많이 걷는 편인가요? 하루에 걷는 양이 얼마나 되는지 체크해 봅
시다.

● 마음속에 생각이 복잡하거나 답답할 때 산책을 하는 것만으로도 기분이 나아지고 생각이 정리됩니다. 그런 경험이 있었으면 나누어 봅시다.

한 걸음
말씀 살펴보기

1 예수님은 이 땅에 계실 때 두루 걸어 다니시며 무엇을 하셨나요?(마4:17, 4:23)

● 이 때부터 예수께서 비로소 (전파)하여 이르시되
(회개하라 천국이 가까이 왔느니라) 하시더라

● 예수께서 온 갈릴리에 두루 다니사 그들의 회당에서 (가르치시며)
천국 (복음을 전파)하시며 백성 중의 모든 병과 모든 약한 것을
(고치시니)

2 예수님께서 갈릴리 해변에 다니시다가 베드로와 안드레를 보고 무엇이 되라고 부르셨나요?(마4:19)
➡ 말씀하시되 나를 따라오라 내가 너희를 사람을 낚는 어부가 되게 하리라 하시니

3 베드로와 안드레, 야고보와 요한은 예수님의 부르심에 어떻게 반응했나요?
(마4:20, 22)
➡ 그들이 곧 그물을 버려 두고 예수를 따르니라
➡ 그들이 곧 배와 아버지를 버려 두고 예수를 따르니라

4 예수님의 소문이 퍼지자 수많은 무리는 어떻게 반응했나요?(마4:25)
➡ 갈릴리와 데가볼리와 예루살렘과 유대와 요단 강 건너편에서 수많은 무리가 따르니라

∞ 예수님을 따르는 걸음은 예수님께서 하셨던 사역들(회개를 선포하고, 가르치고, 천국복음을 전파하며, 약한 것을 고치시는 사역)을 우리도 같이하는 것입니다. 예수님은 이것을 '사람 낚는 어부'라고 하셨습니다.

BODY BIBLE

5 예수님처럼 평화의 좋은 소식, 구원의 복된 소식을 전하는 발을 성경은 어떻게 묘사하나요?(사52:7)

➡ 좋은 소식을 전하며 평화를 공포하며 복된 좋은 소식을 가져오며 구원을 공포하며 시온을 향하여 이르기를 네 하나님이 통치하신다 하는 자의 산을 넘는 발이 어찌 그리 아름다운가

∞ 복음(좋은 소식, 복된 소식)을 전하는 자들의 걸음을 통해 황폐한 곳에서도 하나님의 백성을 위로하사 기쁘게 하시고 세계 열방에서 하나님의 구원을 알게 될 것입니다(사52:8~10). 가장 아름다운 걸음은 '하나님께서 함께하시는 걸음', '사람을 살리는 구원의 소식을 전하는 걸음'입니다.

2 두 걸음
말씀의 의미를 생각하기

무릇 건강의 핵심이라 할 수 있는 '걷기'라는 말의 의미를 좀 더 떠올려 봅니다. 두 다리를 움직여 앞으로 나아가는 것을 왜 '걷기'라고 하였을까요? '걷기'라는 말과 '가을 걷이', '거두기'라는 말들은 의미가 통하는 것으로 보입니다. 가을에 무르익은 열매를 거두는 '걷이', 뭔가 흐트러진 것들을 모아 거두어들이는 '거두기', 앞으로 길을 가는 '걷기'. 이 모두가 밖에 있던 것들을 내 안으로 거두어들인다는 의미를 나타내고 있습니다.

저는 길을 걸어 다니다 보면 많은 생각들이 떠오르곤 합니다. 걸으면 놓쳤던 생각들이 거둬들여지고, 실수하거나 간과했던 생각들이 거둬들여집니다. 부족한 몸 안에서 산소가 거둬들여지며, 내려놓고 있었던 기도의 호흡이 거둬들여집니다.

< 바디바이블 p177~178 中 >

1 나는 어떤 걸음을 걷고 있나요? (중복체크 가능)

☐ 아무 생각 없이 걷는 걸음
☐ **육적인 걸음** : 몸의 활력이 되는 산소를 거두어들이는(건강을 위한) 걸음
☐ **혼적인 걸음** : 생각을 거두어들이는(정리하는) 걸음 - 생각해야 할 일,
    자신을 돌아보고 반성하는 것 포함
☐ **영적인 걸음** : 기도하며 하나님과 대화하는 걸음, 영혼구원을 위해 전도하는
    추수의 발걸음 등
☐ 기타 (   )

2 나의 걸음을 앞으로 어떻게 채워 가고 싶은가요?

3 **세 걸음**
말씀에 나를 비춰보기

예수님은 걸으셨습니다. 걸으시면서 영혼들을 거두어들이셨습니다. 바울도 걸었고, 걸으면서 추수의 열매들을 거두었습니다. 현대인들은 '걷기'를 해야 합니다. 내 몸과 영혼 안에, 내 밖에 있는 열매들과 좋은 생명력들을 거둬들여야 합니다.

< 바디바이블 p178 中 >

1 예수님께서 제자들에게 찾아오셨던 것처럼 나에게 찾아오셔서 "나를 따라오라. 내가 너희를 사람 낚는 어부가 되게 하리라"하시면 나도 제자들처럼 예수님을 따르는 발걸음이 될 수 있나요? 만약 그렇지 못하다면 무엇이 마음에 걸리기 때문인가요?

2 홀로 걸으며 예수님과 대화(내 마음을 예수님께 말씀드리고 예수님의 음성을 듣는 시간 갖기)를 해 본 적이 있나요? 예수님과 함께 산책할 시간을 낸다면 어디를 가고 싶으신가요? 시간을 내어 예수님과 산책할 약속을 잡아 봅시다.

오늘 깨달은 것과 기도제목을 나눕니다.

● 〈오늘의 말씀〉을 함께 암송합니다.

걷기는 거두어들이는 최고의 행동입니다.
걷기를 통해서
건강을 거둬들이고,
호흡을 거둬들이고,
생명력을 거둬들이게
되는 것입니다.

3
걷기는 **신비**의 연발이다
: 나를 비우는 발걸음

준비 | 『바디바이블』 "걷기'는 '신비'의 연발이다.' (p179~182) 읽어오기

오늘의 말씀 | 네 하나님 여호와께서 이 사십 년 동안에 네게 광야 길을 걷게 하신 것을 기억하라 이는 너를 낮추시며 너를 시험하사 네 마음이 어떠한지 그 명령을 지키는지 지키지 않는지 알려 하심이라(신8:2)

기도 | 주여! 바쁜 삶 속에서도 걷기를 게을리하지 않게 하시고, 걸으면서 생각하게 하소서! 더욱더 하나님을 기쁘시게 하는 삶, 가족과 이웃을 사랑하는 삶을 실천하게 하소서! 특히, 힘든 일이 있을 때 하나님과 함께 걸으며 대화하고 위로 받게 하소서!

도움닫기
마음 열기

● 『바디바이블』 p179~181페이지를 참고하여 걷기의 효능들을 정리해 봅시다.

	'걷기'의 신비한 효능	구체적인 예
1	__생각__ 을 깊게 한다	· 아리스토텔레스: '소요학파(걷는 학파)'라고 부름 · 루소: "걸음이 멈추면 생각이 멈춘다" · 탈레스: 생각에 잠겨 걷다가 우물에 빠짐 · 소크라테스: 걷다가 떠오르는 생각으로 대화 · 칸트: 매일 같은 시간에 산책
2	걷기의 속도가 __체형__ 의 속도이다	· 빠르게 달리는 자동차에서는 경험하지 못함 · 걸으면서 세상을 그대로 경험하게 됨 · 자연, 사람, 내 마음 상태도 보는 체험을 하게 됨

	'걷기'의 신비한 효능	구체적인 예
3	우리의 마음을 <u>잔잔하게</u> 한다	· 이스라엘 광야 40년 걷기는 애굽의 세속적 가치관을 빼고 자신을 비우는게 하시는 것이 목적 · 하나님 앞에 완전히 무릎꿇는 인생이 되게 하심
4	사람의 마음을 <u>낮아지게</u> 한다	· 야곱은 에서를 피해 낮은 마음으로 도망하다가 하나님을 만남 · 모세도 걷다가 호렙에서 하나님을 만남 · 이스라엘은 유목민으로 '길을 걷는 사람들' 정체성
5	인간을 가장 <u>인간답게</u> 한다	· 과거와 현실과 미래에 매이지 않고 오늘을 충실히 살아가는 모습의 인간상이 나타남
6	형이하학과 형이상학의 <u>조화</u> 가 된다	· 발은 땅을 딛는 형이하학, 허리는 꼿꼿이 서게 됨 · 머리는 하늘을 향한 형이상학 · 팔은 앞뒤로 휘저으며 과거-현재-미래를 오고감 · 과거를 밀어내고 미래를 끌어당기며 현재를 살게 함
7	몸의 막힌 곳이 <u>뚫리게</u> 된다	· 발바닥의 신경망이 자극되어 오장육부 반응 · 뇌의 활성화 · 우울증 치료, 고혈압 완화, 당뇨병 개선 · 심장마비 감소, 장암, 유방암 감소 효과

● '걷기'의 효능 중 어떤 것을 체험해 보고, 어떤 것을 체험해 보지 못했나요? 경험하고 싶은 효능은 어떤 것인가요? 걷기의 긍정적인 측면에 대한 자신의 생각을 자유롭게 나누어 봅시다(위에 제시된 내용 외에도 내가 경험한 것이 있다면 그것을 나누어도 좋습니다).

① 신명기는 모세가 가나안 땅의 입성을 앞둔 이스라엘 백성에게 주는 마지막 메시지(고별설교)입니다. 하나님의 약속대로 이스라엘은 가나안 땅에 들어가게 되지만, 자신은 가나안 땅에 들어가지 못하고 죽을 것을 알게 되었을 때, 모세가 이스라엘에게 강조한 메시지의 중심내용은 무엇일까요?(신8:1)

➡ 내가 오늘 명하는 모든 명령을 너희는 지켜 행하라 그리하면 너희가 살고 번성하고 여호와께서 너희의 조상들에게 맹세하신 땅에 들어가서 그것을 차지하리라

* 모세가 이스라엘에게 명했던 명령은 모세 자신의 생각이 아니라 '하나님께서 모세를 통해 주신 계명'이었습니다.

② 하나님께서 이스라엘 백성을 40년 동안 광야길을 걷게 하신 이유는 무엇인가요?(신8:2)

➡ 네 하나님 여호와께서 이 사십 년 동안에 네게 광야 길을 걷게 하신 것을 기억하라 이는 너를 낮추시며 너를 시험하사 네 마음이 어떠한지 그 명령을 지키는지 지키지 않는지 알려 하심이라

③ 하나님께서 큰 기적으로 이스라엘을 출애굽시키셔서 다른 나라들 가운데 크게 보이게 하셨습니다. 그런데 40년 동안 광야생활을 하면서 다양한 음식을 먹을 수도 없었고, 물이 없었던 순간도 있었고, 위험했던 순간들도 있었습니다. 그렇게 이스라엘을 낮추시고, 먹을 것도 하늘에서 내려오는 '만나'를 40년 동안 먹게 하신 이유는 무엇인가요?(신8:3)

➡ 너를 낮추시며 너를 주리게 하시며 또 너도 알지 못하며 네 조상들도 알지 못하던 만나를 네게 먹이신 것은 사람이 떡으로만 사는 것이 아니요 여호와의 입에서 나오는 모든 말씀으로 사는 줄을 네가 알게 하려 하심이니라

* 이스라엘은 40년이라는 '걷기'를 통해서 하나님의 마음, 하나님과 동행하는 법, 하나님의 백성으로 사는 법을 배우게 된 것입니다. 이것은 육체적 단련을 넘어 영적으로 제사장 나라로 거듭하게 하는 훈련이었습니다.

④ 이스라엘이 40년 동안 광야에서 '걷기'를 통해 배운 제사장 나라의 핵심 덕목은 무엇이었나요?(신8:6)

➡ 네 하나님 여호와의 명령을 지켜 그의 길을 따라가며 그를 경외할지니라

> (걷기는) …무엇보다 가장 중요한 제2의 심장인 허벅지와 무릎을 강하게 해서 스테미너와 활력이 늘어나게 하고, 몸 전체의 균형을 잡아 주게 됩니다. 또한 걷기를 통해 배출되는 땀의 분비를 통해 몸의 노폐물이 씻겨 나가게 됩니다.
>
> < 바디바이블 p182 中 >

1 우리는 삶을 살아가는 것을 '인생길을 걷는다'라고 표현하기도 합니다. 인생을 살아가는 것은 이스라엘 백성들이 광야를 걸어 약속의 땅에 들어가는 여정과 같습니다. 나는 이러한 과정을 어떤 마음의 자세로 걷고 있나요? 하나님께서 내게 주신 '인생의 걸음'을 통해 내게 요구하시는 하나님 자녀로써의 덕목은 무엇일까요? 그것을 잘 지키고 있나요? 그렇지 못하다면 그 이유는 무엇인가요?

2 걷기를 통해 육체의 필요없는 것(노폐물)은 배출되고, 좋은 것(건강)은 채우게 됩니다. 뿐만 아니라 마음에도 불필요한 것(교만)은 빠지게 되고, 필요한 것(좋은 생각, 잔잔한 마음, 좋은 경험 등)은 채워지게 됩니다. 이스라엘 백성은 광야에서 '걷기'를 통해 영적인 것(하나님을 경외하며, 그 말씀으로 살아감)을 채우고, 영적인 교만은 빠지게 되었습니다. 나에게 '걷기'를 통해 빼야할 것과 채워야 할 것은 무엇인지 생각해 봅시다.

> 걷기는 신비의 연발입니다. 하나님이 우리에게 허락하신 놀라운 은총들을 경험하는 길이 우리의 무릎에 있는 것입니다. 걷는 삶이 될 때, 튼튼한 무릎이 될 때 걸어 다니는 그 구체적인 작은 일상이 신비의 세계로 들어가는 문이 되는 것입니다.
>
> **< 바디바이블 p182 中 >**

1 나는 하나님을 체험하는 광야, 좁은 길을 걸어가는 사람인가요? 세상의 편안함과 안락함을 추구하는 길로 걸어가는 사람인가요?

2 하나님은 인생과 영혼의 교육을 육체의 '걷기'를 통해서도 알 수 있도록 하셨습니다. '걷기' 이외에 우리 삶의 작은 일상 속에서 하나님의 섭리와 사랑을 발견하게 해 달라고 기도합시다. 삶 속에서 세밀하게 말씀하시는 신비의 체험들이 있다면 아주 작은 것이라도 감사로 나누어 봅시다.

오늘 깨달은 것과 기도제목을 나눕니다.

● 〈오늘의 말씀〉을 함께 암송합니다.

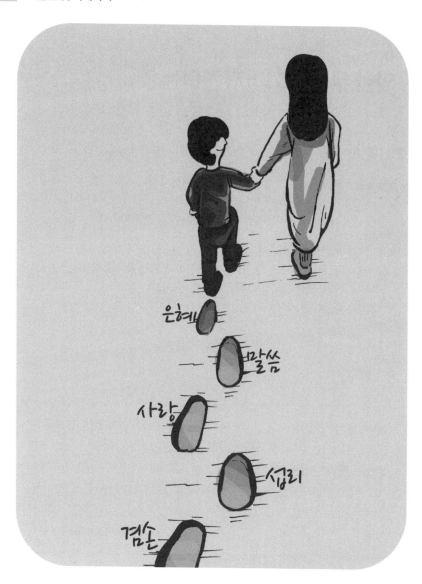

4
약한 무릎이 되어져 간다는 것
: 예수님으로 채우게 하시는 연약함

준비 │『바디바이블』'약한 무릎이 되어져 간다는 것' (p183~185) 읽어오기

오늘의 말씀 │ 여호와는 말의 힘이 세다 하여 기뻐하지 아니하시며 사람의 다리가 억세다 하여 기뻐하지 아니하시고 여호와는 자기를 경외하는 자들과 그의 인자하심을 바라는 자들을 기뻐하시는도다(시147:10~11)

기도 │ 주님! 저의 연약함을 아시지요? 그런 저를 안쓰럽게 여기시고 영원히 사랑해 주시길 기도합니다. 저의 몸과 마음은 연약하고 늙어 가오나 속사람은 강건하게 하시어, 하나님을 경외하고 이웃을 사랑하며 살게 하소서. 겸손한 마음을 주시고 하나님을 더욱 의지하게 하소서!

도움닫기
마음 열기

> …'무릎을 아껴라'는 말이 있습니다. '아끼라'는 말은 한도가 정해져 있다는 뜻입니다. 무한 생성되는 것이라 아니라, 그 양이 정해져 있으니 아껴서 쓰라는 뜻입니다. 실제로 무릎의 수명은 정해져 있습니다. 20살 이후부터는 무릎뼈의 칼슘이 빠져나가고, 무릎의 쿠션 역할을 하는 연골이 닳게 되어 있습니다. 이 연골은 스스로 자가 생성할 수 없는 한계를 가지고 있습니다.
>
> < 바디바이블 p183~184 中 >

- 무릎의 연골이 손상되면 무릎 관절의 뼈가 서로 부딪히면서 통증을 유발합니다. 무리해서 무릎을 써서 아픈 경험이 있나요? 혹은 무릎이 아픈 사람을 본적이 있나요?

- 우리에게 가장 좋은 것을 주시는 하나님은 왜 무릎의 수명을 정하여 약해지게 하셨을까요?

1 한 걸음
말씀 살펴보기

1 여호와께서 붙드시는 사람들은 어떤 사람들인가요? 그렇지 않은 악인들은 어떻게 하시나요?(시147:6)
➡ 여호와께서 겸손한 자들은 붙드시고 악인들은 땅에 엎드러뜨리시는도다

2 하나님은 천지 만물을 어떻게 돌보고 계시나요?(시147:8~9)
➡ 그가 구름으로 하늘을 덮으시며 땅을 위하여 비를 준비하시며 산에 풀이 자라게 하시며 들짐승과 우는 까마귀 새끼에게 먹을 것을 주시는도다

3 자신의 힘-군사력(당시의 말의 힘, 사람의 다리 힘)을 의지하는 자를 어떻게 생각하시나요?(시147:10)
➡ 여호와는 말의 힘이 세다 하여 기뻐하지 아니하시며 사람의 다리가 억세다 하여 기뻐하지 아니하시고

4 하나님이 기뻐하시는 자들은 어떤 자들인가요?(시147:11)
➡ 여호와는 자기를 경외하는 자들과 그의 인자하심을 바라는 자들을 기뻐하시는도다

5 본문에서 소개하고 있는 하나님의 속성, 능력은 어떤 것들이 있나요?

● 여호와께서 예루살렘을 (세우시며) 이스라엘의 흩어진 자들을
(모으시며)(시147:2)

● 상심한 자들을 (고치시며) 그들의 상처를 (싸매시는도다)
(시147:3)

● 그가 별들의 수효를 (세시고) 그것들을 다 이름대로 (부르시는도다)
(시147:4)

● 우리 주는 (위대)하시며 (능력)이 많으시며 그의 (지혜)가
무궁하시도다 (시147:5)

● 그가 네 (문빗장을 견고히:안전) 하시고 네 가운데에 있는 너의 자녀들에게
(복)을 주셨으며(시147:13)

● 네 경내를 (평안)하게 하시고 아름다운 밀로 너를 (배불리시며)
(시147:14)

---

6 하나님은 하나님의 백성에게 무엇을 보이시나요?

● 그가 그의 (말씀)을 야곱에게 보이시며 그의 (율례)와
(규례)를 이스라엘에게 보이시는도다(시147:19)

● 그는 어느 민족에게도 이와 같이 행하지 아니하셨나니
그들은 그의 (법도)를 알지 못하였도다 할렐루야(시147:20)

---

7 전능하시고 우리에게 율례와 규례와 법도를 주신 여호와 하나님을 의지하
고 하나님의 보호를 받는 하나님의 백성은 마땅히 하나님께 무엇을 해야 할
까요?(시147:7, 12)

➡ 감사함으로 여호와께 노래하며 수금으로 하나님께 찬양할지어다
예루살렘아 여호와를 찬송할지어다 시온아 네 하나님을 찬양할지어다

두 걸음
2 **말씀의 의미를 생각하기**

히브리어에서 '복'을 의미하는 가장 기본적인 단어는 '바라크'라고 합니다. 그런데
'바라크'에는 '복'이라는 의미 말고 하나의 뜻이 더 있다고 합니다. 그게 바로 '무릎

을 꿇다'라는 뜻입니다.

무엇이 가장 복된 인간인가? 하나님 앞에 무릎을 꿇은 사람이라는 뜻입니다. 내 무릎의 연약성을 인정하고, 하나님의 자비와 인자하심 앞에 무릎 꿇은 사람, 바로 그 사람이 가장 복된 사람이라는 것입니다.

< 바디바이블 p184 中 >

1 야곱은 (20여 년 전에) 에서에게 원망들을 만한 일을 하였다가 다시 에서를 만나기 직전에 얍복강에서 천사와 씨름을 합니다. 자신의 힘으로 해결할 수 없고, 죽음의 위기 앞에 있다고 생각하자 "내게 축복하지 아니하면 놓아 줄 수 없다"고 간절하게 매달립니다. 그때 천사는 야곱의 허벅지 관절(환도뼈)을 치고, 그 일로 인해 다리를 절게 되었습니다(창32:24~26, 31~32). 이는 자신의 힘을 의지해 걷지 않고, 하나님을 의지해 살게 된다는 상징적인 의미입니다. 내가 잘하는 것, 내가 가지고 있는 것 등으로 인해 내가 나를 의지해 살아가고 있지는 않습니까? 혹은 나를 도와줄 수 있는 다른 사람을 의지한 적은 없습니까? 하나님 외에 의지하는 것들을 어떻게 해야 할까요?

2 예수님은 부활하셔서 혈기 많은 베드로에게 "네가 젊어서는 스스로 띠 띠고 원하는 곳으로 다녔거니와 늙어서는 네 팔을 벌리리니 남이 네게 띠 띠우고 원하지 아니하는 곳으로 데려가리라"(요21:18b)라고 하셨습니다. 자기 자신이 원하는 혈기대로 영원히 사는 것이 아니라 내가 원하지 않는 곳이라 할지라도 하나님께서 주장하고 원하시는 곳으로 가게 된다는 것입니다. 여러분이 베드로라면 이 말씀을 받아들일 수 있습니까? 이 말씀은 과거 베드로에게만 하시는 말씀이 아니라 오늘 우리에게도 하시는 말씀입니다.

> …우리의 무릎은 닳게 되어 있습니다. 운동을 많이 하고 수술을 해서 20년, 30년 무릎 수명을 연장시킬 수는 있지만, 결국에 무릎은 바닥이 나고 하나님 앞에 무릎을 꿇어야 하는 숙명과 만나게 된다는 것입니다.
>
> 하나님은 우리에게 강한 무릎을 주시지 않았습니다. 우리로 하여금 영원히 의지해도 될 만한 무릎을 허락하지 않으셨습니다.
>
> …내 무릎을 내가 주장하지 못하게 되는 것! 내가 가고자 하는 그곳을 내가 갈 수 없게 되는 것! 아무리 거부해도 우리는 늙는다는 이유로, 죽게 된다는 이유로 그 운명 속으로 들어가게 되는 것입니다.
>
> 그러나 그렇게 약해져 가는 무릎이 축복입니다. 내가 가고자 하는 무릎은 하나님께 드리고, 하나님이 가시고자 하는 그곳으로 가는 것이 참된 축복입니다. …하나님은 우리의 그 연약해진 무릎을, 그 약함 때문에 하나님을 더 의뢰하게 될 우리의 굽은 무릎을 기뻐하십니다.
>
> **< 바디바이블 p185 中 >**

1 〈찬송가 563장〉 '예수 사랑하심은'의 3절에는 '내가 연약할수록 더욱 귀히 여기사'라는 가사가 있습니다. 모든 자녀들을 사랑하시지만 연약한 자녀일수록, 나의 돌봄이 필요한 자녀일수록 더욱 마음이 가고 귀하게 여기신다는 말의 의미를 어떻게 생각하시나요? 자녀가 있다면 자녀들을 떠올리며 나누어 보고, 자녀가 없다면 나의 몸에서 아픈 부분이 있을 때 그 부분이 회복되기까지 아끼고 보호했던 경험들을 나누어 봅시다.

2 내가 하나님을 의지할 수밖에 없는 약함은 무엇인가요? 또는 나도 해결할 수 없고 주변 사람들 아무도 도와줄 수 없는 문제를 경험한 적은 없나요? 혹 그것 때문에 하나님께 가까이 나가게 되지는 않았나요?

∞∞ 다윗은 '고난당한 것이 내게 유익이라 이로 말미암아 내가 주의 율례들을 배우게 되었나이다'(시119:71)이라고 하였고, 사도 바울은 몸의 연약한 것을 고쳐 달라는 기도에 거절의 응답을 받고 다음과 같이 고백했습니다.

"나에게 이르시기를 내 은혜가 네게 족하도다 이는 내 능력이 약한 데서 온전하여짐이라 하신지라. 그러므로 도리어 크게 기뻐함으로 나의 여러 약한 것들에 대하여 자랑하리니 이는 그리스도의 능력이 내게 머물게 하려 함이라. 그러므로 내가 그리스도를 위하여 약한 것들과 능욕과 궁핍과 박해와 곤고를 기뻐하노니 이는 내가 약한 그때에 강함이라'(고후12:9~10).

자신의 연약함 때문에 하나님의 능력이 임하여 오히려 강할 수 있기에 자신의 약함을 자랑하겠다는 것입니다. 이것은 하나님의 강함을 경험하고, 알리는 통로입니다. 여러분에게 주어진 연약함이 여러분을 하나님 앞에 사랑스럽게 하고, 하나님을 경험하게 하는 계기가 됩니다.

오늘 깨달은 것과 기도제목을 나눕니다.

● 〈오늘의 말씀〉을 함께 암송합니다.

VII

발
(그리스도인의 생활)
묵상

5주

1
발이 되라는 말씀

: 순종

준비 | 『바디바이블』'발이 되라는 말씀', '발에 새기는 영혼의 모습 (p197~204) 읽어오기

오늘의 말씀 | 예수께서 이르시되 이미 목욕한 자는 발밖에 씻을 필요가 없느니라 온몸이 깨끗하니라 너희가 깨끗하나 다는 아니니라 하시니(요13:10)

기도 | 주여! 저의 머리가 되어 주시고, 저는 주님의 발이 되게 하셔서, 주님의 뜻을 이루는 데 저를 사용하여 주소서! 저의 발걸음이 주님의 뜻에 순종하며 걷는 삶이 되게 하셔서, 저의 헌신을 통하여 많은 선한 열매들이 맺어지게 하소서!

도움닫기
마음 열기

> 머리를 잘 쓰는 사람은 동그라미 세계관이라 할 수 있습니다. …머리에 중심을 둔 세계관은 지식과 정보에 따라 입장이 달라지고 생각이 변하기 쉽습니다.
> 몸통에 중심을 둔 사람은 감정형 인간, 네모형 인간이라 할 수 있습니다. 생각과 이성보다 감정이 앞서는 사람의 세계관입니다. 많은 것을 느끼고 공감할 줄 아는 감성이 풍부한 사람입니다. 그러나 이 또한 그 안정성이 깨지기 쉽습니다. 네모는 넘어질 수 있습니다.
> 가장 견고한 기하학적 구조는 피라미드와 같은 세모형 구조라 할 수 있습니다. … 이성과 감정보다 행동과 실천이 빠른 사람입니다. … 이런 류의 세계관을 가진 사람은 잘 변하지 않습니다. 흔들리지 않습니다.
>
> **< 바디바이블 p197~198 中 >**

● 인간을 기하학적으로 표현한 내용을 정리해 봅시다.

몸을 도형으로 표현	유형	주요 사용기관	세계관	신앙의 단계
(원)	동그라미 형	머리	이성 중심	머리로 앎
(사각형)	네모 형	가슴	감정 중심	가슴으로 느낌
(삼각형)	피라미드/세모 형	발 과 다리	행동 중심	실천하고 살아냄

● '신앙의 세계는 머리로 안 것을 가슴으로 느끼고, 가슴으로 느낀 것이 발까지 내려가는 세계입니다. 알고 느낀 것을 실천하고 살아내는 세계입니다'(『바디 바이블』 p198)라는 말을 생각해 볼 때, 나는 어떤 단계의 신앙인인가요?

∞ 신앙에서 가장 먼저인 것은 복음을 '아는 것', 예수 그리스도를 '아는 것'입니다. 그러나 아는 것만으로는 충분하지 않습니다. 그분의 사랑이 내 마음에 와서 닿아 '나의 이야기'가 되어야 합니다. 그럴 때 성령이 임하셔서 내가 만난 그분을 '전하는 삶', '그분을 드러내는 삶', '그분을 알리는 삶'으로 나아갈 수 있습니다.

① 예수님의 제자 중 가룟 유다는 머리로 계산하는 머리형 인간이었다고 합니다. 이성적이었던 그는 헌금을 관리하는 일을 맡았었고(요13:29), 자신의 이익과 대치되는 길로 예수님이 가실 것을 눈치 채자 예수님을 따르던 세계관에서 다른 생각으로 가치를 바꾸게 됩니다. 가룟 유다는 어떤 생각을 하게 되었나요?(요13:2)

➡ 마귀가 벌써 시몬의 아들 가룟 유다의 마음에 예수를 팔려는 생각을 넣었더라

---

② 시몬 베드로는 예수님의 십자가 세례 받으시는 일에 대해 '감정형'으로 반응합니다. 베드로는 무엇이라고 말했나요?(요13:37)

➡ 베드로가 이르되 주여 내가 지금은 어찌하여 따라갈 수 없나이까 주를 위하여 내 목숨을 버리겠나이다

---

③ 그러나 감정적으로 말하는 베드로의 모든 것을 아시는 주님은 베드로가 어떻게 할 것을 아셨나요?(요13:38)

➡ 예수께서 대답하시되 네가 나를 위하여 네 목숨을 버리겠느냐 내가 진실로 진실로 네게 이르노니 닭 울기 전에 네가 세 번 나를 부인하리라

* 이성을 다해, 감정을 다해 예수님을 사랑하는 것은 맞지만 이성과 감정만으로 예수님을 온전히 따를 수는 없습니다.

---

④ 예수님께서 죽음을 앞두시고 끝까지 지키신 것과 우리에게 원하시는 것은 무엇이었나요?(요13:34~35)

➡ 새 계명을 너희에게 주노니 서로 사랑하라 내가 너희를 사랑한 것 같이 너희도 서로 사랑하라 너희가 서로 사랑하면 이로써 모든 사람이 너희가 내 제자인 줄 알리라

---

⑤ 예수님께서 제자들의 발을 씻겨 주시며 구체적인 행동으로 요구하시는 것은 무엇인가요?(요13:14~15)

➡ 큰 자가 작은 자를 섬기신 본받아 서로 사랑하는 것
➡ 내가 주와 또는 선생이 되어 너희 발을 씻었으니 너희도 서로 발을 씻어 주는 것이 옳으니라
➡ 내가 너희에게 행한 것 같이 너희도 행하게 하려 하여 본을 보였노라

* 사랑에는 구체적인 행함이 따릅니다.

6 예수님께서는 무엇을 '아시고'(이성), 제자들을 끝까지 어떻게 하셨으며(감성), 구체적인 행동으로는 무엇(행동)을 하셨나요?

- 이성 (요13:3)
  - ➡ 저녁 먹는 중 예수는 아버지께서 모든 것을 자기 손에 맡기신 것과 또 자기가 하나님께로부터 오셨다가 하나님께로 돌아가실 것을 아시고

- 감성 (요13:1)
  - ➡ 유월절 전에 예수께서 자기가 세상을 떠나 아버지께로 돌아가실 때가 이른 줄 아시고 세상에 있는 자기 사람들을 사랑하시되 끝까지 사랑하시니라

- 행동 (요13:4~5)
  - ➡ 저녁 잡수시던 자리에서 일어나 겉옷을 벗고 수건을 가져다가 허리에 두르시고 이에 대야에 물을 떠서 제자들의 발을 씻으시고 그 두르신 수건으로 닦기를 시작하여

  * 예수님은 가룟 유다가 자신을 배신하고 유대인들에게 팔 것도 아셨고(요13:11), 제자들이 모두 자신을 버리고 갈 것도 아셨으며(요16:32), 베드로가 예수님을 저주하고 욕하며 부인할 줄도 이미 아셨습니다(요13:38). 그럼에도 불구하고 예수님은 온 이성과 감성과 온몸을 다해 하나님을 사랑하고, 하나님이 사랑하신 제자들을 끝까지 사랑하셨습니다.

7 예수님은 이 지극히 크신 사랑의 자리로 우리를 초청하십니다. 지금(성령이 임하기 전)은 따라갈 수 없지만 이후(성령이 임하시면) 시몬 베드로와 더불어 우리는 어떻게 될 수 있을까요? (요13:36b)

  - ➡ 예수께서 대답하시되 내가 가는 곳에 네가 지금은 따라올 수 없으나 후에는 따라오리라

---

2 두 걸음
말씀의 의미를 생각하기

왜 머리를 씻기지 않으시고, 발만 씻으라 하시는 걸까요? 저는 그 이유가 머리는 예수님이 되시고, 우리는 발이 되라는 말씀이라고 묵상이 됩니다. 예수님을 머리로 받아들인 사람은 이제 예수님의 발이 되어야 합니다. 십자가의 율법 세례를 받으신 분은 예수님이십니다. 우리가 그리스도 안에서 세례를 받은 것은 나의 머리 됨, 나의 주인 됨이 제거된 것을 의미합니다. 그리스도와 함께 죽은 '나'에게 '나의 머리'는 없습니다. 예수님이 우리의 머리로 오시고 우리는 그 분의 발로 내려오는 것입니다. 머리가 생각과 방향을 주관하는 기관이라 한다면, 발은 그 머리의 명령을 행

BODY BIBLE

동으로 옮기는 수행기관이라 할 수 있습니다.

"나를 머리로 받아들인 너희들의 과제는 오직 하나! 나의 발이 되는 것이다. 나의 발이 되어 내가 명령하는 곳으로 가야 하고, 내가 하고자 하는 그 일을 해야 한다!"

< 바디바이블 p199 中 >

① 나의 주인 됨을 제거한다는 말은 무슨 뜻일까요? 나의 머리가 없어지고 예수님이 나의 머리가 되신다면 어떤 일들이 일어날까요?

➡ 나의 생각과 욕심이 아니라 예수님의 뜻과 계획을 이루며 살아가게 된다

② 예수님은 하나님의 본체(하나님과 동등한 분)이셨지만(빌2:6~8) 자신을 비우셔서 가장 낮은 자리로 임하셨습니다. 이제 하나님은 예수님을 가장 높이사 만물의 머리가 되게 하셨고, 예수님이 하셨던 것처럼 우리를 비워 예수님과 하나 되기 원하십니다(빌2:9~11). 내가 낮아지기 위해 비워야 할 것은 무엇인가요? 나에게 주어진 권리를 예수님처럼 스스로 비우고 낮아지고 섬길 수 있나요? 그것이 어려운 이유는 무엇 때문인가요?

➡ 내가 발이 아닌 머리가 되어 섬김이 아닌 군림하며 살고 싶기 때문

우리 힘으로는 우리 스스로를 비우고, 낮아질 수 없습니다. 인간의 스스로를 높이고 인정받고 싶은 욕구와 반대되기 때문입니다. 예수님의 영(성령)이 아니고서는 도저히 할 수 없습니다. 나 자신을 비워 달라고 기도하십시오. 그렇게 기도하고 싶은 마음이 없다면 예수님의 십자가 마음을 알게 해 달라고 먼저 간구하십시오.

> 내가 머리에 앉아 있다면 동그라미 세계관과 같이 변하기 쉽고 흔들리기 쉽습니다. 내가 머리로 있으면 생각이 변하고, 마음이 변하고, 의지가 변합니다. 예수님이 머리로 오셔야 변함이 없는 것입니다.
> 그리스도인은 가치관, 세계관과 인생관이 예수 그리스도께 완전히 장악된 사람들입니다. 그럼 이제 남은 것은 우리의 발입니다. 발이 그리스도께 장악되어 그분과 함께 거룩한 명령을 수행하는 인생이 되는 것입니다.
>
> **< 바디바이블 p199~200 中 >**

1 인간은 누구나 자신이 머리가 되어 자신의 마음대로 하고 싶은 마음이 있습니다. 어떤 모임이나 그룹의 머리가 되는 것만이 아니라 그런 욕심이 없는 사람도 작게는 자신의 삶의 주인을 자신으로 삼고 싶어 합니다. 그렇다면 나는 머리가 될 만한 흔들림이 없는 사람인가요? 모든 가치관과 세계관, 판단에 있어 모순이나 오차 없이 정확하게 판단하고, 모든 문제를 어려움 없이 해결할 수 있는 모든 능력을 가지고 있는 사람인가요?

2 그리스도께 장악되었다고 해서 우리가 노예가 되는 것이 아닙니다. 오히려 죄의 종(노예)에서 벗어나 하나님의 자녀가 됨으로(롬8:15) 진정한 자유(고후3:17)를 누리게 됩니다. 그것이 예수님께서 말씀하신 예수님으로 인해 쉼을 누리는 삶입니다(마11:28~30). 이런 삶을 진심으로 바라고 있나요? 아니면 이 세상 삶이 바쁘고 고단해 예수님께서 말씀하신 삶에 무관심하지는 않았나요?

BODY BIBLE

191

오늘 깨달은 것과 기도제목을 나눕니다.

● 〈오늘의 말씀〉을 함께 암송합니다.

4 그림 묵상
깨달은 것 되새기기

수고하고 무거운 짐 진 자들아 다 내게로 오라

내가 너희를 쉬게 하리라

나는 마음이 온유하고 겸손하니

**나의 멍에를 메고
내게 배우라**

그리하면 너희 마음이

쉼을 얻으리니

이는 내 멍에는 쉽고

내 짐은

가벼움

이라

하시니라

2

세상에서 가장 **아름다운 발**

: 전도(복음 증거)

준비 | 『바디바이블』 '세상에서 가장 아름다운 발' (p205~208) 읽어오기

찬양 | 찬송가 505장 '온 세상 위하여'

오늘의 말씀 | 그런즉 그들이 믿지 아니하는 이를 어찌 부르리요 듣지도 못한 이를 어찌 믿으리요 전파하는 자가 없이 어찌 들으리요 보내심을 받지 아니하였으면 어찌 전파하리요 기록된 바 아름답도다 좋은 소식을 전하는 자들의 발이여 함과 같으니라(롬10:14~15)

기도 | 주님! 저의 발걸음을 통하여 사람들에게 하나님의 살아계심과 사랑을 전하게 하소서! 진리를 증거하고 봉사하는 삶을 통하여 저의 발이 많이 아프고 헤어지겠지만, 주님께서 인정해 주시는 가치 있는 발, 아름다운 발이 되게 하소서!

도움닫기
마음 열기

우리의 발은 비천한 것 같지만, 사실은 가장 심오하고 아름다운 하나님의 최대의 걸작품이라 할 수 있습니다. …발의 구조를 보면 크게 앞발과 중간 발, 그리고 뒷발로 이루어져서 체중을 골고루 받쳐 주면서 걸을 때 충격을 흡수해 주는 역할을 합니다. 발가락들은 운동성이 많습니다. 체중을 한쪽에서 다른 쪽으로 옮겨 주는 지렛대 역할과 앞으로 밀고 나가는 추진력 역할을 해 줍니다. 발등은 이 모든 동작들을 매끈하고 유연하게 움직일 수 있게 해 주는 역할을 합니다. 특히 아치형인 종족골의 구조로 되어 있어 충격을 완화해 주는 역할을 합니다. 점프를 하고 뛰어내려도 충격을 흡수하는 놀라운 구조를 가지고 있습니다. 또한 발뒤꿈치는 발에서 가장 큰 뼈로 되어 있어 몸을 지탱해 주는 중심 역할을 해줍니다. …사람의 발은 걸을 때

몸무게의 3배를 버텨냅니다. 뛸 때는 7배의 무게를 견뎌냅니다. 인간의 발이 어느 정도로 능력있느냐 하면, 지구를 세 바퀴 이상을 돌 수 있는 능력을 가지고 있다고 합니다. 10만 키로미터 이상을 걸을 수 있다는 이야깁니다.

< 바디바이블 p205~206 中>

● 내가 걸으면 기분 좋아지는 길은 어떤 길인가요?(예-조용한 공원길, 강가 둔치, 도시의 잘 닦여진 길, 사람이 북적북적한 활기찬 길, 새벽의 산속길, 등산길, 시냇물 흐르는 소리와 새소리가 있는 길 등)

● 우리는 흔히 인생을 길에 비유합니다. 인생의 길에서는 어떤 길을 걷고 싶나요?

1 한 걸음
말씀 살펴보기

1 사람은 어떻게 의와 구원에 이르나요?(롬10:10)

➡ 사람이 마음으로 믿어 의에 이르고 입으로 시인하여 구원에 이르느니라

2 우리의 인생걸음은 마지막 날 심판을 받게 되어 있습니다. 그때 부끄러움을 당하지 않으려면 어떻게 해야 하나요?(롬10:11)

➡ 성경에 이르되 누구든지 그를 믿는 자는 부끄러움을 당하지 아니하리라 하니

3 이러한 혜택은 유대인에게만 한정되어 있나요? 모든 사람을 향한 은혜인가요?(롬10:12~13)

➡ 유대인이나 헬라인이나 차별이 없음이라 한 분이신 주께서 모든 사람의 주가 되사 그를 부르는 모든 사람에게 부요하시도다 누구든지 주의 이름을 부르는 자는 구원을 받으리라

4 모든 사람들에게 구원과 복음이 열려있지만 이것을 알지 못하고 들어보지 못하면 어떻게 되나요?(롬10:14)

➡ 알지 못하므로 예수님을 믿을 수도, 부를수도 없다
➡ 그런즉 그들이 믿지 아니하는 이를 어찌 부르리요 듣지도 못한 이를 어찌 믿으리요 전파하는 자가 없이 어찌 들으리요

5 그러므로 이러한 복된 소식을 전하는 사람(전도자)은 하나님으로부터 전 세계 곳곳에 파견된 것입니다. 이런 사람들의 발을 성경은 어떻다고 하나요?(롬10:15b)

➡ 보내심을 받지 아니하였으면 어찌 전파하리요 기록된 바 아름답도다 좋은 소식을 전하는 자들의 발이여 함과 같으니라

6 복된 소식(복음)을 들은 사람이 다 받아들였습니까? 받아들이지 않은 사람도 있습니까?(롬10:16a)

➡ 그러나 그들이 다 복음을 순종하지 아니하였도다 이사야가 이르되 주여 우리가 전한 것을 누가 믿었나이까 하였으니

* 그러기에 복음을 받아들이지 않는 사람들에 대해 선지자와 전도자들은 "주님, 우리가 전한 것을 누가 믿었습니까?"하며 한탄한 적도 있었습니다.

7 그럼에도 불구하고 낙심하지 말고 계속 말씀을 맡은 자로 전파해야 할 이유는 무엇입니까?(롬10:17)

➡ 들어야 믿을 수 있고 그리스도를 전하는 말씀이 있어야 들을 수 있기 때문
➡ 그러므로 믿음은 들음에서 나며 들음은 그리스도의 말씀으로 말미암았느니라

2 두 걸음
말씀의 의미를 생각하기

…무작정 걷는 것이 아닙니다. 이토록 최첨단의 발을 선물로 받았다고 한다면, 우리의 발은 그 가치의 진가를 드러내어 걸어야 합니다. 바울은 세상에서 가장 아름다운 발을 '좋은 소식을 전하는 자들의 발'이라고 합니다.

< 바디바이블 p207 中 >

BODY BIBLE

1 성경을 읽고 난 후, 하나님께서 우리에게 정교하고 튼튼한 발을 주신 이유가 무엇이라고 생각되나요?

→ 좋은 소식을 전하는 자가 되라고 하심

2 누군가를 통해 잊지 못할 좋은 소식을 들었던 경험이 있나요? 그 기쁨은 얼마나 지속되었나요? 내가 생각하는 '좋은 소식'이란 무엇인지 나누어 봅시다.

3 세 걸음
말씀에 나를 비춰보기

> 예수가 없는 사람들! 예수가 필요한 사람들! 예수를 갈망했던 사람들!
> …우리가 걸어가야 할 그 사람들입니다.
>
> **< 바디바이블 p208 中 >**

1 우리는 유한한 인생길을 걸어갑니다. 그 길 끝에 우리의 인생을 돌아보았을 때 가장 '나다운' 순간은 어디일까요? 하나님 앞에 어떠한 인생을 걸어간 사람으로 기억되고 싶습니까?

2 지금 나의 발걸음을 필요로 하는 사람은 없나요? 그들에게 어떻게 찾아가 어떤 도움을 줄 수 있을까요?
가장 중요한 것은 영생(영원한 생명)에 이를 수 있도록 복음을 소개하고, 구원으로 초청하는 것이 아닐까요? 꼭 먼 곳에 나가서 전하는 것뿐 아니라 우리의 주변, 내가 아는 사람들에게 가장 영원한 선물을 해 보면 어떨까요?

오늘 깨달은 것과 기도제목을 나눕니다.

● 〈오늘의 말씀〉을 함께 암송합니다.

4 **그림 묵상**
깨달은 것 되새기기

3
족쇄에 매여있는 발을 **해방**시켜라
: 구속, 해방(족쇄를 푸는 법)

준비 | 『바디바이블』 '족쇄에 매여있는 발을 해방시켜라' (p209~211) 읽어오기

오늘의 말씀 | 이에 백성은 외치고 제사장들은 나팔을 불매 백성이 나팔 소리를 들을 때에 크게 소리 질러 외치니 성벽이 무너져 내린지라 (수6:20a)

기도 | 주님! 저의 발에 묶여 있는 족쇄를 풀어주셨으니 감사합니다. 이제 죄로부터, 욕심으로부터, 절망으로부터 구원을 얻었으니 감사하게 하소서! 다시 또 노예처럼 살지 않게 하시고 참자유를 누리며 하나님을 기쁘시게 하는 삶을 살게 하소서! 자유를 얻은 우리의 발걸음이 생기 있게 하나님 나라를 향해 가게 하소서!

도움닫기
마음 열기

> 죄수가 되면 손과 발에 족쇄를 채웁니다. 죄인의 자유와 의지를 결박시키는 것입니다. …발은 자유로워야 합니다. 아름다워지기보다는 자유로워야 합니다. 다른 사람들의 강요된 시선 앞에 자신의 발을 구속당하는 인생은 자기의 건강을 포기하는 것과 다르지 않습니다. 우리의 발을 구속하고 있는 것들은 신발뿐만 아닙니다. 고정관념의 족쇄, 생존이라는 족쇄, 이데올로기라는 족쇄가 우리를 구속하고 있습니다.
>
> **< 바디바이블 p209, 211 中 >**

● 나를 짓누르는 삶의 족쇄는 무엇인가요? 나는 내 힘으로 그것을 수월하게 감당할 수 있나요?

- 나를 짓누르지는 않지만 내가 살아가는 데 개방적이고 유연한 사고를 갖게 하지 못하는 이념이나 강박, 고정관념은 없나요? 그러한 생각은 어디서 비롯되었나요? 그것으로 인해 자유롭지 못하다고 느낀 적은 없나요? (예컨대 다른 사람을 잘 믿지 못해서 자신이 모든 일을 다 해야 한다거나, 어떤 부분의 결벽으로 인해 자신의 물건만 써야 한다거나, 집 밖의 생활에 제약이 있다거나 등)

1 한 걸음
말씀 살펴보기

1 하나님의 백성이 약속의 땅으로 들어가게 되면, 그 땅이 여호와 앞에 무엇을 누리게 되나요?(레25:2)

➡ 이스라엘 자손에게 말하여 이르라 너희는 내가 너희에게 주는 땅에 들어간 후에 그 땅으로 여호와 앞에 안식하게 하라

2 안식을 할 때는 무엇을 하지 않아야 하나요?(레25:4, 6~7)

➡ 일곱째 해에는 그 땅이 쉬어 안식하게 할지니 여호와께 대한 안식이라 너는 그 밭에 파종하거나 포도원을 가꾸지 말며

➡ 안식년의 소출은 너희가 먹을 것이니 너와 네 남종과 네 여종과 네 품꾼과 너와 함께 거류하는 자들과 네 가축과 네 땅에 있는 들짐승들이 다 그 소출로 먹을 것을 삼을지니라

> ∞ '안식'은 하나님의 통치권이 이루어진 것에 대한 상징적인 의미입니다. 우리와 땅의 노력이 아닌 100% 하나님의 열심과 수고로만 이루어지는 세계인 것입니다.

3 일곱 번의 안식년(7년X7번=49년) 뒤에 50년째 해마다 '희년'을 주셨습니다. 이때 모든 주민에게는 무엇이 선포되고, 모든 사람은 어떻게 할 수 있게 되나요?(레25:10, 13)

➡ 너희는 오십 년째 해를 거룩하게 하여 그 땅에 있는 모든 주민을 위하여 자유를 공포하라 이 해는 너희에게 희년이니 너희는 각각 자기의 소유지로 돌아가며 각각 자기의 가족에게로 돌아갈지며

➡ 이 희년에는 너희가 각기 자기의 소유지로 돌아갈지라

∞∞ 하나님은 그분의 백성들에게 '희년'을 거룩하게 여기라고 하셨습니다(레25:12). 그동안 빚이나 다른 값으로 다른 주인에게 묶여있었던 사람, 소유지가 본래의 주인에게로 돌아오는 의미이기 때문입니다. 이것은 진짜 주인도 아니고, 영원하지 못할 세상의 이데올로기, 세상의 재물, 세상의 걱정과 억압에 묶여있던 자가 본래의 주인이자 영원한 주인 되신 하나님께 돌아오는 것을 상징하기 때문에 그 중요성을 강조해 구별하신 것입니다.

2 두 걸음
말씀의 의미를 생각하기

> 구원이란 족쇄를 푸는 것입니다. 여호수아의 명령을 따라 제사장들이 나팔을 불었을 때, 여리고를 구속하고 있는 족쇄가 무너졌습니다. 제사장들이 분 양각 나팔의 뜻이 '희년'이라고 합니다. 해방이라는 것입니다. 죄와 사망과 이데올로기에 묶여있는 족쇄에서 해방되는 것이 구원입니다.
>
> **< 바디바이블 p211 中 >**

1 족쇄에 묶여 있는 사람은 스스로 족쇄를 풀고 자유하게 될 수 없습니다. 결국은 영원하지 못할 세상의 가치관, 죄와 사망의 권세 아래 묶여있던 우리를 하나님은 어떻게 구속(자유하게) 해 주셨나요?
➡ 예수님의 십자가의 피로 인해 죄와 허물을 벗기심

2 내가 하나님의 은혜로 자유하게 된 것은 무엇인가요? 그 부분에 얽매여 있었다면 지금 어떤 상태일까요? 혹은 하나님께서 우리에게 자유를 주셨음에도 불구하고 아직도 내 마음대로 하지 못하고 얽매여 있는 것이 있나요? 그것을 끊어 주셨음에도 끊어내지 못하는 이유는 무엇인가요? (우리를 얽메이는 것의 예: 편견, 선입견, 잘못된 가치관, 상처, 복음과 대치되는 이데올로기로 복음을 누리지 못함, 강박증 등)

∞ '사람이 하나님의 뜻을 행하려 하면 이 교훈이 하나님께로부터 왔는지 내가 스스로 말함인지 알리라'(요7:17)는 말씀과 '주는 영이시니 주의 영이 계신 곳에는 자유가 있느니라'(고후3:17)는 말씀을 묵상해 봅시다.

3 세 걸음
말씀에 나를 비춰보기

발이 족쇄에 채워져 있으면 머리(그리스도)의 명령에 따를 수 없습니다. 걸으라 해도 걸을 수 없고, 뛰어라 해도 뛸 수가 없습니다. 우리의 발은 해방되어야 합니다. 시대의 이데올로기로부터, 생존에 대한 강박관념으로부터, 돈과 명예와 권력에 사로잡힌 욕망으로부터, 불안과 염려와 걱정으로부터 해방되어 자유로워져야 합니다. 가나안이 어떻게 해방되었습니까? 구속되었을 때 해방되었습니다. 예수 그리스도에게 구속되었을 때, 세상의 모든 구속으로부터 자유케 되는 것입니다.

< 바디바이블 p211 中 >

1 '그리스도 안에서 통일'(엡1:10)이라는 말은 만물의 머리 되신 예수님(계1:5)으로 하나가 된다는 말씀입니다. 예수 그리스도를 머리로 모시고, 그분의 지체된 우리가 머리의 명령을 따르지 않으면 어떻게 될까요?

2 나를 자유롭지 못하게 옭아매는 족쇄는 무엇인가요? (세상의 가치관, 생존의 강박, 재정, 명예, 권력, 욕망, 불안과 염려, 나의 꿈, 책임져야 할 일들, 부양가족 등) 이 족쇄에서 진정으로 자유로워지는 방법은 무엇일까요?

➡ 예수님께 모든 염려를 맡김

BODY BIBLE

201

오늘 깨달은 것과 기도제목을 나눕니다.

● 〈오늘의 말씀〉을 함께 암송합니다.

그림 묵상
깨달은 것 되새기기

그러므로 이제 그리스도 예수 안에 있는 자에게는

결코 정죄함이 없나니

이는 그리스도 예수 안에 있는 생명의 성령의 법이

죄와 사망의 법에서

너를 해방하였음이라

4
사람의 발이 가장 **특별한 이유**

: 임마누엘

준비 | 『바디바이블』 '사람의 발이 가장 특별한 이유' (p212~215) 읽어오기

오늘의 말씀 | 보라 처녀가 잉태하여 아들을 낳을 것이요 그의 이름은 임마누엘이라 하리라 하셨으니 이를 번역한즉 하나님이 우리와 함께 계시다 함이라(마 1:23)

기도 | 주님! 모든 생명이 존귀한 것임을 알게 하시고 특별히 저와 함께하시는 은혜를 감사하게 하소서! 제가 하나님을 닮은 것을 교만하게 생각하지 않게 하시고 지구의 환경을 청지기로서 잘 관리하여 후손들에게 넘겨 줄 수 있게 하소서!

도움닫기
마음 열기

> 인간의 발은 한계를 가지고 있습니다. 최고의 공학적 설계로 이루어졌으나 모든 동물들 중에서 최고의 발은 아니라는 것입니다.
> 첫째, 아름다움의 측면에서 인간의 발은 진화의 최정상이 아닙니다.
> …둘째, 힘의 측면으로 볼 때 인간의 발은 그리 강하지 않습니다.
> …셋째, 스피드 면에서도 인간의 발은 최고가 아닙니다.
> …진화론의 관점으로 설명한다면 인간의 뛰어난 점은 설명될 수 없습니다. 머리가 뛰어나다 하겠지만, 그건 부분에 지나지 않습니다. 뇌 기능에서도 돌고래가 훨씬 뛰어난 부분들이 있습니다.
>
> **< 바디바이블 p212~213 中>**

● 다양한 측면에서 인간이 가장 강하지 않음에도 불구하고 '만물의 영장'이라고 하는 이유는 무엇일까요?

● 하나님이 인간에게 "모든 생물을 다스리라"(창1:28)고 맡기신 이유와 기대감은 무엇이셨을까요?

<table>
<tr><td>1</td><td>한 걸음
말씀 살펴보기</td></tr>
</table>

1 하나님이 우리와 함께하신다는 것은 구약의 선지자 이사야를 통해서도 이미 말씀하셨습니다. 다음 구절들을 찾아 빈칸을 채워 보세요.

● (1) 구약 : 약속

- 그러므로 주께서 친히 징조를 너희에게 주실 것이라 보라 처녀가 잉태하여 아들을 낳을 것이요 그의 이름을 (임마누엘)이라 하리라(사7:14)

- 흘러 유다에 들어와서 가득하여 목 에까지 미치리라 (임마누엘)이여 그가 펴는 날개가 네 땅에 가득하리라 하셨느니라(사8:8)

● (2) 신약 : 약속의 성취

- 보라 처녀가 잉태하여 아들을 낳을 것이요 그의 이름은 (임마누엘)이라 하리라 하셨으니 이를 번역한즉 하나님이 우리와 함께 계시다 함이라(마1:23)

> ∞ 하나님의 약속대로 '임마누엘'을 보여주시기 위해 예수님이 이 땅에 오셨습니다. 하나님의 본체이신 예수님(빌2:6, 히1:3)은 이 땅에서 친히 우리의 아픔, 연약함을 담당하시고 천국복음을 전파하시며 하나님의 마음과 하나님의 나라에 대해 알려주셨습니다.

2 예수님은 씨가 없는 동정녀의 몸에 어떻게 잉태되셨습니까?(마1:18,20)

- 예수 그리스도의 나심은 이러하니라 그의 어머니 마리아가 요셉과 약혼하고 동거하기 전에 (성령으로 잉태   )된 것이 나타났더니
- 이 일을 생각할 때에 주의 사자가 현몽하여 이르되 다윗의 자손 요셉아 네 아내 마리아 데려오기를 무서워하지 말라 그에게 잉태된 자는 (성령으로 된 것   )이라

◇◇◇ 우리는 모두 생명의 씨가 없는 '동정녀'의 상태입니다. 생명의 씨(근원) 되시는 예수님께서 내 안에 성령으로 임재하실 때 우리는 그의 생명(영생)을 소유하게 됩니다. 주님이 내 안에, 내가 주님 안에 거하며 예수님과 하나 되는 자는 이 땅에서 살아도 예수님의 생각으로 함께 생각하고, 예수님의 말씀을 내 입으로 선포하고, 예수님이 하시는 일을 하게 됩니다.

3 예수님이 이 땅에 오신 이유는 무엇입니까?(마1:21b)

➡ 아들을 낳으리니 이름을 예수라 하라 이는 그가 자기 백성을 그들의 죄에서 구원할 자이심이라 하니라

4 이 모든 일은 갑자기 이루어진 것이 아니라 누구를 통해 이미 하신 말씀을 이루신 것입니까?(마1:22)

➡ 이 모든 일이 된 것은 주께서 선지자로 하신 말씀을 이루려 하심이니 이르시되

◇◇◇ 이 모든 구원의 방식(예수님으로 인해 시작, 예수님 안에서, 예수님으로 말미암아, 예수님을 통해서 완성)은 갑자기 이루어진 것이 아니라 창세전부터 하나님께서 예정하신 방법입니다. '그 기쁘신 뜻대로 우리를 예정하사 예수 그리스도로 말미암아 자기의 아들들이 되게 하셨으니'(엡1:5).

5 그 약속의 의미는 무엇입니까?(마1:23)

➡ 보라 처녀가 잉태하여 아들을 낳을 것이요 그의 이름은 임마누엘이라 하리라 하셨으니 이를 번역한 즉 하나님이 우리와 함께 계시다 함이라

∞ 요셉은 하나님의 뜻을 이루는 데 순종으로 반응합니다(마1:24~25). 마리아 역시 동정녀로 예수님을 잉태하는 것에 순종으로 반응했습니다(눅1:38). 순종의 결과 예수님의 육신의 부모로 성육신을 가장 가까이에서 보는 영광을 누리게 되었습니다.

2

두 걸음
말씀의 의미를 생각하기

하나님은 모든 피조물들을 하나님의 의도와 뜻에 맞게, 모두 소중하게 만드셨습니다. 인간에겐 뛰어난 두뇌를 주시고, 치타에겐 스피드를 주시고, 원숭이에겐 나무에 매달리게 하는 능력을 주시고, 물고기들에게는 지느러미를 주셔서 물 속을 헤엄치게 해 주셨습니다. 새들에게는 날개를 주어, 하늘을 날 수 있게 해주었습니다. 아무리 하찮은 곤충들에게도 제각각 '너가 그 분야에선 최고야'하는 기능을 주셨다는 겁니다.

< 바디바이블 p214 中 >

1 단순한 구조로 되어 있고, 인간보다 지능이 떨어진다고 해서 하찮은 존재가 아닙니다. 각자의 역할에 맞게 특징을 주신 것입니다. 모든 것이 공존하고 조화롭게 살아갈 때(생물의 다양성이 다양할수록) 생태계(평형)는 안정적으로 유지되는 것입니다. 인간에게는 '하나님의 영'을 주셨기 때문에 하나님께서 온 세상을 성실하게 섬김으로 사랑하고 다스리시는 것처럼 만물을 가꾸고 조화롭게 공존하도록 다스리는 모습이 필요합니다.

우리에게 맡겨주신 모든 영역을 예수님처럼 잘 섬기기(잘 관리하고, 생태계를 잘 다스리기)위해서 무엇이 필요할까요?

➡ 하나님의 지혜와 성실하신 성품(온유), 하나님과 동행함, 임마누엘

2 내 안에 예수님이 계시고, 다른 사람 안에도 예수님이 계시다면 예수님은 우리가 서로를 어떻게 대하길 원하실까요?

3 세 걸음
말씀에 나를 비춰보기

> …다른 동물들과 달리 하나님께서 인간에게만 허락하신 유일한 것은 무엇일까요? 바로 그것이 '임마누엘'입니다. 하나님은 기린과 낙타, 사자나 곰, 그 어느 동물들과 함께 걸으시지 않습니다. 오직 우리하고만 함께 걸어가기 원하십니다. 빠르지 못해도, 강하지 못해도, 달리 특별한 것이 없지만 가장 특별한 것은 요한 웨슬리의 말처럼 "이 세상에서 가장 좋은 것은 하나님께서 우리와 함께 하시는것이다"라는 것입니다.
>
> **< 바디바이블 p215 中 >**

1 하나님은 우리와 걸음걸이를 맞추어 함께 걸으시고자 친히 인간이 되셨습니다(성육신). 부모가 자녀를 사랑하므로 자녀가 어린아이일 때 걸음걸이를 맞추어 손을 잡고 천천히 걸어줍니다. 손의 높이를 맞추기 위해 몸을 굽히기도 하고, 아기들이 쓰는 쉬운 단어와 목소리, 말투로 이야기하기도 합니다. 이처럼 사랑하면 그에게 맞추어 주기 위해 기꺼이 낮아질 수 있습니다. 나는 누구를 위해 낮추어 준 적이 있습니까? 예수님께서 사랑하시는 공동체를 위해 기꺼이 낮추고 맞추어 주는 사람입니까?

∞ 한 연구결과에 따르면 화를 잘 내는 사람들의 마음속에는 '내가 낫다', '내가 더 옳다'라는 생각이 비교적 강하기 때문에 다른 사람의 행동이나 말에 대해 화가 나게 된다고 합니다. 물론 모든 사람은 자기확신(자신이 옳다)을 어느 정도 가지고 있습니다. 그러나 모든 것이 가능하셨고, 모든 것이 옳으셨던 주님께서 먼저 낮추시고 맞춰 주셨던 것을 본받아 다른 사람을 대하면 어떨까요? 다음 말씀을 묵상해 봅시다. '아무 일에든지 다툼이나 허영으로 하지 말고 오직 겸손한 마음으로 각각 자기보다 남을 낫게 여기고'(빌2:3).

2 요한 웨슬리의 고백처럼 나에게도 '임마누엘'이 가장 좋은 것입니까? 하나님이 나와 늘 함께하시므로 나는 어떤 것을 누리며 살고 있습니까?

∞ 매순간 나와 함께하시는 하나님을 늘 의식하고, 동행하시기 바랍니다.

오늘 깨달은 것과 기도제목을 나눕니다.

● 〈오늘의 말씀〉을 함께 암송합니다.

보이지 않아도

나와 늘 함께하시는 예수님과 동행하는 삶

5
발의 목적은 **직립보행**하는 것이다
: '예수'라는 '길' 안에 서는 삶

준비 | 『바디바이블』 '발의 목적은 직립보행 하는 것이다' (p216~219) 읽어오기

오늘의 말씀 | 예수께서 이르시되 가라 네 믿음이 너를 구원하였느니라 하시니 그가 곧
보게 되어 예수를 길에서 따르니라(막10:52)

기도 | 주여! 제가 유인원에서 진화된 존재가 아니라, 처음부터 하나님께 지음 받아 직
립 보행함을 믿게 하소서! 하나님 나라라는 목적지를 향하여 똑바로 걸을 수 있
는 제가 되게 하시고 저만이 아닌 이웃들과 함께 그곳을 향해 걸어가게 하소서!

도움닫기
마음 열기

> 인간은 두 발이 가진 구조와 기능 덕에 똑바로 서서 똑바로 걸을 수 있게 되었습니
> 다. 두 발로서만 이를 가능하게 함으로서, 인간의 두 손은 완전 자유하게 되었습니
> 다. 그 결과 인간은 두 손의 자유로, 끝없이 창의적이고 아주 섬세한 일들을 할 수
> 있는 특혜를 누린 것입니다. …직립보행은 인간의 예술입니다. 길 위에 서서 똑바
> 로 바른길을 걸어가는 발! 이 발이 인간만이 가진 유일한 탁월함입니다.
>
> **< 바디바이블 p217~218 中 >**

● 두 발로 서서 걸을 수 있는 인간에겐 어떠한 유익이 생겼나요? 내가 두 발로
할 수 있는 것들에 대해 생각해 보고 이런 것들을 누리게 해주신 하나님께 감
사를 표현해 봅시다.

● 인간의 발의 구조는 좁은 면적으로 우리의 체중을 견디면서(아치구조), 두 발로 서서 걸을 수 있도록(엄지발가락과 네 발가락이 체중을 분산시키고 걸을 수 있도록 도움, 종골과 발목 관절이 균형과 방향성을 잡아줌) 정교하게 창조되었습니다(『바디바이블』 p217~218 참고). 몸의 아주 작은 부분까지도 역할과 의미가 있는 것입니다. 내가 당연하다고 여겼던, 혹은 작다고 여겼던 내 몸의 각 부분들의 역할을 알아보고, 그것에 담긴 하나님의 메시지가 무엇일지 생각해 봅시다.

1 한 걸음
말씀 살펴보기

1 예수님께서 제자들과 허다한 무리와 여리고를 지나가실 때 한 사람을 만나게 됩니다. 그 사람은 무엇이라고 불렸으며, 어떤 상태의 사람입니까? 또한, 어디에 앉아있었나요?(막10:46)

➡ 그들이 여리고에 이르렀더니 예수께서 제자들과 허다한 무리와 함께 여리고에서 나가실 때에 디매오의 아들인 맹인 거지 바디매오가 길가에 앉았다가

2 그 사람은 예수님이 지나가신다는 말을 듣고 예수님께 무어라고 소리질러(힘을 다해) 외치나요?(막10:47)

➡ 나사렛 예수란 말을 듣고 소리 질러 이르되 다윗의 자손 예수여 나를 불쌍히 여기소서 하거늘

> ∞ 그에게는 '예수님'말고 다른 소망이 없었습니다. 그래서 사람들이 시끄럽다고 "조용히 하라"고 말려도 더욱 크고 간절하게 예수님을 찾았습니다(막10:48).

3 우리에게도 예수님을 만나고 체험하기 위해 이러한 간절한 사모함이 필요합니다. 잠언 8장 17절을 찾아봅시다.

➡ 나를 사랑하는 자들이 나의 사랑을 입으며 나를 간절히 찾는 자가 나를 만날 것이니라

* 여기서 '지혜'는 지혜되신 예수님을 의미합니다.

4 예수님께서는 예수님께만 소망을 두고, 간절히 예수님을 향하는 그를 외면하지 않으셨습니다. 예수님은 그를 향해 무엇을 말씀하셨나요?(막10:49)

➡ 예수께서 머물러 서서 그를 부르라 하시니 그들이 그 맹인을 부르며 이르되 안심하고 일어나라 그가 너를 부르신다 하매

5 예수님의 부르심(용납하심, 가까이 오기를 허락하심)을 받은 그의 반응은 어떠했나요?(막10:50)

➡ 맹인이 겉옷을 내버리고 뛰어 일어나 예수께 나아오거늘

6 그가 예수님께 구한 것은 무엇인가요?(막10:51b)

➡ 예수께서 말씀하여 이르시되 네게 무엇을 하여 주기를 원하느냐 맹인이 이르되 선생님이여 보기를 원하나이다

7 예수님은 그에게 무엇이라고 말씀하셨고, 그는 어떻게 되어 '어디에서' 예수님을 따르게 되었나요?(막10:52)

➡ 예수께서 이르시되 가라 네 믿음이 너를 구원하였느니라 하시니 그가 곧 보게 되어 예수를 길에서 따르니라

* '길에서'로 번역된 말씀의 의미는 '길 안에서'를 뜻합니다.

2 두 걸음
말씀의 의미를 생각하기

마가복음 10장을 보면, 길가에 앉아 있는 거지이며 소경인 바디매오 이야기가 나옵니다. 바디매오가 길가에 앉아 있다고 이야기합니다. '길가' 즉 길이 아닌 곳에 있다는 것입니다. 누가 거지이고, 누가 소경이고, 누가 길이 아닌 곳에 앉아 있는 사람일까요? '예수 밖'에 있는 사람들의 현존입니다. '예수 밖'에 있는 상태가 진리를 보지 못하는 소경이요, 아무런 의도 가지지 못한 거지요, 길과 진리 안에 들어가지 못하고 길 밖으로 팽개쳐진 우리 인간이라는 것입니다.

그런 바디매오가 '예수 안'으로 들어옵니다. 진리를 보게 됩니다. 예수의 의를 가지

게 됩니다. 예수를 길에서 따르게 됩니다. 거지가 가진 자가 되고, 소경이 보는 자
가 되고, 길 밖에 있던 자가 길 안에 있는 자가 됩니다.

… 바디매오가 위를 향해 똑바로 서게 됐다는 것입니다. 직립보행으로 위를 향해
우뚝 선 발이 되었다는 것입니다. 그렇게 우뚝 서서 직립보행하는 발이 되었을 때,
바디매오에게 구원이 임한 것입니다.

< 바디바이블 p218~219 中 >

① 앞을 보지도 못해 일하지도 못하고 구걸하여 살 수밖에 없는 거지 신세였던
바디매오의 삶은 비참했을 것입니다. 스스로도 구원할 수 없고, 아무도 구
원할 수 없는 구원의 '길 밖'에서 소외된 인생이었습니다. 나의 본래 상태가
구원이 없는 '길 밖'에 있었음을 인정합니까?

② 바디매오는 '보기'를 원했습니다. 길 밖에서 진리 되신 예수님을 보지 못하
는 인간의 상태를 상징합니다. 그러나 예수님을 향한 '믿음'을 가질 때, 나
를 구원하실 분이 예수님밖에 없다는 간절한 소망으로 예수님의 이름을 부
를 때, 예수님의 의를 가지게 되고, 진리 되신 예수님을 '보게'되었으며, 구
원의 '길 안'으로 들어와 예수님을 따르게 되었습니다. 삶의 질적 변화가 일
어난 것입니다. 내 삶에서 예수님을 만나서 변화된 것이 있다면 나누어 봅
시다.

> 우리에게 고유한 발을 주신 이유는 직립 보행!하라는 것입니다. 직립보행은 '길 안'에서 걷는 것입니다. '예수 안'에서 걷는 것입니다. 직립보행은 '위를 향해 서는 것'입니다. '예수 안'에서 '위에 것을 향해 서는 것'입니다. 사람의 생각은 보이지 않습니다. 그의 생각이 바로 섰는지, 악한지, 우리는 그의 뇌를 볼 수가 없습니다. 그러나 발을 보면 알 수 있습니다. 그의 발걸음이 향하는 곳! 그의 발길이 머무는 곳! 그곳이 그의 생각이며, 그의 철학이고, 그의 가치관이며, 신앙의 모습인 것입니다.
>
> **< 바디바이블 p219 中 >**

1 나의 발은 어디를 가는 것을 좋아하나요?(집, 학교, 직장, 도서관, 친구들 만나는 곳, 교회나 예배 등) 내 발걸음이 향하는 곳이 내 마음이 향한 곳입니다.

2 예수님의 발걸음은 누구를 향하셨나요? 예수님을 마음에 모신 자, '예수'라는 '길'안에 서 있는 자라면 그 길은 누구를 향하고 있을까요? 내 마음과 발걸음이 누구를 향하기 원하실까요?

오늘 깨달은 것과 기도제목을 나눕니다.

● 〈오늘의 말씀〉을 함께 암송합니다.

BODY BIBLE

VIII
어깨
(구속받은 인생)
묵상

5주

1

구속 안에서의 자유

: 구속

준비 | 『바디바이블』 '구속 안에서의 자유' (p229~232) 읽어오기

오늘의 말씀 | 수고하고 무거운 짐 진 자들아 다 내게로 오라 내가 너희를 쉬게 하리라
나는 마음이 온유하고 겸손하니 나의 멍에를 메고 내게 배우라 그리하면
너희 마음이 쉼을 얻으리니 이는 내 멍에는 쉽고 내 짐은 가벼움이라 하
시니라 (마11:28~30)

기도 | 주여! 저를 지혜롭게 해 주셔서 욕망과 죄의 짐을 가볍게 하소서! 참 자유를 누
리는 가운데 제 자신도 행복하고 이웃들에게 선을 행하게 하소서! 힘이 들어도
주님께서 기뻐하시는 보람 있는 짐을 들게 하시고 저의 마음이 쉼을 얻게 하소
서!

도움닫기
마음 열기

모든 생명들이 갈망하는 한 가지 주제가 자유입니다. …사실 인간이란 구속을 받아
야 하는 존재입니다. 아기가 태어나서 웁니다. 왜 그럴까요? 숨을 쉬기 위한 것이
지만, 사실은 불안하기 때문입니다. 아기는 엄마의 자궁 안에서 자유를 느낍니다. 마
치 우주를 자유롭게 유영하듯이 아기는 엄마의 양수 속에서 자유를 만끽했습니다.
엄마의 배 속이라고 하는 그 한정된 구속이 아기에게 자유를 주었다는 것입니다.
인간의 자유가 한계와 틀을 벗어나 있는 곳에 있는 것이 아니라, 구속 안에 있다는
것을 말하고 있는 것입니다.

베를린 장벽도 마찬가지입니다. 생각과 입장을 달리해 보면 의미가 완전히 달라집
니다. 공산주의 체제 안에 있던 동독 사람들에게 베를린 장벽이란 자신들의 자유를
억압하는 속박의 울타리가 되지만, 반대로 서독 사람들에게는 자신들의 자유를 지

켜주는 보호의 울타리가 되기 때문입니다.

< 바디바이블 p230~231 中>

● 나를 보호하고 있는 울타리는 무엇이 있나요?
  ➡ 법과 규범, 규칙-규칙과 원칙대로 하면 법의 보호를 받을 수 있음, 가정, 집 등
  ➡ 양들을 울타리 없는 곳에 풀면 늑대나 이리 등의 공격이 어디에서 올지 몰라 자유롭게 다닐 수 없지만,
    울타리를 쳐주면 그 울타리 안에서는 자유롭게 다닐 수 있습니다. 우리가 어렸을 때는 부모님, 학교의 울
    타리 안에 규칙을 지키고, 예의를 갖추면서 억압을 당하는 것 같지만 돌이켜 보면 그것이 나를 보호하는
    보호막이였음을 알게 됩니다.

● 예수를 믿는다는 것이 때로는 구속과 억압처럼 느껴진 적은 없나요? 그러나 시
  간이 지나고 보니 그러한 구속이 나를 보호해 준 경험이 있다면 나누어 봅시다.

1 한 걸음
말씀 살펴보기

① 예수님은 어떤 사람들을 초청하시며, 무엇을 할 수 있게 해 주신다고 하시
  나요?(마11:28)
  ➡ 수고하고 무거운 짐 진 자들아 다 내게로 오라 내가 너희를 쉬게 하리라

> ∞ 여기에서 '수고하고 무거운 짐을 지다'는 말은 하나님의 의에 도달하려고, 자신
> 의 힘으로 구원을 얻기 위해, 자기 의를 통해 하나님을 만족시키려고 애쓰고 노력하
> 는 수고를 의미합니다.

② 예수님의 마음은 어떤 마음인가요?(마11:29a)
  ➡ 나는 마음이 온유하고 겸손하니

> ∞ 여기에서 '온유'는 '우리와 하나 되고 싶은 마음'을 의미하고, '겸손'은 '우리와 하
> 나 되기 위해 낮아지심'을 의미합니다.

3 예수님이 우리에게 요구하시는 것은 무엇이며, 그것을 할 때 우리는 무엇을 얻게 되나요?(마11:29)

➡ 나의 멍에를 메고 내게 배우라 그리하면 너희 마음이 쉼을 얻으리니

∞ 여기에서 '멍에'의 의미는 '(예수님과) 어깨동무하자'는 의미로 예수님과의 동행을 말합니다.

4 예수님의 멍에와 예수님의 짐은 우리에게 버거운가요, 쉬운가요?(마11:30)

➡ 이는 내 멍에는 쉽고 내 짐은 가벼움이라 하시니라

∞ '예수님의 멍에'가 쉬운 이유는 우리가 지는 것이 아니라 예수님이 지시는 것이기 때문입니다. 즉 '우리가 율법을 지켜서 하나님을 만족시키는 것'이 아니라 '예수님께서 십자가를 짐으로 하나님을 만족'시키기 때문입니다.

2 두 걸음
말씀의 의미를 생각하기

…예수님은 우리에게 전혀 다른 차원의 자유를 말씀하십니다. 수고하고 무거운 짐 진 자들인 우리에게 어떤 자유를 주시느냐?하면 '나의 멍에를 메고 내게 배우라'고 하십니다. 우리에게 자유가 아닌 멍에를 얹어 주시겠다고 하십니다. 저는 예수님이 말씀하시는 멍에가 예수 그리스도 안에 있는 '구속 안에서의 자유'라고 생각합니다.

〈바디바이블 p230 中〉

1 우리를 위해 목숨을 버리는 선한 목자되신 예수님이 말씀하시는 '자유'는 각자의 소견에 옳은 대로 할 수 있는 '방종'이 아닙니다. 그렇게 방목하다가는 한 치 앞도 못 보는 양이 이리나 맹수에게 잡혀 먹힐 수도, 낭떠러지에

떨어질 수도 있기 때문에 위험합니다. 대신 예수님이 대신 죽어 지불하신 십자가의 대가를 우리의 것으로 받아들여 '하나님의 자녀'가 되라고 초청하시는 것입니다. 예수님의 "(내가 이미 다 이루어 놓은) 나의 멍에를 함께 매자"는 말이 내게 어떻게 다가오나요?

> …아픈 어깨를 만지다 보면 저는 이루 말할 수 없는 연약함을 느낍니다. '이 어깨로 수고하고 무거운 짐을 져 나르면서 자유와 행복을 추구하며 살아왔을 텐데! 자유와 행복을 추구하다가 오히려 자유에서 더 멀어진 어깨가 되고 말았구나!'
>
> <바디바이블 p231 中>

2 우리의 어깨로는 한계가 있습니다. 삶의 무거운 짐을 나 홀로 감당하려면 견디기 힘들 때도 있습니다. 그럴 때 내가 바라봐야 할 분은 누구신가요? 어떻게 그분을 의지할 수 있으며, 우리를 어떻게 도와주실까요?

3 **세 걸음**
말씀에 나를 비춰보기

> 예수님은 우리의 어깨로 우리의 짐을 지라고 하시지 않습니다. …우리의 자유는 예수 그리스도의 어깨에 있습니다. 예수님이 내 짐을 지고 가시고, 우리는 그 어깨에 기대는 인생이 될 때, 그렇게 구속된 어깨가 될 때 우리는 자유할 수 있는 것입니다.
>
> < 바디바이블 p231 中 >

① 지금 나의 어깨를 무겁게 하고 있는 내 삶의 짐(의무, 고난 등)은 무엇입니까? 혹은 더 나은 삶을 위해 내가 버겁게 지고 있는 짐은 무엇입니까? 내가 그것을 조금만 더 버티면 행복이 보장되어 있나요? 아니라면 내려놓지 못하는 이유는 무엇입니까?

....

② 예수님의 어깨에 기대는 인생(예수님께 구속된 삶)은 어떤 삶일까요? 예수님께 내 인생을 맡기고 드리는 순간 내 마음대로 할 수 없고, 자유가 없어진 채 내가 하기 싫은 일들을 하라고 명령하실지도 모른다는 두려운 마음은 없나요?

> ∞ 잊지 마십시오! 하나님은 너무나 좋으신 아버지이십니다. 우리에게 이유 없는 고통이나 어려움을 주시려 하거나, 하기 힘든 일을 억지로 시키시는 분이 아니라 가장 좋은 것으로 주기 원하시는 아버지이십니다.
> '너희가 악한 자라도 좋은 것으로 자식에게 줄 줄 알거든 하물며 하늘에 계신 너희 아버지께서 구하는 자에게 좋은 것으로 주시지 않겠느냐'(마7:11).

오늘 깨달은 것과 기도제목을 나눕니다.

● 〈오늘의 말씀〉을 함께 암송합니다.

어떤 사람이 예수님을 영접하게 된 후에 삶을 돌이켜 보니 모든 것이 은혜임을 알게 되었습니다. 생명을 주신 것도, 세상에서 돈도 지식도 명예도 없고 보잘것 없는 자신도 아무 조건 없이 구원해 주신 것도 감사한데 기도하는 것마다 좋은 것으로 응답해 주시는 하나님을 체험하게 되었습니다. 어느 날은 말씀을 묵상하다가 하나님의 은혜에 너무 감사해 다음과 같이 말씀드렸습니다.

"아버지, 제가 받은 것이 너무 많아 아버지께 감사를 표현하고 싶습니다. 제가 드릴 것은 많지 않지만 아버지께서 주신 것 중에 원하시는 것이 있으시면 딱 한가지를 말씀해 주세요. 그것을 하나님께 드리고 싶습니다. 시간을 드리라면 하라는 곳에서 봉사라도 하겠습니다."

그러자 하나님의 음성이 들려왔습니다. "네가 나에게 1가지를 준다고?"

"네. 많이는 못 드려도 딱 1가지만이라도 드려서 마음을 표현하고 싶어요. 주어진 권리를 포기하라면 그것도 포기할 수 있습니다."

주님은 그 사람의 무엇을 가져가기 원하셨을까요?

그 사람의 고백입니다.

2
종의 어깨가 되지 **말라**
: 자유

준비 | 『바디바이블』 '종의 어깨가 되지 말라' (p233~236) 읽어오기

찬양 | 찬송가492장 '잠시 세상에 내가 살면서'

오늘의 말씀 | 그리스도께서 우리를 자유롭게 하려고 자유를 주셨으니 그러므로 굳건
하게 서서 다시는 종의 멍에를 메지 말라(갈5:1)

기도 | 주님! 제가 미련하여 어깨가 처지고 무거워지는 일을 겪지 않게 하소서! 제가 교
만하여 어깨에 힘을 주며 친구를 괴롭게 하지 않게 하소서! 주님 주신 자유를 올
바르게 사용하여 어깨동무를 할 수 있는 친구들이 많아지게 하소서!

도움닫기
마음 열기

* 어깨를 견주다 : ➡ 서로 경쟁하다
* 어깨를 으쓱하다 : ➡ 자랑하다, 기분이 좋다
* 어깨가 축 처진다 : ➡ 힘이 빠진다
* 어깨가 움츠러든다 : ➡ 창피하다, 자신감이 줄어든다
* 어깨를 같이한다 : ➡ 함께 같은 길을 간다
* 어깨를 겨눈다 : ➡ 비슷한 지위나 실력끼리 겨루다
* 어깨가 가볍다/무겁다 : ➡ 책임이 가볍다/무겁다

어깨에 힘이 들어갔다, 어깨를 짓누른다, 어깨를 들이민다, 어깨를 낮춘다 등… 왜
이렇게 어깨가 우리 삶을 표현해내는 메타포가 되었을까요?
그 이유는 우리의 신체 중에서 가장 많은 일을 하는 곳이 어깨이기 때문입니다.

< 바디바이블 p234 中>

- 위의 어깨를 비유한 말의 의미를 적어 봅시다(『바디바이블』p234 참고).

- 우리는 어떤 때 어깨를 사용하나요?(『바디바이블』p234~235 참고)
  - 걷는 동작에서 어깨와 팔을 흔들어 추진력과 균형을 잡음, 밥을 먹을 때 음식을 입으로 가져오는 역할, 손으로 무엇인가를 들고 버틸 때, 무거운 머리와 목을 지탱하는 모든 순간, 상체의 움직임의 방향을 지정할 때, 다른 사람을 안아줄 때, 어려운 사람에게 도움을 줄 때, 가방을 멜 때, 베드민턴이나 테니스 같은 운동을 할 때, 빗자루질이나 걸레질 같은 청소할 때 등

한 걸음
1 말씀 살펴보기

1 그리스도께서 자유를 주셨으니 다시는 무엇을 메지 말라고 하시나요?(갈 5:1)
  - 그리스도께서 우리를 자유롭게 하려고 자유를 주셨으니 그러므로 굳건하게 서서 다시는 종의 멍에를 메지 말라

> ∞ 여기에서 '종의 멍에'는 할례로 대변되는 율법의 의무를 다해야 하는 무거운 짐을 의미합니다(갈5:2~4). 그러나 율법을 다 지켜서 자기 의를 쌓는다 할지라도 영원한 하나님의 나라에 들어갈 수 없습니다. 오직 하나님의 사랑으로 표현되는 '믿음'만이 중요합니다(갈5:6).

2 우리는 성령의 인도하심을 받아 무엇을 따라 사는 자들 인가요?(갈5:5)
  - 우리가 성령으로 믿음을 따라 의의 소망을 기다리노니

> ∞ 우리의 세상에서의 노력, 율법의 의무를 행함으로 구원을 받는 것이 아니라 하나님의 사랑과 그리스도를 믿는 '믿음'으로 구원을 얻게 되었습니다. 율법의 의무에서 자유로워진 것입니다.

3 율법의 의무에서 자유로워진 우리는 무엇을 해야 하나요?(갈5:13)
  - 형제들아 너희가 자유를 위하여 부르심을 입었으나 그러나 그 자유로 육체의 기회를 삼지 말고 오직 사랑으로 서로 종 노릇 하라

∞∞ 자유를 주셨다고 그 자유를 남용해 육체의 정욕을 만족시키는 데 사용하라는 뜻은 아닙니다. 오히려 하나님이 우리를 사랑하여 예수님께서 십자가에서 죽기까지 섬기시고 우리를 살려주셨듯이 다른 사람을 사랑으로 섬기는 데 자유를 활용해야 할 것입니다.

4 우리에게 주신 자유를 육체의 욕망을 이루는 데 쓰지 않으려면 어떻게 해야 하나요?(갈5:16~18)
➡ 내가 이르노니 너희는 성령을 따라 행하라 그리하면 육체의 욕심을 이루지 아니하리라
➡ 육체의 소욕은 성령을 거스르고 성령은 육체를 거스르나니 이 둘이 서로 대적함으로 너희가 원하는 것을 하지 못하게 하려 함이니라
➡ 너희가 만일 성령의 인도하시는 바가 되면 율법 아래에 있지 아니하리라

5 육체의 일
● (1) 성령과 반대되는 육체의 일은 무엇인가요?(갈5:19~21a)
➡ 육체의 일은 분명하니 곧 음행과 더러운 것과 호색과
➡ 우상 숭배와 주술과 원수 맺는 것과 분쟁과 시기와 분냄과 당 짓는 것과 분열함과 이단과
➡ 투기와 술 취함과 방탕함과 또 그와 같은 것들이라

● (2) 육체의 일을 하는 자들은 어떤 결과에 이르나요?(갈5:21b)
➡ 전에 너희에게 경계한 것 같이 경계하노니 이런 일을 하는 자들은 하나님의 나라를 유업으로 받지 못할 것이요

6 성령의 일
● (1) 성령을 따라 행할 때 맺게 되는 열매는 무엇인가요?(갈5:22~23)
➡ 오직 성령의 열매는 사랑과 희락과 화평과 오래 참음과 자비와 양선과 충성과
➡ 온유와 절제니 이 같은 것을 금지할 법이 없느니라

● (2) 성령을 행하는 그리스도 예수의 사람은 어떤 특징이 있으며, 무엇으로 살고, 행동하나요?(갈5:24~25)
➡ 그리스도 예수의 사람들은 육체와 함께 그 정욕과 탐심을 십자가에 못 박았느니라
➡ 만일 우리가 성령으로 살면 또한 성령으로 행할지니
➡ 헛된 영광을 구하여 서로 노엽게 하거나 서로 투기하지 말지니라

7 모든 율법을 한마디로 요약하면?(갈5:14)

➡ 온 율법은 네 이웃 사랑하기를 네 자신 같이 하라 하신 한 말씀에서 이루어졌나니

2 두 걸음
말씀의 의미를 생각하기

> 출애굽기 5장을 보면, 애굽의 바로 왕에게 노예가 된 이스라엘 백성들의 현실을 보여줍니다. 이스라엘 백성들은 종의 멍에를 지고 있습니다. 그들을 괴롭게 하는 고통의 정체는 '벽돌'과 '지푸라기'입니다. 그들은 매일 지푸라기를 모아다가 바로의 성을 짓기 위해 벽돌을 쌓아 올려야 합니다. 그런데 여기 쓰인 '벽돌'과 '지푸라기'의 뜻에 주목할 만한 의미가 있습니다. '벽돌'은 바벨탑을 쌓는 재료와 같이 인간이 자기 자신을 위해 쌓아 올리는 공든 탑의 재료입니다. 그리고 '지푸라기'는 허무함을 의미합니다. '바로'라고 하는 속박의 정체가 무엇이냐 하면 인간이 자기 자신을 위해 허무의 탑을 쌓아 올리는 것입니다.
>
> **<바디바이블 p235 中>**

1 우리의 어깨는 종의 멍에를 메라고 주신 것이 아닙니다. 종의 멍에를 메면 육체의 일만 이루게 됩니다. 종의 멍에를 메고 이루는 육체의 일의 특징은 무엇인가요?

∞ 애굽은 '세상'을 의미합니다. 세상에서 살아가는 하나님의 백성이 세상의 방식을 따라 자신을 위해 공든탑을 만든다면 그것은 영원하지 못하고 언젠가 무너지고 심판받을 바벨탑일 뿐입니다.

2 종의 멍에, 육체의 멍에에서 자유롭게 된 사람은 자유자로 성령을 따라 행하게 됩니다. 성령을 따라 행하는 사람의 특징은 무엇인가요? 나는 성령을 따라 자유를 누리고 있나요?

우리의 어깨는 왜 이렇게 일이 많고, 왜 이렇게 지쳐 가는 것일까요? 종의 멍에를 메기 때문입니다. 허무함의 소재들로 자기의 바벨탑을 쌓으려고 하기 때문입니다. 돈이라고 하는 허무함으로, 명예와 권세라는 허무함으로, 인기와 권력이라고 하는 허무함의 소재들을 가지고 자기를 높이기 위해 욕망의 탑을 쌓아 올리는 것이 '종의 멍에', '종의 어깨'입니다. 사도 바울은 우리에게 종의 멍에를 메지말라고 합니다. 왜냐하면 그리스도께서 우리를 자유롭게 하시려고(예수님이 대신 멍에를 지시고) 자유를 주셨기 때문이라고 합니다.
…"어깨에 힘을 빼셔야 합니다. 더 힘주고 사시면 더 큰 탈이 납니다. 근심, 걱정 더 이상 어깨에 짊어지지 마시고, 예수님께 내려놓으세요. 예수님은 당신을 종이 아니라, 자유자로 부르셨습니다."

< 바디바이블 p235~236 中 >

1 내가 내려놓지 못하는 종의 멍에는 무엇인가요? (율법의 의무-자기 의, 돈, 명예, 권세, 인기, 권력, 욕망, 근심, 걱정 등) 그것을 내려놓지 못하는 이유는 무엇이고, 내려놓기 위해서는 어떻게 해야 할까요?

∞ 우리의 멍에를 내려놓기 위해서는 그리스도를 믿는 '믿음'이 필요합니다. 그러나 우리의 힘과 노력으로는 '믿음'을 가질 수 없습니다. 믿음을 가질 수 있도록 구하십시오. 그분을 경험하면서 믿음이 생기게 될 것입니다. 우리의 힘으로 종의 멍에를 내려놓을 수 없습니다. 우리는 이 땅에 살면서 눈에 보이는 종의 멍에를 보고 살아가기 때문입니다. 보이지 않는 그분을 신뢰하기 위해서는 '믿음'이 필요하고, 그 '믿음'이 영원하지 못할 세상의 종이 되는 멍에를 내려놓게 합니다.

2 종의 멍에는 진정한 자유를 줄 수 없다는 것을 알고 있나요? 나를 자유자로 부르시는 예수님의 초청에 응하시겠습니까? 세상 짐, 종의 멍에를 내려놓으면 어떤 자유를 누리게 될까요?

오늘 깨달은 것과 기도제목을 나눕니다.

- 〈오늘의 말씀〉을 함께 암송합니다.

4 **그림 묵상**
깨달은 것 되새기기

3
어깨의 **'약함'**을 아는 것이
겸손이고 **사랑**이다

: 연약함

준비 │ 『바디바이블』 '어깨의 약함을 아는 것이 겸손이고 사랑이다' (p237~240) 읽어오기

찬양 │ 찬송가 337장 '내 모든 시험 무거운 짐을'

오늘의 말씀 │ 그런데 지금 너희가 어찌하여 하나님을 시험하여 우리 조상과 우리도 능히 메지 못하던 멍에를 제자들의 목에 두려느냐(행15:10)

기도 │ 주여! 제가 신앙의 경륜이 있다 하여 다른 교우들에게 무거운 멍에를 지게 하는 일이 없도록 주의하게 하소서! 율법주의적인 생각과 말을 하지 않도록 조심하게 하소서! 주님 주신 참 자유를 누리며 이웃에게도 선한 친구가 되게 하소서!

도움닫기
마음 열기

> 오늘날 현대인들을 보면 너무도 많은 사람들이 어깨가 아프다고 합니다. 병원에 찾아오는 사람들만 문제가 아니라, 거의 대부분의 성인들이 뭉친 어깨로 인해 고통을 호소합니다.
>
> **< 바디바이블 p237 中>**

● 어린아이의 어깨가 뭉친 것을 본 적이 있나요? 극히 드물거나 거의 없습니다. 그렇다면 왜 유독 어른들만 어깨가 뭉쳐있을까요?
   ➡ 자신의 욕망의 탑을 쌓아 올리는 '종의 멍에'를 메기 때문이다

● 나는 어떨 때 주로 어깨가 뭉치나요?

1 초대교회 시절, 예수 그리스도의 부활이 이방인에게까지 퍼지고, 예수를 믿는 이방인들이 생겨나자 유대인들 사이에서는 논쟁이 일어났습니다. 구원받기 위해 필요하다고 주장한 것은 무엇이었나요?(행15:1,5)

- 어떤 사람들이 유대로부터 내려와서 형제들을 가르치되 너희가 모세의 법대로 (할례)를 받지 아니하면 능히 구원을 받지 못하리라 하니

- 바리새파 중에 어떤 믿는 사람들이 일어나 말하되
  이방인에게 (할례)를 행하고 모세의 (율법을 지키라) 명하는 것이 마땅하다 하니라

2 예루살렘에 공회가 소집되어 이 일로 많은 변론이 있은 후에 베드로가 말한 것은 무엇입니까?(행15:8~9)

- 또 마음을 아시는 하나님이 우리에게와 같이 그들에게도
  (성령)을 주어 증언하시고

- (믿음)으로 그들의 (마음을 깨끗이) 하사 그들이나
  우리나 (차별하지 아니하셨느니라)

> ∞ 유대인들은 하나님께서 주신 계명을 '율법(내가 반드시 지켜서 하나님께 보여드려야 할 의무)'으로 받아들였습니다. 그러나 하나님은 그런 의미로 계명을 주신 것이 아니라 그것을 다 지키지 못하는 연약한 인간이라 할지라도 사랑하신다는 아버지의 '마음'을 보여주기 원하셨습니다. 연약한 인간을 아무 조건 없이 사랑하시는 하나님의 사랑은 유대인이나 이방인에게 차별이 없습니다.

3 유대인들은 '율법'을 너무 열심히 지킨 나머지 율법을 지키지 못하는 사람들이 구원받는다는 사실을 받아들일 수가 없었습니다. 그러나 그들이 열심히 지킨 율법으로 '하나님의 의'를 충족시킬 수 없기 때문에 그들도 천국에 들어갈 수 없었고, 그들이 말하는 율법을 지킬 수 있는 사람도 없었습니다. 결국 그들의 주장은 그들을 포함해 모든 인간을 '죄인'으로 정죄하게 되었습니다. 관련 구절을 찾아봅시다(행15:10).

➡ 그런데 지금 너희가 어찌하여 하나님을 시험하여 우리 조상과 우리도 능히 메지 못하던 멍에를 제자들의 목에 두려느냐

---

4 그러면 아무리 노력해도 '하나님의 공의'에 도달할 수 없는 인간은 무엇으로 구원을 받습니까?(행15:11)

➡ 그러나 우리는 그들이 우리와 동일하게 주 예수의 은혜로 구원 받는 줄을 믿노라 하니라

---

5 예루살렘공회에서 내린 결론은 무엇입니까?(행15:19, 28~29)

➡ 그러므로 내 의견에는 이방인 중에서 하나님께로 돌아오는 자들을 괴롭게 하지 말고
➡ 성령과 우리는 이 요긴한 것들 외에는 아무 짐도 너희에게 지우지 아니하는 것이 옳은 줄 알았노니
➡ 우상의 제물과 피와 목매어 죽인 것과 음행을 멀리할지니라 이에 스스로 삼가면 잘되리라 평안함을 원하노라 하였더라

2 두 걸음
말씀의 의미를 생각하기

> …정말로 사람의 어깨는 그렇게 강한 것일까요?
> …인간의 어깨는 그리 강하지 않게 창조되었다는 뜻입니다. 하나님께서 인간의 어깨에 그리 무거운 짐을 지는 것을 허락해 주시지 않았다는 뜻입니다. 즉 한계를 가지고 있는 약한 어깨로 만들어 주셨다는 것입니다.
>
> **<바디바이블 p238, 240 中>**

1 연약한 육체의 어깨를 만들어 주신 것은 영적인 의미를 포함하고 있습니다. 연약한 어깨를 만들어 주신 하나님께서 과도한 짐을 무리하게 지는 것을 명하셨을까요? 연약한 어깨를 주신 하나님의 사랑의 마음은 무엇일까요?

---

2 우리는 실제로 과로하거나 감당해야 하는 일이 많을 때, 무리하게 혹사했을 때 어깨가 뭉치곤 합니다. 너무 무리하게 어깨를 쓰면 사용하지 말라고 뭉치거나 아프게 되는 것입니다. 지금의 내 어깨는 어떻습니까? 부드럽고 유연합니까? 과도한 스트레스로 뭉쳐져 있습니까? 중요한 일이 끝나고 나면 나 자신에게 쉼을 줄 마음의 여유가 있습니까? 없다면 하나님께 맡기면서 일을 감당해 보십시오.

3 세 걸음
말씀에 나를 비춰보기

하나님께서 우리의 어깨를 약하게 만들어 주셨다는 것은 우리에게 두 가지 의미를 일깨워 줍니다. 하나는 스스로를 과신하지 말라는 뜻입니다. 교만하지도 말고, 자기 자신을 너무 믿지도 말라는 뜻입니다. 또 하나는 내 어깨의 약함만큼 다른 사람들의 어깨도 연약하다는 것을 기억하라는 뜻입니다. 자신에게도 무거운 짐은 타인에게도 무겁다는 것을 알고 과중한 짐을 지게 하지 말라는 것입니다.
내 어깨의 연약함을 아는 것이 겸손입니다.
타인의 어깨의 연약함을 아는 것이 사랑입니다.

< 바디바이블 p240 中 >

1 나는 나의 약함을 인정하는 사람입니까? 때로는 여유 없이 스케줄을 무리하게 잡아서 몸을 혹사시키거나, 버겁게 느껴지는 일을 스스로 해 내려고 애쓰다가 몸과 마음에 상처를 받은 적은 없나요?

∞ 자신의 한계, 어려운 일에 도전하지 말라는 의미가 아니라 그것이 나의 힘만으로는 될 수 없음을 정직하게 인정하고 하나님을 의지하는 것이 현명한 사람입니다. 그럴 때 우리는 육체적 과로와 과도한 스트레스 없이 우리의 한계를 넘어 성장할 수 있습니다.

2 나는 나와는 다른 사람의 성향과 연약함을 인정하고 배려할 줄 아는 사람입니까? 내가 할 줄 알기에, 혹은 내가 쉽게 해 내는 일이기에 다른 사람의 상황과 형편을 고려하지 않았던 적은 없습니까? 내가 감당하기 어려운 일을 다른 사람이 떠맡게 되었을 때 안심하거나 도와주지 않고 외면한 적은 없습니까?

오늘 깨달은 것과 기도제목을 나눕니다.

● 〈오늘의 말씀〉을 함께 암송합니다.

VIII. 여깨(구속받은 인생) 묵상

4
부드러운 어깨가 승리한다
: 의지함

준비 ┃ 『바디바이블』 '부드러운 어깨가 승리한다' (p241~244) 읽어오기

찬양 ┃ 찬송가 542장 '구주예수 의지함이'

오늘의 말씀 ┃ 손을 주머니에 넣어 돌을 가지고 물매로 던져 블레셋 사람의 이마를 치매 돌이 그의 이마에 박히니 땅에 엎드러지니라(삼상17:49)

기도 ┃ 주여! 제 마음을 온유하고 부드럽게 해 주셔서 주께서 저를 사용하기 좋게 해 주소서! 저를 적절한 곳에 사용하여 주셔서 선한 열매들 맺게 하소서! 제 어깨에 힘이 들어가지 않게 하시고 겸손한 가운데 가정과 교회, 직장을 섬기게 하소서!

도움닫기
마음 열기

…인간에게 강함이 아니라 부드러움을 통해서 탁월함을 발휘하는 부위가 있습니다. 역설적이게도 그곳이 바로 어깨입니다. …인간의 어깨는 사실 연약함 그 자체라고 할 수 있습니다. …부드러움이 능히 강함을 이긴다는 말이 있습니다. 쉽게 대표적인 운동이 유도입니다. 유도는 부드러움으로 강함을 제압하는 무도입니다. …모든 스포츠가 그렇습니다. 어깨에 힘을 주는 스포츠는 없습니다.

< 바디바이블 p241~242 中>

● 운동을 할 때 나, 컴퓨터 작업 등 어떤 일을 할 때 어깨에 힘이 들어가면 어떻게 되나요?(『바디바이블』 p242 참고)

➡ 무거운 것을 자주들거나 무리하게 사용하면 탈구되거나 분리된다. 질환에 걸리거나 어깨가 망가지게 된다. 어깨가 경직되어 근육이 뭉치고 부드럽고 유연한 동작이 나오지 않는다. 어깨가 아프게 된다 등

- '어깨에 힘을 주다'는 말은 어떤 의미가 있나요? 어떤(긍정적/부정적) 이미지 인가요?『바디바이블』p243 참고)
  ➡ 교만과 허세와 관련된 이미지, 자기를 과장할 때 쓰는 말

1 한 걸음
말씀 살펴보기

1 이스라엘과 블레셋 전투에서 블레셋 대표로 나온 골리앗은 어떤 사람이며 무엇으로 무장했습니까?(삼상17:4~7)
  ➡ 키가 여섯규빗 한뼘, 놋투구, 비늘 갑옷(놋 오천 세겔), 놋각반(다리), 놋단창(어깨)을 메고 있음. 창 자루는 베틀채만큼 굵고 창날은 철 육백 세겔, 그의 방패가 무거워 방패든 사람이 따로 있을 정도

2 골리앗에 맞서는 다윗은 어떤 사람인가요?(삼상17:33~34)
  ➡ 소년, 아버지의 양을 지키는 목동

3 다윗이 골리앗과의 전투에 나가게 된 계기는 어떠한 것에 반응한 것인가 요?(삼상17:26b)
  ➡ 사시는 하나님의 군대를 모욕하는 소리를 듣고

4 사울은 전쟁에 나가는 다윗을 무엇으로 무장시키려 했으며, 다윗은 어떤 선 택을 하나요?(삼상17:38~39)
  ➡ 군복, 놋투구, 갑옷, 칼을 주었으나 그것을 벗음

5 다윗은 무엇을 들고 갔나요?(삼상17:40) 그 이유는 무엇인가요?(삼상 17:34~37)
  ➡ 막대기, 시내에서 매끄러운 돌 다섯 개, 양을 칠 때 사자나 곰이 와서 양을 해하고자 하면 그것으로 죽임

∞ 다윗은 양을 치는 일상을 통해 맹수의 위협에서 자신을 건지신 하나님을 경험 하였고, 세상의 시선에서의 강함보다 하나님께서 자신에게 훈련시키신 방법을 선택 했습니다. 그것은 전쟁의 승리가 무기의 강함이 아니라 하나님께 있음을 알고 맹수 로부터 늘 지켜주시고 건져주셨던 하나님을 의지하는 '믿음'이었습니다.

BODY BIBLE

6 골리앗과 다윗이 전쟁에 나올 때 의지한 것은 각각 무엇이었으며 어떤 차이가 있나요?(삼상17:45~47)

➡ 골리앗: 칼과 창과 단창(자신의 강함, 자만)

➡ 다윗: 만군의 여호와, 이스라엘 군대의 하나님의 이름(승리가 여호와께 있다는 의지함과 믿음, 담대함)

---

7 전쟁의 결과는 어떠했나요? 승리자는 강한 골리앗인가요, 연약하지만 가장 강하신 하나님을 의지한 다윗인가요?(삼상17:50a)

➡ 다윗이 블레셋 사람을 이기고 그를 쳐죽임

∞ 이스라엘은 블레셋보다 약한 군대였지만(삼상17:11) 하나님을 의지하는, 단 한 사람 1명 '다윗'으로 인해 전쟁에서 승리했습니다(삼상51~52). 하나님을 의지하는 한 사람이 큰 군대보다 강하고, 나라를 구합니다.

2

두 걸음
말씀의 의미를 생각하기

골리앗은 그야말로 강한 어깨를 자랑하는 사람이었습니다. 온몸에 철갑을 두르고, 손에는 무거운 칼과 방패를 들었습니다. 그는 어깨에 힘을 잔뜩 주고 큰소리로 이스라엘과 이스라엘의 하나님 여호와를 조롱하였습니다.

 그런 강한 어깨에 맞선 사람은 어린 다윗이었습니다. 다윗은 강한 어깨가 아니라 부드러운 어깨를 가지고 나갔습니다. 그는 "너는 칼과 단창으로 내게 오지만 나는 만군의 여호와의 이름으로 나간다"라고 하면서 손에는 물맷돌을 들고 있었습니다. 그 물맷돌이 바로 부드러운 어깨의 표현입니다. 줄에 돌을 걸어 어깨를 회전시켰습니다. 그리고 그의 부드러운 어깨의 회전이 강한 어깨인 골리앗을 단숨에 제압해 버린 것입니다.

<바디바이블 p243~244 中>

1 골리앗은 자신이 가지고 있는 큰 체격, 갑옷, 무기를 의지하고 나아갔습니다. 강한 어깨란 자신이 가지고 있는 것, 자신의 조건, 자신의 재능, 자신의 물질 등을 의지하는 것입니다. 내가 의지할만한 강함은 어떤 것이 있습니까? 골리앗을 볼 때 그것이 영원하고 확실한 승리를 보장합니까?

➡ 내가 의지하는 인간적이고 세상적인 방법은 영원하고 확실한 승리를 보장하지 않는다

2 다윗이 부드러운 어깨를 가지고 전쟁에 나아갔다는 말은 자신의 힘을 빼고 누구를 의지한 것입니까? 골리앗에 비하면 내세울 어깨가 없었던 작은 소년 다윗의 결말은 어떠합니까?

➡ 골리앗과의 대결에서 승리

3 **세 걸음**
말씀에 나를 비춰보기

노자의 스승이 노자를 찾아와 묻더랍니다.
"내 입속에 이가 남았느냐? 혀가 남았느냐?"
노자가 늙은 스승의 입안을 들여다보니 이빨은 다 빠지고 혀만 남아 있더라는 겁니다.
"예 스승님 이빨은 하나도 없고 혀만 있습니다."
그러자 노자의 스승이 이렇게 이야기했다고 합니다.
"그래? 봤지? 내가 인생 잘 살았다는 증거다"라고 하더라는 겁니다.

강한 것은 죽음에 가깝습니다. 부드러운 것이 생명에 가까운 것입니다. 사람이 죽어 시체가 되면 온몸이 굳어 딱딱해지지만, 생명력이 진동하는 어린아이들은 한없이 부드럽고 말랑말랑한 것입니다. 바로 우리 어깨가 그렇습니다. 강한 어깨, 힘이 들어간 어깨는 죽음에 가까운 것입니다. 자신의 강함을 내려놓고 겸손하게 하나님 앞에 머리 숙인 인생이 생명에 가까운 삶이요. 건강한 어깨로 사는 길인 것입니다.

< 바디바이블 p244 中 >

1 아기는 전적으로 부모를 의지합니다. 부모와 떨어지는 것을 못 견뎌하고 부모와의 연합을 기뻐합니다. 육적으로는 자라면서 '자아'가 확립되고 '주관'이 생기고 영원히 강하지 않은 부모로부터 독립하게 되지만, 그만큼 안전의 책임이 자신에게 있습니다. 하지만 영적인 세계는 다릅니다. 영적으로 강한 사람일수록 영적 아버지인 하나님께 더욱 가까이 가고 아버지 앞에서 한없이 연약한 자신의 모습을 보게 되는 것입니다. 나는 하나님 앞에 강한 사람입니까? 하나님 앞에 나의 모든 연약함을 쏟아놓을 수 있는 말랑말랑한 사람입니까?

∞ 육적으로 자라면서 독립을 경험하게 하심은 어쩌면 자신의 연약함을 더 잘 들여다보게 하시려는 섭리인 것입니다.

2 노자의 스승이 이야기했던 것처럼 시간이 지나고 보니 부드러운 것이 결국 살아남았거나, 승리한 것을 본 경험이 있나요? 당장에는 나에게 강함이 없어서 불리하다고 생각했는데 결국은 연약해서 하나님을 의지하게 되었다거나 나에게 유익이 된 적은 없나요? 반대로 당장에 내가 나의 강함으로 상대방을 이겼거나 자랑하거나 험담했지만 시간이 지나고 보니 나에게 별 유익이 없었던 경험은 없나요?

∞ 부드러운 나뭇잎은 강한 바람이 불어도 부러지지 않지만 단단한 나무는 강한 바람에 부러질 수 있습니다. 나의 연약함을 알고 가장 강하신 하나님이라는 버팀목에 꼭 붙어 사는 사람은 세상이 감당하지 못할, 세상을 이기는 사람입니다.

오늘 깨달은 것과 기도제목을 나눕니다.

● 〈오늘의 말씀〉을 함께 암송합니다.

5
예수님은 우리의 어깨동무

: 동행하심

준비 | 『바디바이블』 '예수님은 우리의 어깨동무' (p245~247) 읽어오기

찬양 | 찬송가 337 '내 모든 시험 무거운 짐을', 492 '잠시 세상에 내가 살면서', 272 '고통의 멍에 벗으려고'

오늘의 말씀 | 나팔 소리로 찬양하며 비파와 수금으로 찬양할지어다 소고 치며 춤 추어 찬양하며 현악과 퉁소로 찬양할지어다 큰 소리 나는 제금으로 찬양하며 높은 소리 나는 제금으로 찬양할지어다 호흡이 있는 자마다 여호와를 찬양할지어다 할렐루야" (시150:3~6)

기도 | 주님! 저에게 친근한 부모가 되어 주시고 때로는 친구가 되어 주시니 더욱 감사드립니다. 주님과 친밀하게 동행하면서 많은 사람들의 친구가 되게 하소서! 특별히 고아, 과부, 나그네의 친구가 되게 하소서!

도움닫기
마음 열기

> 어깨동무는 친구라는 말입니다. 같이 걷고, 같이 노래하고, 같이 춤을 추는 서로에게 가장 행복한 친구라는 뜻입니다. 어깨동무를 하면 너무나 행복해서 춤을 추게 됩니다. 길의 방향이 같아집니다. 발걸음이 하나가 됩니다. 콧노래를 부르게 되고, 춤을 추게 됩니다.
>
> **< 바디바이블 p246 中>**

- 『탈무드』에 보면 가장 가까운 길은 '친한 친구와 함께 가는 길'이라고 합니다. 아무리 먼 길이라도 누구와 함께하느냐에 따라 길이 짧게 느껴지기도 합니다. 나와 마음이 맞는 친구는 어떤 친구인가요?

- 먼 길을 떠나는데 혼자 가야 한다면 처음에는 괜찮을 수 있지만 시간이 지날수록 어떨까요? 인생길이라는 긴 길을 걷는 시간 동안 외롭지 않을 수 있는 방법은 무엇일까요?

1 한 걸음
말씀 살펴보기

1 시편은 하나님 앞에 사는 인생의 희로애락(喜怒哀樂)을 노래합니다. 그 마지막의 주제는 무엇인가요?(시150:1)
➡ 할렐루야 그의 성소에서 하나님을 찬양하며 그의 권능의 궁창에서 그를 찬양할지어다

∞ '그의 성소'와 '그의 권능의 궁창'은 하나님이 계신 곳, 하나님 주권이 미치는 하늘 아래 모든 곳을 의미합니다. 즉 우리의 인생 모든 시간, 모든 장소에서 하나님을 찬양해야 합니다.

2 우리는 인생의 길을 하나님과 동행한 후 무엇을 찬양하게 되나요?(시150:2)
➡ 그의 능하신 행동을 찬양하며 그의 지극히 위대하심을 따라 찬양할지어다

3 시편의 기자는 무엇을 가지고 하나님을 찬양한다고 하나요?(시150:3~5)
➡ 나팔 소리로 찬양하며 비파와 수금으로 찬양할지어다
➡ 소고 치며 춤 추어 찬양하며 현악과 통소로 찬양할지어다
➡ 큰 소리 나는 제금으로 찬양하며 높은 소리 나는 제금으로 찬양할지어다

4 하나님을 찬양해야 하는 사람은 누구인가요?(시150:6)
➡ 호흡이 있는 자마다 여호와를 찬양할지어다 할렐루야

> 시편은 오케스트라와 같습니다. 시편 1편에서 오케스트라는 복을 짧게 연주합니다. 그리고 시편은 고난과 연단의 슬픈 노래들을 길게 연주합니다. 그렇게 슬프고 격정적인 인간의 몸부림과 하나님의 위로를 격정적으로 쏟아냅니다. 그러다가 시편의 오케스트라의 마지막 150편은 어깨동무로 끝이 납니다. 모든 눈물과 고난과 슬픔을 이겨내게 하시고, 우리에게 어깨동무를 하시면서 춤추고 노래하라고 하십니다.
> 하나님은 우리와 함께 어깨동무가 되자고 어깨를 맞춰 주셨습니다. 우리와 함께 최고의 행복인 춤을 추자고 어깨를 주셨습니다.
>
> <바디바이블 p247 中>

1 우리가 인생길을 사는 동안 동료는 그 일과를 마칠 때까지, 친한 친구는 수십년이고 함께할 수 있습니다. 가족과 친척은 우리의 인생 전체와 우리의 장례식까지 함께할 수도 있습니다. 그러나 죽음 이후까지 함께할 수 있는 사람은 아무도 없습니다. 내가 잘될 때나, 어려울 때나 변함없이 나와 함께 하시고 죽음 이후까지 나와 동행하며 책임져 주시는 주님을 얼마나 의지하며 살아갑니까? 설마 지금 당장 눈에 보이지 않는다고 죽을 때가 가까우면 그때서야 의지하려는 생각은 없습니까? 혹은 내가 잘나갈 때, 주변에 사람이 많을 때는 예수님께 관심이 없다가 내가 어려울 때만 찾고, 그 어려움이 해결되면 다시 등한시하지는 않습니까?

2 '수고하고 무거운 짐 진 자들아 다 내게로 오라. 내가 너희를 쉬게 하리라. 나의 멍에를 메고 내게 배우라"(마11:28~29)라고 초청하시는 예수님께 나아가 그 짐을 내려놓는 것은 무엇을 의미하는 것일까요?

➡ 이 세상이 유한함을 알고, 내 힘과 노력으로 무엇, 혹은 영원을 이루겠다는 자기 의를 내려놓는 것
➡ 이 세상에서 영원히 살 것처럼 아등바등하지 않고 모든 일 속에서 하나님을 알아가는 것
➡ 자신의 힘으로 살아가는 인생이 아니라 하나님을 의지해서 하나님을 경험하는 삶으로 살아가는 것
➡ 그러기 위해 매순간 기도로 결정하고, 하나님의 뜻을 물으며, 그분의 뜻에 순종해서 살아가는 삶

이사야 9장을 보면, 하나님께서 우리에게 한 아기를 주셨는데 그 어깨에 정사가 메어 있다고 하십니다. 여기에서 말하는 정사란 정부나 제국을 의미합니다. 즉 예수님께서 그 어깨로 나라를 메고 계시다는 것입니다. 우리 모두가 그분의 어깨에 매여 있다는 뜻입니다.

…그런데 언약궤의 실체이신 예수님께서 이번에는 십자가를 어깨에 메셨습니다. 우리의 모든 죄를 예수님의 어깨로 짊어지셨습니다. 마치 예수님은 잃어버린 어린 양을 찾아 어깨에 메고 오는 선한 목자와 같이 연약한 우리들을 친히 그 어깨에 메셨습니다.

…복 중의 복은 어깨동무입니다. 우리의 말과 소망과 염원이 예수님과 같아지는 것입니다. 마음이 하나요, 뜻이 하나요, 길이 하나가 되면 말이 노래가 됩니다. 몸짓이 춤이 됩니다. 우리의 목적은 노래를 부르는 것입니다. 춤을 추게 되는 것입니다. 천국은 오직 희락과 화평이라고 하였습니다. 우리의 모든 슬픔과 눈물이 닦여지는 곳, 더 이상 바랄 것이 없는 완성된 천국에서 우리는 노래하게 될 것입니다. 우리는 오직 춤추게 될 것입니다. 오늘은 피곤하고, 오늘은 눈물을 흘리지만 우리는 그리스도 안에서 그 희락의 아침을 보게 될 것입니다. 바로 그것이 우리의 어깨가 우리에게 들려주는 이야기인 것입니다.

< 바디바이블 p245~247 中 >

1 모든 권세가 하나님께로부터 나왔으며, 하나님이 허락하지 않으시면 작은 참새가 팔리는 것도 이루어지지 않습니다(마10:29, 눅12:6). 하나님은 공중의 새도, 길가의 들풀도 먹이고 입히십니다(마6:26, 30). 하물며 하나님의 자녀인 우리의 삶을 가장 믿을만한 주님께 맡긴다면 우리는 모든 걱정과 근심을 덜 수 있습니다. 나는 영원한 삶에서 누릴 기쁨에 충만한 삶인가요? 현실의 고통에 눌려 스트레스를 받고 있지는 않나요?

2 죄가 없는 인생, 마음과 삶의 무게가 없는 인생은 없습니다. 다 나름대로의 어려움과 고민이 있고, 삶의 짐이 있으며 아무 문제가 없어 보이는 삶에도 허무와 불만족, 외로움이 있습니다. 이 모든 것을 안고 살아야 하기에 삶은 어쩌면 고통입니다. 그러나 그 끝에 무엇이 약속되어 있으며, 그 가는 길에 누가 그 짐을 대신 져 주실 수 있습니까?

∞∞ 무거운 짐을 내려놓는 것은, 우리 인생의 모든 문제와 죄의 문제를 예수님께서 충분히 해결하셨음을 아는 것에서 시작한다.

오늘 깨달은 것과 기도제목을 나눕니다.

● 〈오늘의 말씀〉을 함께 암송합니다.

어떤 할머니가 큰 보따리를 머리에 이고 길을 걷고 계셨습니다. 차를 몰고 지나가던 한 사람이 할머니가 무거운 짐을 지신 것을 보고 어디까지 가시느냐고 물었습니다. 나이 드신 할머니가 무거운 짐을 지고 걸어서 가는 것이 위험하게 보이고, 마침 가는 방향과 같은 길이여서 할머니를 차에 타시도록 했습니다. 할머니는 고마워하셨습니다.

"젊은이 고마워."

한참을 달리다가 거울로 뒤를 보았는데 할머니는 여전히 무거운 짐을 머리에 이고 계셨습니다.

"할머니, 무거운 짐을 왜 머리에 계속 이고 계세요?"

"아이고~ 하나도 안 무거워 괜찮아."

"짐은 옆에다 내려놓으세요."

"아니야~ 나 하나 태워 준 것도 고마운데 내가 어떻게 짐까지 신세를 지겠어? 괜찮아~."

예수님께서 이미 우리의 모든 죄 짐을 대신 지셨습니다. 더 이상 우리가 지불해야 할 죗값은 남아있지 않습니다(미7:19, 히8:12, 10:18, 26). 그럼에도 불구하고 나는 여전히 죄책감이라는 짐을 지고 힘들어 하거나, 좋지 않은 일이 생겼을 때 이 일이 나의 죄로 인해 값을 치른다고 생각하거나, 고행을 통해 참회해야 한다고 생각하지는 않습니까?

그러나 잊지 마십시오. 죄의 값을 지불해 주셨다는 것이 이제부터 죄를 막 지어도 된다는 허가는 아닙니다(요5:15, 8:11). 용서하셨다고 해서 내가 상처 준 사람들의 상처가 없어지는 것은 아닙니다. 죄의 결과인 사망에서 자유로워진 것입니다. 사람은 이 세상에 살아가면서 상처를 주고받으며 살아갑니다. 상처를 주는 것도, 상처를 받는 것도 죄입니다. 자신의 관점으로 바라보기에 상처를 주기도 하고 받기도 하는 것입니다. 자기가 옳다고 생각하기에 상처를 받기도 하는 것입니다. 그러한 일은 용서받은 후에도 계속 있지만 이제 더 이상 그런 일에 얽매이지 않고 서로를 용서하는 것이 자유로워지는 길입니다. 예수님은 우리의 죄를 용서하기 위해 우리의 죗값인 십자가를 대신 지셨습니다. 그 예수님의 멍에를 함께 메고 예수님의 방식으로 살아가는 것이 예수님과 어깨동무하는 인생입니다.

BODY BIBLE

IX

근육
(속사람 훈련)
묵상

5주

1
시선을 올리면 근육이 펴진다
: 믿음의 시선

준비 | 『바디바이블』 '시선을 올리면 근육이 펴진다' (p259~262) 읽어오기

찬양 | 복음성가 '시선'

오늘의 말씀 | 모세가 광야에서 뱀을 든 것 같이 인자도 들려야 하리니 이는 그를 믿는
자마다 영생을 얻게 하려 하심이니라(요3:14~15)

기도 | 주님! 제가 이 땅의 것들만 탐하고 못 가질까 염려하면서 땅만 바라보며 살지 않
게 하소서! 하늘을 바라보며 천지를 지으신 하나님을 찬양하게 하소서! 썩어지
지 않을 영원한 것을 소망하며 하나님 나라의 비전을 보게 하소서!

도움닫기
마음 열기

> '사물은 Reality로 존재하고, 사건은 Actuality로 존재한다.'
> 사물이란 사실 그 자체라는 뜻이고, 사건이란 살아서 역동적으로 움직이게 하는 영
> 향력이라는 뜻입니다. 사물이란 그냥 저기에 있는 겁니다. 그냥 It일 뿐입니다. 그냥
> '너는 너'이고 '나는 나'인 것이 사물입니다. 그런데 사건은 그렇지 않습니다. 그것이
> 내게로 와서 나를 때리기도 하고, 내게 어떤 인생이나 흔적을 남깁니다. '너와 나의
> 관계' 속에 있습니다.
>
> **< 바디바이블 p259 中 >**

● 같은 현상도 보는 사람의 관점에 따라 전혀 다르게 해석됩니다. 같은 사건을
다르게 본 경험이 있나요?

➡ 반 컵의 물은 Reality이지만, 어떤 사람은 '물이 반밖에 없다'고 생각하고 어떤 사람은 '물이 반이나 있
다'고 생각합니다.

➡ 모세가 보낸 가나안 정탐꾼 중 열 명은 그 땅 사람들이 커서 우리 스스로가 메뚜기처럼 보인다고 비관했고, 여호수아와 갈렙 두 사람은 그 땅은 기름지며 그들은 우리의 밥이라고 하면서 하나님이 붙이시면 승리할 수 있다고 낙관했습니다.

➡ 한 운동화 회사에서 아프리카에 새로운 시장 진출을 타진하기 위해 두 직원을 파견보냈다고 합니다. 얼마 뒤 두 직원으로부터 본사에 상반된 보고가 들어왔습니다. 한 사람은 '여기는 안되겠습니다. 아무도 신발을 신고 있지 않습니다'라고 보고하였고, 다른 한 사람은 '여기는 무조건 진출해야 합니다. 아무도 신발을 신고 있지 않기 때문입니다'라고 했다고 합니다.

● 나는 현상을 볼 때 어떻게 의미를 부여해서 보나요? 있는 사실 그대로를 보나요? 의미를 부여해서 볼 때 시선은 나로부터 출발하나요, 하나님의 관점으로 바라보나요?

1 한 걸음
말씀 살펴보기

1 오늘 본문에 예수님께서 니고데모에게 하신 말씀은 민수기 21장을 인용한 말씀입니다. 이스라엘 백성이 출애굽 시절 호르산에서 홍해길을 따라 돌아가다가 참지 못하고 불평을 하게 되었습니다(민21:4). 이스라엘은 무엇을 불평하였습니까?(민21:5)

➡ 백성이 하나님과 모세를 향하여 원망하되 어찌하여 우리를 애굽에서 인도해 내어 이 광야에서 죽게 하는가 이곳에는 먹을 것도 없고 물도 없다 우리 마음이 이 하찮은 음식(매일 먹는 만나)을 싫어하노라 하매

2 하나님께서는 이스라엘의 불평을 듣고 무엇을 보내셨으며 그 결과 백성들은 어떻게 되었습니까?(민21:6)

➡ 여호와께서 불뱀들을 백성 중에 보내어 백성을 물게 하시므로 이스라엘 백성 중에 죽은 자가 많은지라

3 징계를 받자 이스라엘은 회개를 합니다. 이스라엘은 무엇을 뉘우쳤나요? (민21:7)

➡ 백성이 모세에게 이르러 말하되 우리가 여호와와 당신을 향하여 원망함으로 범죄하였사오니 여호와께 기도하여 이 뱀들을 우리에게서 떠나게 하소서 모세가 백성을 위하여 기도하매

4 여호와 하나님께서는 징계를 받아 위기에 있는 자들을 어떤 방식으로 구원하셨나요?(민21:8~9)

➡ 여호와께서 모세에게 이르시되 불뱀을 만들어 장대 위에 매달아라 물린 자마다 그것을 보면 살리라 모세가 놋뱀(구리로 만든 뱀)을 만들어 장대 위에 다니 뱀에게 물린 자가 놋뱀을 쳐다본즉 모두 살더라

BODY BIBLE

∞ 불뱀에 물린 자는 불뱀으로 인해 죽게 되었기 때문에 그 형상이자 상징인 놋뱀 (구리로 만든 뱀)을 쳐다보기도 싫었을 것입니다. 하지만 '하나님 말씀'에 순종해 '놋뱀'을 쳐다볼 때 살아나는 기적이 일어났습니다.

5 궁극적으로 '놋뱀'이 예표하는 것은 무엇입니까?(요3:14)
➡ 모세가 광야에서 뱀을 든 것 같이 인자(예수님)도 들려야 하리니

---

6 놋뱀을 통해 예수 그리스도의 구원과 십자가를 보이신 하나님의 속마음은 무엇이었나요?(요3:15~17)
➡ 이는 그를 믿는 자마다 영생을 얻게 하려 하심이니라
➡ 하나님이 세상을 이처럼 사랑하사 독생자를 주셨으니 이는 그를 믿는 자마다 멸망하지 않고 영생을 얻게 하려 하심이라
➡ 하나님이 그 아들을 세상에 보내신 것은 세상을 심판하려 하심이 아니요 그로 말미암아 세상이 구원을 받게 하려 하심이라

∞ 하나님께서 주신 '율법'은 죄인일 수밖에 없는 모든 인간을 물려 죽게 합니다. 그러나 그 '율법'을 지고 대신 죽으신 십자가, 내 죄 때문에 죽으신, 끔찍하고 죄송해서 차마 내 죄를 인정하고 쳐다보기 어려운 십자가를 바라볼 때 우리는 역설적이게도 거듭나 다시 살아나는 구원을 체험하게 됩니다.

두 걸음
말씀의 의미를 생각하기

사물적인 신앙은 체험이 없는 신앙입니다. 그 분의 일하심, 그분의 살아 역사하심이 내게 하나도 전달되지 못하는 불신앙입니다. 그분과 내가 아무 상관없이 따로 떨어져 있는 인생, 그저 사물뿐인 인생인 것입니다. 오늘 여기에 존재하고 있는 '나'가 바로 하나님이 일으켜 내시는 사건입니다. 내가 숨쉬고, 내가 움직이고, 내가 살아가고 있지만, 이 모든 것들이 하나님이 촉발시켜 내신 은혜요, 놀라운 사건인 것입니다.

<바디바이블 p261 中>

1 하나님의 은혜인 거듭남을 사건으로 체험하지 못하는 이유는 무엇일까요? (『바디바이블』 p261 참고)

➡ 하나님을 바라보지 못하고 시선을 자신에게 두기 때문

---

2 예수님께서 물위를 걸어오시자 베드로는 자신도 물위를 걷게 해 달라고 하였습니다. 그러나 베드로가 다가오는 파도와 자신의 능력 없음을 볼 때 물에 빠지게 되었습니다(마14:28~30). 예수님을 바라보지 못하고, 자신과 문제 상황만을 바라보는 것을 예수님께서는 무엇이라고 말씀하십니까?(마 14:31)

➡ 예수께서 즉시 손을 내밀어 저를 붙잡으시며 가라사대 믿음이 작은 자여 왜 의심하였느냐 하시고

● 그렇다면 나는 어떤 사람입니까? 믿음이 작고 의심하는 자인가요, 믿음으로 담대히 하나님만 바라보며 나아가는 자인가요?

∞ 시선을 문제 상황과 자신에게 둘 때 문제는 전혀 해결되지 않습니다. 그러나 하나님을 향하여 시선이 고정될 때, 하나님의 일하심을 보게 됩니다. 하나님의 능력을 바라며 기다리는 자, 그분의 날 사랑하심과 전능하심과 일하실 것임을 믿는 자'만이 하나님을 바라볼 수 있습니다.

'믿음이 없이는 하나님을 기쁘시게 하지 못하나니 하나님께 나아가는 자는 반드시 그가 계신 것과 또한 그가 자기를 찾는 자들에게 상 주시는 이심을 믿어야 할지니라'(히11:6).

> 오늘날 우리에게 필요한 것이 바로, 위에 계신 하나님을 바라볼 수 있는 영적인
> 근육입니다. 이 땅에 존재하고 있는 풀 한포기, 산과 나무와 강, 그 사물을 알려
> 면 하늘을 바라봐야 하듯이, 아래가 아니라 위를 바라볼 수 있을 때, 나를 알고
> 이 땅을 알 수 있게 되는 것입니다.
>
> **< 바디바이블 p262 中 >**

1 보이는 것 뒤에는 보이지 않는 하나님의 생명력과 섭리가 있습니다. 오늘
내게 보이는 것들 중에서 하나님의 나를 향한 사랑과 섭리를 발견한 것이
있나요? 당연하다고 생각했던 것들이 놀라운 사랑과 은혜였음을 깨닫는 시
간이 되시기 바랍니다.

2 '하나님의 자녀'에게 일어난 일들은 결코 우연이 아니라 하나님의 사랑과
허락하심입니다. 때로는 그것이 우리에게 달가워 보이지 않는 일이라도 말
입니다. 내게 일어난 크고 작은 일들에 대해 하나님의 뜻과 섭리를 구하고 순
종하게 해 달라고 기도하십시오. 지금 내가 겪고 있는 일들을 나누어 봅시다.

⟁⟁ 진정한 순종은 내가 이해하기 어려운 고난을 허락하실 때에도 겸손하게 하나님
의 뜻을 받아들이는 것입니다. 부모가 자녀에게 이유 없고 의미 없는 어려움을 주지
않듯 사랑의 본체이신 하나님도 마찬가지입니다. 하나님의 날 향한 사랑을 '믿는다'
면 모든 상황 속에서 하나님의 뜻을 온전히 받아들 수 있습니다(마26:39, 막14:36,
눅22:42).

오늘 깨달은 것과 기도제목을 나눕니다.

● 〈오늘의 말씀〉을 함께 암송합니다.

2
영적인 근육을 키워야 건강해진다
: 믿음의 훈련 (경건 훈련)

준비 | 『바디바이블』 '영적인 근육을 키워야 건강해진다' (p263~266) 읽어오기

오늘의 말씀 | 망령되고 허탄한 신화를 버리고 경건에 이르도록 네 자신을 연단하라. 육체의 연단은 약간의 유익이 있으나 경건은 범사에 유익하니 금생과 내생에 약속이 있느니라(딤전4:7~8)

기도 | 주여! 저희는 요즘 건강과 장수에 대한 관심으로 운동과 몸에 좋은 음식을 열심히 찾습니다. 100세를 사는 데는 관심이 집중되어 있는 데, 영원과 경건함에는 무관심합니다. 범사에 유익하며 영원한 가치를 지닌 경건에 이르도록 몸과 영의 훈련에 균형을 맞추게 하소서! 말씀을 묵상하며 하루를 시작하고 마감하게 하소서!

도움닫기
마음 열기

> …현대인들은 지금 건강한 몸 만들기에 초집중하고 있습니다. …근육에 대한 최근의 열풍은 단순히 미학적인 아름다움을 추구하는 것에만 멈추는 것이 아닙니다.
> 얼마 전 TV에서 매우 건강한 할아버지의 모습을 방영한 적이 있었습니다. 할아버지는 80세가 훌쩍 넘었음에도 몸의 균형이 20대에 못지 않은 완벽한 체형을 가지고 계셨습니다. …젊은이들에게 조금도 뒤지지 않는 체력을 보여주고 있었습니다. 그 할아버지가 밝힌 비결은 단순했습니다. 바로 근육이었습니다. 잘 먹고 근력 운동, 유산소 운동을 열심히 했더니 허리병도 나았고, 관절염이 다 치료되었다면서 제2의 인생을 산다고 자랑스러워하는 모습이었습니다.
>
> **< 바디바이블 p263~264 中>**

- 근육이 건강해지면 그로 인해 파생되었던 허리통증, 관절염이 함께 치료되는 경우가 있습니다. 반면 한 부분의 건강이 무너지면 균형이 깨지면서 여러 곳이 아프기도 합니다. 내가 살아가면서 중요하게 생각하는 삶의 기둥과 같은 역할은 무엇이 있나요?

   ➡ 관심있는 다양한 분야에 대해서 이야기할 수 있습니다. 예를 들면 인생을 살아가는 데 필요한 시간관리, 재물관리, 인맥관리, 영성관리, 건강관리 등
   ➡ 건강관리 중에서 코어근육을 키우는 일, 체력을 키우는 일, 면역력을 키우는 일 등

> 우리 몸에 45%를 차지하는 기관이 바로 근육입니다. …그러나 30대를 넘어가면서 매년마다 근육의 양이 1%씩 감소하게 됩니다. 근육이 줄어드는 것을 그대로 방치한 채 나이만 먹게 되면, 30년이 지나면 자기 몸을 지탱할 수 없을 정도의 약한 체력이 되고 맙니다. 따라서 근육의 기능을 이해하고 어떻게 근육을 유지해야 하는 것을 아는 것이 우리가 건강하게 장수하는 비결을 이해하는 열쇠입니다.
>
> **< 바디바이블 p264~265 中>**

- 건강하게 오래 살기 위해 내가 준비하고 관리하는 것은 무엇인가요? 오래 살아도 건강하지 못하다면 어떻게 될까요?

◇◇◇ 유한한 인생을 살아가는 데 육신의 건강관리가 중요하듯, 영원한 삶을 준비하는 영의 건강관리도 중요합니다.

BODY BIBLE

1 사도 바울은 아들과 같은 디모데에게 왜 경건의 훈련을 하여야 한다고 했을까요?(딤전4:1~2)

➡ 미혹하는 자들이 거짓말로 믿음을 떠나도록 거짓말할 때 넘어가지 않도록
➡ 그러나 성령이 밝히 말씀하시기를 후일에 어떤 사람들이 믿음에서 떠나 미혹하는 영과 귀신의 가르침을 따르리라 하셨으니
➡ 자기 양심이 화인을 맞아서 외식함으로 거짓말하는 자들이라

2 하나님께서 주신 것을 우리는 어떻게 받아야 하며, 무엇이 모든 것을 거룩하게 하나요?(딤전4:4~5)

➡ 하나님께서 지으신 모든 것이 선하매 감사함으로 받으면 버릴 것이 없나니
➡ 하나님의 말씀과 기도로 거룩하여짐이라

3 이러한 사실은 혼자만 알고 실천할 것이 아니라 많은 사람들(특히 믿음의 형제들과 모든 사람들)에게 가르치고 권면하여 함께 이루어야 할 내용이라고 사도 바울은 말합니다(딤전4:6, 9). 구체적으로 무엇을 버리고 무엇을 하라고 하나요?(딤전4:7)

➡ 망령되고 허탄한 신화를 버리고 경건에 이르도록 네 자신을 연단하라

4 육체를 가꾸고 관리하는 것은 유한한 시간에 (이 땅에 살아갈 동안) 유익이 있으나, 경건의 훈련과 영적인 관리는 얼마나 유익이 있나요?(딤전4:8)

➡ 이 땅에서 살아있는 동안뿐 아니라 죽어서 영원히 유익
➡ 육체의 연단은 약간의 유익이 있으나 경건은 범사에 유익하니 금생과 내생에 약속이 있느니라

5 영원한 유익이 되는 틀림없는 사실을 어떻게 해야 할까요?

● 이를 위하여 우리가 (　수고　)하고 (　힘쓰는 것　)은 우리 소망을 살아계신 하나님께 둠이니 곧 모든 사람 특히 믿는 자들의 구주시라(딤전4:10)
● 너는 이것들을 (　명하고　) (　가르치고　)(딤전4:11)

6 누구에게 전해야 하나요?

● 미쁘다 이 말이여 (　모든 사람들　)이 받을 만하도다(딤전4:9)

7 먼저 복음을 알고 믿게 된 사람은 어떤 부분의 경건의 훈련으로 나이에 상관없이 본이 되나요? (딤전4:12)

● 누구든지 네 연소함을 업신여기지 못하게 하고 오직 (말)과 (행실)과 (사랑)과 (믿음)과 (정절)에 있어서 믿는 자에게 (본)이 되어(딤전4:12)

- -

8 경건의 훈련을 통해 자신을 돌아보고 가르침을 계속하는 것은 무엇을 위함인가요?(딤전4:16)

➡ 네가 네 자신과 가르침을 살펴 이 일을 계속하라 이것을 행함으로 네 자신과 네게 듣는 자를 구원하리라

∞ 바울은 경건훈련에 '전심 전력'하여 모든 사람이 보기에 성숙한 그리스도인이 되라고 합니다(딤전4:15).
우리의 경건훈련은 우리의 신앙의 근육을 단련시켜 우리에게 영원한 유익이 될 뿐 아니라 우리를 보는 모든 자로 하여금 함께 경건에 이르게 하는 좋은 본보기가 되기 때문입니다.

2 두 걸음
말씀의 의미를 생각하기

…신앙의 근육을 키우는 것이 신앙 장수의 비결입니다. 바울은 디모데에게 편지를 쓰면서 경건에 이르기를 연습하라고 하였습니다. 경건에 이르는 근육을 키우라는 뜻입니다.
…근육의 특징 중 하나가 쓰면 쓸수록 강해지고, 쓰지 않으면 약해지고 없어진다는 것입니다. 신앙 근육도 마찬가지입니다. 경건에 이르는 연습을 하면 할수록 강해지고, 게을리하면 약해지게 되어 있습니다. 말씀과 기도와 묵상, 그리고 예배가 사라지면 작은 시련에도 신앙이 무너지는 것입니다.

<바디바이블 p265 中>

1 신앙의 근육을 키우기 위해 내가 노력하고 있거나, 내가 노력해야 할 경건의 훈련은 무엇인가요?

➡ 말씀과 기도와 묵상, 그리고 예배

---

2 이러한 경건의 훈련이 나의 영에 어떠한 도움이 될까요? 열심히 신앙의 근육을 키우다가 쉬게 되면 어떻게 될까요?

➡ 육체의 근육도 키우다가 쉬면 사라지듯이 신앙의 근육도 사라져서 하나님과 멀어진다

---

3 세 걸음
말씀에 나를 비춰보기

…건강의 핵심 중의 핵심은 면역력입니다. 스스로를 치유하는 능력입니다. 그 능력은 우리의 몸보다 더 깊숙한 곳에 바탕을 가지고 있습니다. 바로 마음입니다. 외부에서 병이 들어와도 내부에서 이겨낼 수 있는 바탕이 되어 있으면 싸워 볼 만 합니다. 외부의 적이 얼마나 강하느냐보다 내부의 군사력이 얼마나 강하느냐가 더 중요한 것입니다. 우리 몸의 내부 군사력을 강하게 하는 것이 마음입니다. 신앙입니다. 신앙의 근육은 영성훈련을 통해서 이뤄집니다. 그 경건의 연습이 우리의 영혼을 건강하게 하고, 우리의 심신을 새롭게 하는 무한한 원천인 것입니다.

< 바디바이블 p265~266 中 >

---

1 나는 외부의 상황과 환경에 상관없이 하나님을 바라보고 중심을 지킬 수 있는 신앙의 면역력을 가지고 있는 사람입니까?

---

2 나는 육(건강, 체력)과 혼(지성, 감성)과 영(하나님과의 소통함, 경건의 훈련) 중 어디에 우선순위를 두고 연단에 힘쓰고 있습니까? 순위를 매겨 보고 그 이유를 나누어 봅시다.

오늘 깨달은 것과 기도제목을 나눕니다.

● 〈오늘의 말씀〉을 함께 암송합니다.

4 **그림 묵상**
깨달은 것 되새기기

3
근육도 감정을 느낀다
: 좋은 감정을 일으키는 속마음

준비 | 『바디바이블』 '근육도 감정을 느낀다'(p267~270) 읽어오기

오늘의 말씀 | 사람의 심령은 그의 병을 능히 이기려니와 심령이 상하면 그것을 누가 일으키겠느냐(잠언18:14)

기도 | 주여! 몸과 함께 마음이 건강하게 하소서! 주일만이 아닌 모든 날에 하나님을 경외하게 하소서! 마음과 행동으로 가족과 이웃을 사랑하게 하소서! 범사에 감사하는 마음을 주소서!

도움닫기
마음 열기

'고체 미인보다 기체 미인'이라는 말이 있습니다. 조각상같이 잘생겼지만 무표정한 미인보다 주변에 환한 웃음의 에너지를 번지게 하는 표정의 미인이 더 아름답다는 말입니다. 우리의 얼굴 표정을 만들어 내는 것이 바로 근육입니다. 슬픈 표정, 화난 표정, 우울한 표정, 환하게 웃는 표정 등 우리의 수많은 표정들을 만들어 내는 것이 얼굴에 있는 30개의 근육들입니다. 이 근육들이 서로 상호작용을 하면서 수백 수천 가지의 표정을 만들어 냅니다.

< 바디바이블 p267 中>

● 사람은 비언어적 표현을 통해서 서로의 마음을 전달하기도 하고, 의사소통을 하기도 합니다. 말하지 않아도 느낄 수 있는 비언어적 표현에는 무엇이 있을까요? 또는 내가 자주 사용하는 비언어적 표현은 무엇인가요?
  ➡ 비 언어적 표현 - 태도, 표정, 제스쳐(몸짓), 눈길, 손길.
  ➡ 예) 부모가 아직 말을 잘하지 못하는 어린 자녀를 바라볼 때, 아픈 자녀를 돌볼 때 말하지 않아도 사랑을 느낌

➡ 나를 힘들게 하는 사람을 만나면 말은 존대말이지만 태도가 공손하지 못할 때가 있음

➡ 말할 때 웃는 얼굴로 말하려고 하는 것- 얼굴이 많이 예쁘지 않아도 웃는 표정을 가진 사람에 대해 첫인상이 좋거나 호감도가 상승하는 경향이 있음

● 좋은 내용을 말하고 있지만 표정이 좋지 못하다면 좋게 받아들이기 어렵습니다. 말의 속뜻을 생각하게 됩니다. 이런 경험이 있나요? 나는 어떨 때 속마음과 다르게 이야기하고, 그것이 어떻게 드러나게 됩니까?

1 한 걸음
말씀 살펴보기

※ 성경에는 마음의 상태와 감정에 대한 말씀이 많이 있습니다. 다음 구절들을 찾아보고 의미를 생각해 봅시다.

① 사랑

● (1) 사랑의 근원(요일4:7)

➡ 사랑하는 자들아 우리가 서로 사랑하자 사랑은 하나님께 속한 것이니 사랑하는 자마다 하나님으로부터 나서 하나님을 알고

● (2) 사랑의 속성(고전13장)

➡ 오래참음, 온유, 시기하지 않음, 자랑하지 않음, 교만하지 않음. 무례히 행하지 않음, 자기의 유익을 구하지 않음, 성내지 않음, 악한 것을 생각하지 않음, 불의를 기뻐하지 않음, 진리와 함께 기뻐함, 모든 것을 참음, 모든 것을 믿음, 모든 것을 바람, 모든 것을 견딤, 믿음·소망·사랑 중에 제일임

② 화평(마5:9, 약3:18)

➡ 화평하게 하는 자는 복이 있나니 그들이 하나님의 아들이라 일컬음을 받을 것임이요

➡ 화평하게 하는 자들은 화평으로 심어 의의 열매를 거두느니라

③ 기쁨(요15:10~11)

➡ 내가 아버지의 계명을 지켜 그의 사랑 안에 거하는 것 같이 너희도 내 계명을 지키면 내 사랑 안에 거하리라 내가 이것을 너희에게 이름은 내 기쁨이 너희 안에 있어 너희 기쁨을 충만하게 하려 함이라

④ 희락(전2:26a)

➡ 하나님은 그가 기뻐하시는 자에게는 지혜와 지식과 희락을 주시나 죄인에게는 노고를 주시고

5 평강(잠3:1~2, 롬14:17, 빌4:6~7)

➡ 내 아들아 나의 법을 잊어버리지 말고 네 마음으로 나의 명령을 지키라 그리하면 그것이 네가 장수하여 많은 해를 누리게 하며 평강을 더하게 하리라

➡ 하나님의 나라는 먹는 것과 마시는 것이 아니요 오직 성령 안에 있는 의와 평강과 희락이라

➡ 아무것도 염려하지 말고 다만 모든 일에 기도와 간구로, 너희 구할 것을 감사함으로 하나님께 아뢰라 그리하면 모든 지각에 뛰어난 하나님의 평강이 그리스도 예수 안에서 너희 마음과 생각을 지키시리라

6 슬픔(시32:10)

➡ 악인에게는 많은 슬픔이 있으나 여호와를 신뢰하는 자에게는 인자하심이 두르리로다

7 곤고(삼하22:28, 시34:6)

➡ 주께서 곤고한 백성은 구원하시고 교만한 자를 살피사 낮추시리이다

➡ 이 곤고한 자가 부르짖으매 여호와께서 들으시고 그의 모든 환난에서 구원하셨도다

8 화가 남, 노가 일어남(잠15:18)

➡ 분을 쉽게 내는 자는 다툼을 일으켜도 노하기를 더디 하는 자는 시비를 그치게 하느니라

9 두려움(요일4:18)

➡ 사랑 안에 두려움이 없고 온전한 사랑이 두려움을 내쫓나니 두려움에는 형벌이 있음이라 두려워하는 자는 사랑 안에서 온전히 이루지 못하였느니라

10 시기(잠14:30)

➡ 평온한 마음은 육신의 생명이나 시기는 뼈를 썩게 하느니라

…인간의 몸, 특히 근육 안에도 하나님의 말씀이 기록되어 있습니다. 불룩불룩해 보이는 근육에서부터 아주 작고 미세한 근육들까지 감정을 가지고 있다는 것입니다. 부정적인 생각, 남을 비난하거나 공격하려는 대상들을 만나면 내 이성이 판단하기 이전에 우리 몸의 근육은 잔뜩 수축하면서 방어 태세를 보입니다. 반대로 사랑과 온화한 대상을 만나면 뇌에서 명령을 내리지도 않았는데, 근육은 한없이 부드러워지고 행복해 합니다. 작고 연약한 여자의 근육이지만, 아이를 누르고 있는 차를 혼자 들어올리기도 하는 것이 근육의 신비인 것입니다.

< 바디바이블 p269~270 中>

1 오늘 본문(잠18:14)에 보면 눈에 보이지 않는 마음에 따라 병을 이기기도 하고, 반대로 몸까지 아프게 된다고 합니다. 이러한 경험이 있습니까? 마음의 위력을 알면서 마음을 다스리기보다 겉으로 보이는 것을 치장하는 것에 중점을 두지는 않았습니까?

∞∞ '또 이와 같이 여자들도 단정하게 옷을 입으며 소박함과 정절로써 자기를 단장하고 땋은 머리와 금이나 진주나 값진 옷으로 하지 말고' (딤전2:9)
겉을 꾸미는 것이 잘못되었다는 뜻보다는 겉사람에 치우치면 속마음을 다스리지 못하게 될 수 있으나 속마음을 소박함과 정절로 지키는 자는 그 마음의 정절이 겉으로 드러나 단정하게 된다는 의미입니다.

2 공격적인 대상을 만나면 이성이 판단하기 전에 근육이 수축하며 방어자세를 보이고, 온화한 대상을 만나면 근육이 이완하는 것을 경험해 본 적이 있습니까? 나는 타인에게 주로 어떠한 영향을 주나요? 친한 사람에게는 편안하게 해 주지만 내 마음에 맞지 않거나 불편한 사람에게는 화해할 틈도 주지 않고 공격적인 자세를 취하지는 않나요?

BODY BIBLE

우리의 근육은 거짓보다는 진실에 긍정적인 감정을 느낍니다. 그리고 잠재적인 놀라운 에너지를 만들어 냅니다. 슬픔보다는 기쁨에, 불의함보다는 정의에 좋은 감정과 에너지를 만들어 내는 것입니다.

< 바디바이블 p270 中 >

1 나는 감정에 솔직한 사람입니까?

∞ 감정은 억누른다고 사라지지 않습니다. 오히려 쌓이고 누적되어 폭발하게 됩니다. 기쁘면 기쁘다고 표현할 줄 알고, 슬프고 힘든 일에는 나도 힘듦과 아픔을 경험할 수밖에 없는 연약한 존재임을 인정할 줄 아는 사람이 정직한 사람입니다.
정직이라고 해서 내가 화가 날 때 사람들에게 나의 화난 감정을 있는 그대로 전달하라는 의미가 아닙니다. 자신의 감정을 억누르지 않고 어떠한 사실에 화가 났다는 것을 인정하는 것이 중요합니다. 그리고 그 솔직한 감정을 하나님께로 가지고 가서 나를 돌아보고 하나님의 관점으로 내 관점을 변화시키는 과정에 정직(솔직)함이 필요한 것입니다.

2 나의 감정은 주로 긍정적(기쁨, 감사, 행복, 만족, 타인의 잘됨을 기뻐함, 헌신과 희생을 기꺼이 함)입니까, 부정적(시기, 질투, 교만, 불만, 불평, 비방)입니까? 부정적인 부분이 없을 수는 없지만 이러한 감정을 어떻게 다루면 좋을까요?

오늘 깨달은 것과 기도제목을 나눕니다.

● 〈오늘의 말씀〉을 함께 암송합니다.

4 그림 묵상
깨달은 것 되새기기

4
겉보다 속이 낫다
: 겉사람 vs. 속사람

준비 | 『바디바이블』 '겉보다 속이 낫다' (p271~274) 읽어오기

오늘의 말씀 | 이름을 주신 아버지 앞에 무릎을 꿇고 비노니 그의 영광의 풍성함을 따라 그의 성령으로 말미암아 너희 속사람을 능력으로 강건하게 하시오며 (엡3:15~16)

기도 | 주님! 초콜렛 복근과 에스라인 몸매에만 집중하지 않게 하시고 저희의 속사람, 곧 마음이 아름답게 하소서! 생명을 이롭게 하며 살게 하소서! 가정과 교회를 더욱 사랑하게 하소서!

도움닫기
마음 열기

현대인들은 골격근, 겉근육에 치중합니다. 그런데 속은 많이 병들어 있습니다. 근육 비만자들도 있고, 겉은 우람한 근육인데 뼈 골밀도가 현저히 떨어진다던지, 디스크 환자라던지, 겉만 번지르르하지 속이 알차지 못한 사람들을 많이 본다는 겁니다. 속보다 겉을 중요시하는 시대가 되었습니다. 외모를 만들고, 근육을 키우고, 명품을 걸치고, 명차를 타고 다닙니다. 그 눈에 보이는 것으로 사람을 판단합니다. 사람들은 겉을 화려하게 해서 자기를 드러내고자 합니다. 현대의 겉근육 키우기 열풍은 '자기 애', '자기 의'라고 하는 인간의 에고가 지나치게 부풀려져 있다는 것을 보여주고 있습니다.

< 바디바이블 p273 中 >

- 같은 크기라도 더 비싼 지역의 아파트, 더 비싼 브랜드의 자동차와 옷, 신발 등 같은 역할을 하더라도 비싼 브랜드의 물건을 사려는 이유는 무엇일까요?

- 비싼 물건이나 명품 옷이나 가방을 가지고 나갔을 때와 그렇지 않은 옷이나 가방을 가지고 나갔을 때 나의 마음가짐(자신감이나 뽐내고 싶은 정도, 위축 감)은 어떻게 달라지나요? 나는 같은데 왜 그럴까요?

1 **한 걸음**
말씀 살펴보기

1 믿는 자들이 환난을 당하는 것에 대해 사도 바울은 무엇을 하지 말라고 하며, 그 이유는 무엇인가요?(엡3:13)
   ➡ 낙심하지 말라, 우리(믿는 자)들의 영광이 되기 때문
   ➡ 그러므로 너희에게 구하노니 너희를 위한 나의 여러 환난에 대하여 낙심하지 말라 이는 너희의 영광이니라

---

2 바울은 고난 중에 무엇을 위해 기도하나요?(엡3:16~19)
- 그의 영광의 풍성함을 따라 그의 성령으로 말미암아 너희 (속사람)을 (능력)으로 (강건)하게 하시오며
- (믿음)으로 말미암아 (그리스도)께서 (너희 마음)에 계시게 하시옵고 너희가 (사랑) 가운데서 뿌리가 박히고 터가 굳어져서
- 능히 모든 성도와 함께 (지식에 넘치는 그리스도의 사랑)을 알고
- 그 너비와 길이와 높이와 깊이가 어떠함을 깨달아 하나님의 모든 (충만하신 것)으로 너희에게 충만하게 하시기를 구하노라

∞∞ 복음을 전하다가 감옥에 갇힌 바울은(엡3:1) '무릎을 꿇고(아주 간절하게)' 기도합니다(엡3:14~15). 잘못한 일 없이 감옥에 갇힌 고난 중에 있었지만 자신을 위한 기도보다 에베소교회 성도들을 위한 기도가 우선이었습니다. 자신의 겉사람의 안락함과 억울함을 푸는 일보다 그리스도와 연합한 속사람이 그리스도께서 기뻐하시는 일을 구하는 데에 더 관심과 열정을 보이고 있는 것입니다.

3 바울이 기도하는 하나님은 그 기도에 어떻게 응답하실 분이신가요?(엡 3:20)

➡ 우리 가운데서 역사하시는 능력대로 우리가 구하거나 생각하는 모든 것에 더 넘치도록 능히 하실 이에게

---

4 바울의 이러한 기도의 목적은 결국 무엇을 위한 것이었나요?(엡3:20~21)

➡ 하나님께 영광의 영광을 위해, 하나님이 기뻐하시는 것을 위한 기도
➡ 우리 가운데서 역사하시는 능력대로 우리가 구하거나 생각하는 모든 것에 더 넘치도록 능히 하실 이에게
➡ 교회 안에서와 그리스도 예수 안에서 영광이 대대로 영원무궁하기를 원하노라 아멘

∞∞ 우리의 겉사람은 세상에 살면서 세상의 가치관을 따르기 쉽습니다. 그러나 우리 안에 하나님의 호흡(생기)을 불어넣어 만드신 생령, 속사람은 하나님의 법을 따르고자 합니다(히7:14, 롬7:25).

2 두 걸음
말씀의 의미를 생각하기

사도 바울은 빌립보서에서 우리에게 그리스도 예수의 마음을 품으라고 합니다. 예수님은 근본 하나님의 본체시지만 오히려 자기를 비워 내시고, 종의 형체를 가지시고, 사람의 모양으로 나타나사 자기를 낮추시고 죽기까지 복종하시기를 십자가에 죽으시기까지 하셨다고 합니다.

예수님은 우리를 구원하시는 그 엄청난 일에 겉근육을 사용하지 않으셨습니다. 그분은 우람한 팔뚝을 들어서 적들을 때리지 않으셨습니다. 그분은 굳센 어깨근육으로 십자가를 짊어지지 않고 쓰러지셨습니다. 오히려 그분은 보이지 않는 미세한 근육들을 움직여 가슴 아파하고, 눈물을 흘리고, 우셨습니다. 그리고는 채찍과 못에 겉근육들이 파괴되셨습니다.

< 바디바이블 p273~274 中>

1 예수님은 겉사람으로 살지 않으시고 속사람으로 사셨습니다. 모든 만물의 창조주가 일부러 가장 낮은 곳에 오셔서 당시 가장 소외받고 천대받는 사람들을 찾아가셨습니다. 만약, 예수님이 가장 화려한 궁전에서 왕으로 태어나 겉사람의 화려함으로 오셨다면, (당연히 그렇게 오실 수 있는 분이시고, 세상의 어떤 부와 권력보다 많은 것을 가지신 분이십니다) 많은 사람들에게 어떻게 느껴졌을까요?

2 사도 바울은 겉사람보다 속사람이 중요하다는 것을 알았습니다. 그래서 자신의 겉사람이 가진 가치(당시 출신배경이 되는 로마의 시민권, 학벌, 가문, 지식 등)을 배설물로 여기고 속사람이 추구하는 영적인 가치를 목표(푯대)로 삼아 생명이 다하는 날까지 달려간다고 말했습니다. 이를 위해 사도 바울이 목숨을 바쳐 한 일은 무엇인가요? 내가 추구하는 가치를 비추어 볼 때 나의 삶은 무엇을 향해 달려가고 있습니까?

3 **세 걸음**
말씀에 나를 비춰보기

> 겉근육보다 속근육이 건강해야 알찬 몸이 됩니다. 우리의 인생도 겉을 치장하기보다, 속을 알차게 꽉 채우는 사람이 건강한 사람인 것입니다.
>
> **< 바디바이블 p274 中 >**

1 어떤 사람을 볼 때 외면적인 아름다움보다 내면적인 아름다움을 본 적이 있나요? 외면적인 아름다움과 내면적인 아름다움의 차이는 무엇이며, 나는 어떤 면에 더 치중해서 사람을 보나요?

∞ 사람의 겉모습을 보고 판단한다는 것은 그 사람을 처음 보았거나 친하지 않기 때문에 속을 알지 못한다는 뜻입니다. 사람과 사람이 가까워지면 속마음을 보게 되고, 속마음이 잘 맞으면 더욱 가까워집니다. 그러나 여기에서 멈추면 안 됩니다. 내 안의 그리스도가 보시는 관점으로 그 사람을 보는 것, 서로가 상대방 안의 주인 되신 그리스도를 보고 사랑으로 섬기는 것까지 나아가야 진실된 관계를 맺을 수 있습니다.

2 겉사람은 아무리 꾸며도 언젠가는 늙고, 병들고, 죽게 되면 사라지는 유한한 아름다움입니다. 그러나 속사람은 우리가 죽어도 영원히 사라지지 않을 영원한 아름다움입니다. 나는 겉사람과 속사람을 어떻게 가꾸고 있습니까? 더 중요한 속사람을 가꾸기 위해 필요한 것은 무엇입니까?

오늘 깨달은 것과 기도제목을 나눕니다.

● 〈오늘의 말씀〉을 함께 암송합니다.

5
겉이 깨지면 속이 드러난다

: 겉사람의 깨어짐(자기 깨어짐)

준비 ㅣ 『바디바이블』 '겉이 깨지면 속이 드러난다' (p275~277) 읽어오기

오늘의 말씀 ㅣ 그러므로 우리가 낙심하지 아니하노니 우리의 겉사람은 낡아지나 우리의 속사람은 날로 새로워지도다(고후4:16)

기도 ㅣ 주님! 세상에 얼마나 많은 화장품들이 있는지요? 얼마나 많은 몸에 좋다는 식품들을 광고하고 있는지요? 그러나 우리의 몸이 늙어가는 것을 막지는 못할 것을 알게 하소서! 저의 속사람이 강건케 되어 늙어가는 외로움과 두려움을 이겨내고 감사가 넘치는 삶을 살게 하소서!

도움닫기
마음 열기

> 우리의 몸의 근육을 깊이와 기능으로 나눌 때, 두 개의 근육으로 나눌 수가 있습니다.
>
> **< 바디바이블 p275 中>**

- 우리 몸의 근육을 두 가지로 정리해 봅시다(『바디바이블』 p275~276 참고).

근육	겉근육(속근)	속근육(지근)
색에 의한 분류	백색근	적색근
기능	스피드 와 빠른 에너지 발생 상대적으로 지방을 태우는 양이 적음 우리 몸의 외형을 만들어 줌	장기적 인 에너지 발생 지방 을 태우는 양이 더 많음 우리 몸의 자세 를 잡아 줌
특징	속근육에 비해 비교적 만들기 쉬움 운동을 안하면 쉽게 사라짐	쉽게 생기지 않음 운동을 안한다고 쉽게 사라지지 않음
주요 사용 종목	100m 달리기	플랭크, 장거리 달리기, 체조, 피겨스케이팅

- 속근육을 강화시키는 방법에는 어떤 것들이 있을까요?

한 걸음
말씀 살펴보기

1

1 바울은 흙으로 만들어진 사람을 무엇에 비유하나요? 믿는 자는 그 안에 무엇을 가졌나요?(고후4:7)

➡ 보배(예수그리스도)를 가지고 있는 질그릇
➡ 우리가 이 보배를 질그릇에 가졌으니 이는 심히 큰 능력은 하나님께 있고 우리에게 있지 아니함을 알게 하려 함이라

2 우리 안에 '그리스도'라는 보배가 있기에 어려운 일을 당할 때 속사람은 어떻게 반응하나요?(고후4:8~10)

➡ 우리가 사방으로 우겨쌈을 당하여도 싸이지 아니하며 답답한 일을 당하여도 낙심하지 아니하며
➡ 박해를 받아도 버린 바 되지 아니하며 거꾸러뜨림을 당하여도 망하지 아니하고
➡ 우리가 항상 예수의 죽음을 몸에 짊어짐은 예수의 생명이 또한 우리 몸에 나타나게 하려 함이라

3 '언젠가 깨어질 연약한 질그릇'은 '언젠가 늙고, 죽게 될 우리 육신'을 의미합니다. 겉사람은 시간이 갈수록 낡아지지만 우리가 낙심하지 않는 이유는 무엇인가요? (고후4:16)

➡ 그러므로 우리가 낙심하지 아니하노니 우리의 겉사람은 낡아지나 우리의 속사람은 날로 새로워지도다

⋯⋯⋯

4 시간이 지나면 '죽음'으로 없어질 육체의 고난을 이길 수 있는 이유는 무엇인가요?(고후4:17~18, 롬8:18)

➡ 육체의 고난은 잠시이지만 그로 인해 속사람이 영원한 영광을 얻을 것이기 때문에
➡ 우리가 잠시 받는 환난의 경한 것이 지극히 크고 영원한 영광의 중한 것을 우리에게 이루게 함이니
➡ 우리가 주목하는 것은 보이는 것이 아니요 보이지 않는 것이니 보이는 것은 잠깐이요 보이지 않는 것은 영원함이라
➡ 생각하건대 현재의 고난은 장차 우리에게 나타날 영광과 비교할 수 없도다

2 두 걸음
말씀의 의미를 생각하기

> 겉근육에 대한 집착은 일종의 겉사람을 추구하는 탐욕, 욕망의 표현일 수 있습니다. 오히려 우리의 건강의 핵심은 지근인 속근육에 있는 것입니다. 속근육은 자기를 드러내지 않습니다. 인내할 줄 압니다. 고통을 견딜 줄 압니다. 마치 우리의 속사람과 같습니다.
> 우리의 사람됨은 속 근육을 닮아야 합니다. 우리의 속사람은 물질적인 것에 쉽게 만족하지 않습니다. 쉽게 포기하거나 달아오르거나, 더 자극적인 것을 추구하지 않습니다. 마치 영적인 갈망과 같이 순간적이지 않고 영원한 것을 추구하고 참고 인내하며, 자신이 가야 할 그 길을 가는 것입니다.
>
> **< 바디바이블 p276 中>**

1 그럼 어떻게 해야 우리의 사람됨이 속근육을 닮을 수 있을까요?(『바디바이블』 p276) 로마서 8장을 통해 육신의 속성을 알아봅시다.

➡ 성경은 우리에게 겉사람(육신)이 깨져야 한다고 이야기 합니다
➡ (롬 8:3) 율법이 육신으로 말미암아 연약하여 할 수 없는 그것을 하나님은 하시나니 곧 죄로 말미암아 자기 아들을 죄 있는 육신의 모양으로 보내어 육신에 죄를 정하사
➡ (롬 8:4) 육신을 따르지 않고 그 영을 따라 행하는 우리에게 율법의 요구가 이루어지게 하려 하심이니라
➡ (롬 8:5) 육신을 따르는 자는 육신의 일을, 영을 따르는 자는 영의 일을 생각하나니

➡ (롬 8:6) 육신의 생각은 사망이요 영의 생각은 생명과 평안이니라

➡ (롬 8:7) 육신의 생각은 하나님과 원수가 되나니 이는 하나님의 법에 굴복하지 아니할 뿐 아니라 할 수도 없음이라

➡ (롬 8:8) 육신에 있는 자들은 하나님을 기쁘시게 할 수 없느니라

➡ (롬 8:12) 그러므로 형제들아 우리가 빚진 자로되 육신에게 져서 육신대로 살 것이 아니니라

∞ 우리는 이 땅에서 육신을 입고 살지만 육신을 따라 사는 존재가 아닙니다. 육신은 살기 위해 경쟁해야 하고, 살아남기 위해 싸워야 합니다. '우리가 육신으로 행하나 육신에 따라 싸우지 아니하노니'(고후 10:3).

그러나 영에 속한 속사람은 다른 사람을 살리기 위해 자신의 권리, 지위, 돈, 명예 심지어 생명까지도 포기할 수 있습니다.

2 나는 속근육의 속성인 '자기를 드러내지 않음, 인내, 고통을 견딤' 중 무엇을 가지고 있습니까? 혹은 무엇을 가지고 싶습니까? 속근육을 가진 사람을 볼 때 어떤 마음이 드나요?

3 **세 걸음**
말씀에 나를 비춰보기

중요한 것은 속근육을 풀어주는 것입니다. 속근육을 풀어주기 위해서는 갑옷처럼 두르고 있는 겉근육이 먼저 옷을 벗어야 합니다. 깨어져야 하는 것입니다. 마치 우리 안에 있는 속사람이 드러나기 위해서, 낡은 옷인 겉사람이 깨어져야 하는 것과 같은 것입니다. 겉근육이 깨어질 때 고통이 동반됩니다. 그러나 그 고통을 직면하고 받아들일 수 있을 때, 속근육에 도달하게 되는 것입니다. 마찬가지로, 우리의 겉사람이 자기를 부인하며 깨어질 때, 그것은 죽음과도 같은 두려움이며 불안일 것입니다. 그러나 하나님은 우리의 겉사람을 벗으라고 하십니다. 자기를 부인하고, 십자가를 지라고 하십니다. …그 속사람이 그리스도 안에서 우리 몸에 중심이 되어 줄 때 우리의 전인적인 몸이 건강해지는 것입니다.

< 바디바이블 p277 中 >

1 속사람이 중요한 것은 알겠지만 자기를 부인하고 자기 십자가를 지는 것이 두려워 하나님 앞에 자신을 내어드리지 못하고 있지는 않습니까? 자기를 부인하는 길이 세상의 즐거움을 모두 버리고, 내가 감당하기 힘든 일만 해야 하는 길이라고 생각해서 거부감부터 들지는 않습니까? 진정한 의미에서 자기가 깨어진다는 것은 어떤 것일까요?

➡ 사울은 자신을 하나님 앞에 다루지 않은 왕이었고, 다윗은 하나님 앞에서 자신을 다루며 깨뜨린 사람이었습니다. 사울은 좋은 조건들을 가지고 다듬어지지 않은 원석과도 같았고, 다윗은 수석 장인에 의해 가장 값지게 세공된 보석과도 같습니다. 결국 사울은 자신이 가진 좋은 조건들을 이용해 하나님이 아닌 자신을 위해 사용했고, 그 결말은 비참했습니다. 다윗은 자신이 가진 좋은 것들을 하나님께 드렸고, 하나님은 그를 높여 주셔서 영원한 '시온의 약속'으로, 그리스도가 탄생하는 가문으로, 이스라엘을 대표하는 왕으로 세워주셨습니다.

2 내가 하나님 앞에 다루어져 깨어진 부분이 있다면 그 자유함을 나누어봅시다. 다른 사람의 이야기를 듣고 나 역시 하나님 앞에 깨어지고 다루어지고 싶은 마음이 생겼나요?

∞ 하나님 앞에 깨어진 인생은 내 힘으로 살지도 않으며, 그 결과를 내가 책임지지도 않습니다. 그저 주인 되신 하나님이 명하신 대로 행하고, 그 결과도 하나님께 맡김으로 결과에 집착하지도 않습니다. 결과에 따라 교만해지지도, 좌절하지도 않습니다. 세상에서 살고 있지만 세상에 속하지 않은 자로 진정한 자유를 누리게 됩니다.

오늘 깨달은 것과 기도제목을 나눕니다.

● 〈오늘의 말씀〉을 함께 암송합니다.

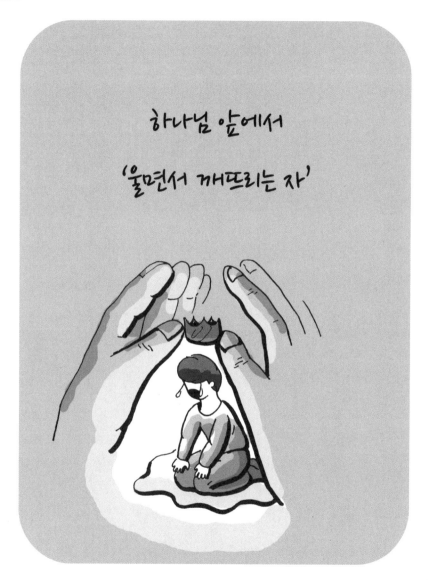

BODY BIBLE

X
혈액 혈관
(교회와 공동체)
묵상

5주

1
죽음은 죽음으로 **심판**한다

: 대속

준비 | 『바디바이블』 '죽음은 죽음으로 심판한다' (p283~285) 읽어오기

오늘의 말씀 | 예수께서 다시 크게 소리 지르시고 영혼이 떠나시니라 이에 성소 휘장이 위로부터 아래까지 찢어져 둘이 되고 땅이 진동하며 바위가 터지고 무덤들이 열리며 자던 성도의 몸이 많이 일어나되(마27:50~52)

기도 | 저를 위하여 죽으신 주님! 그 사실을 제 마음의 중심에서 믿게 하소서! 그 은혜에 대한 감사로 더욱 죄를 멀리하며 살게 하소서! 주님을 닮아가며 저의 작은 십자가들을 지며 살게 하소서!

도움닫기
마음 열기

> 마르틴 루터가 라틴어인 성경을 독일어로 번역할 때 있었던 이야기입니다. 종교개혁의 위대한 일을 수행하던 루터에게 어느날 마귀가 찾아옵니다. 마귀는 양쪽 손에 무엇인가 빽빽하게 쓰여진 종이를 쥐고 있었습니다.
> "그것이 무엇인가?"
> 그러자 마귀가 대답을 합니다. "이건 네가 지은 죄의 기록들이다."
> 루터가 받아서 읽어 보니 사실이었습니다. 자기가 지었던 모든 죄와 기억하고 있지 못하던 죄들까지 기록한 종이였습니다. 루터는 인정할 수밖에 없었습니다.
>
> < 바디바이블 p283 中 >

- 우리는 알게 모르게 또는 의도하지 않았지만 죄를 짓고 삽니다. 루터를 찾아왔던 마귀가 나에게 찾아온다면 나는 자신 있습니까? 그 종이의 양이 얼마나 될까요? 너무 많아서 무겁게 느껴지지는 않을까요? 우리에게는 모두 우리의 인생을 심판받는 날이 옵니다. 그렇다면 그 전에 어떻게 죄의 문제를 해결해야 할까요?

루터는 아무 말도 없이 그 기록들을 들고 책상에 앉았습니다. 그리고는 펜에 잉크를 찍어서 묵묵히 그 기록들 한 장 한 장에 똑같은 말씀을 써 내려갔습니다. 써 내려간 바로 그 말이 요한일서 1장 7절 말씀입니다.
'그 아들 예수의 피가 우리를 모든 죄에서 깨끗하게 하실 것이요'
그 글을 본 마귀는 더 이상 아무 말도 할 수가 없었습니다. 분노와 절망의 입김을 내뿜으며 물러가고 말았다는 이야기입니다.

< 바디바이블 p284 中>

- 마귀가 루터의 죄를 정죄할 수 없었던 이유는 무엇인가요? 예수의 피가 우리 모든 죄를 깨끗하게 하실 수 있는 이유는 무엇인가요?

---

1 한 걸음
말씀 살펴보기

1 죄의 값은 '사망'으로 '생명 되신 하나님과의 분리'를 의미합니다. 우리 대신 죄인의 자리에 서신 예수님은 하나님께 버림받으시는 고통을 대신 당하셨습니다. 예수님께서 하신 말씀을 찾아봅시다(마27:46).
→ 제구시쯤에 예수께서 크게 소리 질러 이르시되 엘리 엘리 라마 사박다니 하시니 이는 곧 나의 하나님, 나의 하나님, 어찌하여 나를 버리셨나이까 하는 뜻이라

2 우리 대신 하나님께 버림받은 예수님은 결국 어떻게 하셨습니까?(마27:50)
→ 예수께서 다시 크게 소리 지르시고 영혼이 떠나시니라

∞ 왜 예수님께서는 죽으실 수밖에 없으셨을까요? 모든 것이 가능하신 하나님이신데 죽지 않고는 우리의 죄를 구원할 수 없으셨을까요?

그것은 대속을 하려면, 죄가 없는 존재가 대신 죽어야 하기 때문입니다. 로마서에 기록되어 있듯이 모든 사람이 죄를 지어 인간이 인간을 대속하여 죽을 수가 없었습니다. 그래서 하나님의 아들, 예수 그리스도께서 모든 인류를 위하여 십자가에 달리셔서 대속의 죽음을 감당하신 것입니다. 또한 이것의 영적인 의미는, 우리 자아가 깨어지지 않으면(우리 자신이 주인 되려는 본성인 자아가 죽어지지 않으면) 하나님과 하나 될 수 없다는 것입니다. 우리의 마음대로 살려고 하는 본성은 죄의 길에 익숙합니다. 그 머리를 죽여야, 예수님을 머리로 모시고 예수님께 붙어야만, 하나님께 나아가는 길로 갈 수 있습니다. 우리 대신 죽으심으로 우리의 자아를 죽여주신 것입니다.

3 예수님이 돌아가실 때 어떤 일들이 일어났나요?(마27:51~53)

➡ 이에 성소 휘장이 위로부터 아래까지 찢어져 둘이 되고 땅이 진동하며 바위가 터지고
➡ 무덤들이 열리며 자던 성도의 몸이 많이 일어나되
➡ 예수의 부활 후에 그들이 무덤에서 나와서 거룩한 성에 들어가 많은 사람에게 보이니라

∞ 죽었던 자들이 살아나는 일들은 예수님께서 죽으심으로 '죽음(사망)'이 정복되었음을 의미합니다. 이제 우리에게도 죽음은 정복되고 죽음 이후 예수님과 함께 다시 살아 영원한 생명을 경험하게 됩니다. 또한 죄로 인해 죽을 수밖에 없는 존재였던 우리는 하나님께 바로 나아가지 못하고 휘장으로 가로막혀 있었습니다. 휘장이 찢어진 것은 죄의 문제를 해결해 주셨으니 예수님으로 인해 우리도 이제 담대히 하나님 앞에 나아갈 수 있는 존재가 되었다는 뜻입니다.

4 이러한 일들을 보고 백부장과 예수님을 지켜보던 자들은 비로소 무엇을 고백하나요?(마27:54)

➡ 백부장과 및 함께 예수를 지키던 자들이 지진과 그 일어난 일들을 보고 심히 두려워하여 이르되 이는 진실로 하나님의 아들이었도다 하더라

…기독교를 피의 종교라고 합니다. 신구약 전체를 관통하는 하나의 주제를 이야기 하라면 피라고 말을 해도 과언이 아닙니다. 왜 그토록 피가 중요할까요? 왜 기독교 를 피의 종교라 말하는 것일까요?

'왜 예수님의 피가 우리의 모든 죄를 깨끗케 하는 능력이 될까?'

…예수님이 죽으신 골고다는 해골이라는 뜻입니다. 해골은 곧 인간이 절대로 극복 해 낼 수 없는 '죽음'의 상징입니다. 성경은 '죽음'을 '죄의 삯'이라고 말씀합니다. 예 수님의 공생애의 마지막이 해골인 골고다에서 이루어진 것은 모든 인간이 죄로 말 미암아 맞이하게 될 '죽음'이라고 하는 절대 권세를 무찌르는 것을 의미합니다. 죽 음이라고 하는 해골의 정수리에 십자가를 꽂아버린 사건이 바로 십자가의 피 흘리 심이라는 것입니다.

그 해골이 바로 우리 모두를 장악하고 있는 절대 권세였는데, 예수님께서 그 절대 적인 권세의 정수리를 찌르심으로… '죽음'이라고 하는 권세가 죽어버림으로서, 내 게 죽음을 선언한 우리의 죄 역시 도말되어 버린 것입니다.

< 바디바이블 p284~285 中>

1 왜 기독교를 피의 종교라고 하는지 자신의 말로 정리해 봅시다.

....

2 나에게 '사망'을 선고한 죄를 이기고 멸하신 예수님의 공로가 믿겨지나요? 믿겨진다면 나에게 어떤 의미로 와 닿나요? 믿겨지지 않는다면 믿음을 달 라고 기도하십시오. 믿음을 받지 않고서는 체험할 수 없습니다.

∞ 예수님은 하나님의 아들, 하나님과 동등한 분이십니다. 이제 우리가 예수님과 하나가 되면 예수님의 죽음이 곧 나의 죽음이요, 예수님의 부활이 곧 나의 부활이 됩니다. 예수님과 함께 죽고, 예수님과 함께 살고, 예수님과 하나가 되어 살아갑니다. 예수님이 하나님 앞에 담대히 나아갈 수 있는 것처럼 이제 우리도 예수님 안에서 하나님 앞에 담대히 나아갈 수 있습니다. 예수님 안에 존재하는 우리는 하나님께 받아들여진 자가 되었습니다. 영원한 생명이신 하나님께 받아들여졌으니 더 이상 죽음이 우리를 막거나 이길 수 없습니다. 우리는 죽음을 이기고 부활할 것입니다.

3 | 세 걸음
말씀에 나를 비춰보기

골고다가 바로 내 존재의 원형입니다. '나는 죽음입니다. 나는 해골입니다.' 그런데 2000년 전 예수님께서 내 원형인 해골에 피를 흘려주셨습니다. 그 피로 해골을 적셔 주셨습니다. 그 피로 나를 적셔 주셨습니다. 그 피로 죽음을 박살내 버리신 것입니다. 그리고 골고다에 흐르는 그 피가 내게도 흐르고 있는 것입니다. 피로 죽음을 이겨내신 승리의 액체가 우리 모두에게 흐르고 있는 것입니다.

< 바디바이블 p285 中 >

1 복음을 받아들이는 것은 내가 '죽을 수밖에 없는 존재', '죄인'이라는 인지와 인정에서 시작합니다. 나는 나의 존재가 '죽음'이고, '해골'이라는 사실을 받아들이고 있습니까? 그렇지 않다면 그 이유는 무엇입니까?

∞ 자신이 '죽음'의 권세 아래 있다는 것을 인지하지 못한 사람은 그 사람을 죽음에서 건져주어도 그것이 구원인지 알지 못합니다. 물에 빠져 자신이 죽어가고 있다는 것을 인지하는 사람만이 구조의 줄을 던지면 그것을 받아들이고 꼭 붙잡게 됩니다. 우리는 왜 죽을 수밖에 없는, 죽음의 권세 아래 있는 존재입니까? 성경은 생명 되신 하나님과 원수 되었기 때문이라고 합니다. 원수가 되었다는 것은 머리 되신 예수님과 분리되어 자신이 머리이고 주인으로 살아가는 것입니다. 머리에서 떨어져 나간 몸의 일부는 그대로 얼마간은 살 수 있지만 영원히 살 수는 없습니다. 생명을 공급받지 못하기 때문입니다.

2 예수님의 피가 우리에게 흐른다는 말의 의미는 예수님의 피의 능력이 우리에게도 흐르고 있다는 것입니다. 예수님과 같은 피가 같은 피가 흐르고 있다는 말은 우리가 예수님께 붙어 한 몸을 이루고 있다는 뜻입니다. 나는 머리되신 예수님의 뜻대로 한 몸이 되어 살아갑니까? 같이 예수님께 붙어있는 지체들을 예수님의 마음으로 아끼고 사랑합니까?

∞ 구속받은 자는 자신이 죽을 죄에서 용서받았다는 은혜를 경험했기에 그보다 작은 다른 사람의 허물을 용서할 수 있습니다. 구속받은 자는 이제 내 뜻대로 살지 않고 나를 위해 자기 몸을 버리신 예수님의 뜻대로 살기에 예수님과 한 몸이 됩니다. 예수님처럼 생각하고, 예수님처럼 말하고, 예수님처럼 행동하게 됩니다. 억지로 그렇게 하는 것이 아니라 나의 머리 되신 예수님이 나를 통해 그렇게 하시도록 순종하는 것입니다. 머리의 말을 듣지 않는 몸은 아픈 몸입니다. 건강한 몸은 머리가 명령을 내리는 대로 행합니다. 그 은혜를 아는 자만이 그렇게 살 수 있습니다.

오늘 깨달은 것과 기도제목을 나눕니다.

● 〈오늘의 말씀〉을 함께 암송합니다.

4 **그림 묵상**
깨달은 것 되새기기

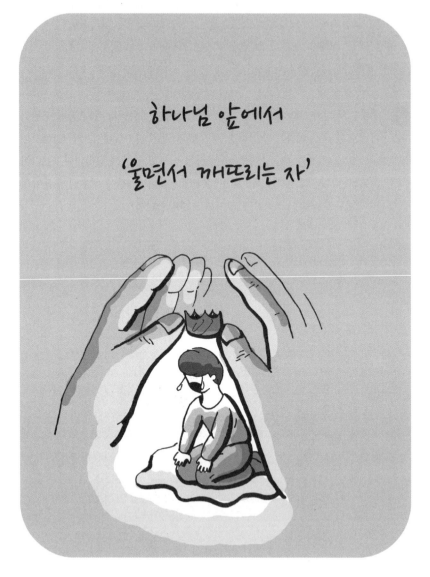

2

영원한 생명은 예수의 피 속에 있다

: 피=생명, 속죄

준비 │ 『바디바이블』 '영원한 생명은 예수의 피 속에 있다' (p286~288) 읽어오기

오늘의 말씀 │ 육체의 생명은 피에 있음이라 내가 이 피를 너희에게 주어 제단에 뿌려 너희의 생명을 위하여 속죄하게 하였나니 생명이 피에 있으므로 피가 죄를 속하느니라(레17:11)

기도 │ 생명의 근원이신 주님! 주님의 보혈로 제가 구원을 얻어 오늘도 기쁨으로 살아갑니다. 주의 은혜로 생명을 얻은 것을 감사하면서, 저도 생명의 복음을 전하게 하소서!

도움닫기
마음 열기

> 우리가 '피'라고 부르는 혈액은 우리 몸에서 어떤 일들을 감당할까요? 혈액은 혈관 안에서 일을 합니다. 그 안에 산소와 영양소를 액체 상태로 유지하고 있습니다. 폐에서 깨끗한 산소가 들어오면 혈액은 혈관을 타고 산소를 구석구석까지 운반해 줍니다. 또 각 기관과 세포들에서 만들어 낸 이산화탄소와 노폐물들을 처분해야 하는데 이 폐기물들을 혈액이 수거해 갑니다.
>
> **< 바디바이블 p286 中>**

● 위에 제시된 내용 외에도 혈액은 생명활동에 어떤 중요한 역할들을 하나요? (『바디바이블』 p286~287 참고)

➡ 호르몬 분비, 당을 떨어뜨리는 일, 체온조절, 상처를 통해 감염된 독소를 제거(항체반응), 혈소판의 지혈 작용 등

- 피가 부족하거나 피가 제 역할을 하지 못하는 경우, 우리 몸은 어떻게 될까요?

  ➡ 세포 구석구석 산소나 영양분이 공급되지 못함, 노폐물이 쌓임. 산소부족으로 인해 빈혈(어지럽거나 정신을 잃고 쓰러지거나 등)을 유발할 수도 있음. 피가 오랫동안 통하지 않으면 세포손상, 뇌혈관일 경우 혈관성 치매, 혈관이 막혀서 피가 순환하지 못하고 제 역할을 못할 경우 사망할 수도 있다.

한 걸음
말씀 살펴보기

1 하나님은 무엇을 먹지 말라고 하셨습니까?(레17:12)

  ➡ 피를 먹지 말라

2 이스라엘 백성이나 이스라엘과 함께 사는 사람들까지도 피를 먹으면 어떻게 하신다고 하시나요?(레17:10, 14)

  ➡ 하나님의 백성에서 끊어짐

  * 여기에서 '백성 중에 끊는다'는 말의 뜻은 이스라엘 공동체에서의 '추방'을 의미합니다.

3 짐승이나 새를 사냥할 경우, 그 피를 어떻게 해야 하나요?(레17:13)

  ➡ 짐승이나 새의 피를 흘리고 흙으로 덮어야

4 하나님께서 이처럼 피를 귀중하게 생각하시는 이유는 무엇인가요?(레17:11a, 14)

  ➡ 육체의 생명은 피에 있기 때문에, 모든 생물은 그 피가 생명과 하나이기 때문에

5 다른 동물의 피는 어떤 용도로만 사용할 수 있다고 허락하시나요?(레17:11b)

  ➡ (사람이 죄를 지었을 때) 피의 제사를 드려 죄를 속죄할 때, 생명이 피에 있으므로 사람이 지은 죄(죄의 삯은 사망)를 대신 이루는 것이다.

> 성경은 육체의 생명이 피에 있다고 말씀합니다. 우리 몸의 5리터 정도밖에 되지 않
> 는 액체 속에 우리의 생명이 있다는 뜻입니다. 그래서 우리의 죄를 속죄하는 것은
> 오직 피라고 하십니다.
> 다른 의미는 제쳐 두고서 의사의 시각으로 볼 때, 이보다 더 정확한 표현은 없다고
> 봅니다. 말 그대로입니다. 우리의 몸 구석구석 세포 하나에 이르기까지 그 자체로
> 는 생명이 없습니다. 살아있다는 것은 호흡한다는 것이고, 에너지를 태워 활동한다
> 는 것인데, 우리 안에 있는 전 존재는 그 자체로 숨을 쉬고, 그 자체로 에너지를 태
> 울 수 있는 독립된 존재가 아니라는 것입니다.
>
> **< 바디바이블 p287 中 >**

1 하나님은 왜 '피를 먹지 말라'고 하셨을까요? '토지를 영구히 팔지 말라'(레
25:23)는 말씀과 연결해 피가 누구의 소유인지 생각해봅시다.

➡ 피는 곧 생명이기에 피를 먹는 것은 생명을 먹는 것이 된다. 모든 생명은 하나님께 속하였기 때문. 마찬가지로 땅은
모두 하나님의 것이고, 인간은 나그네로 이 땅에서 하나님이 허락하신 기간 동안 유한한 삶을 살다가 갑니다. 생명
도 마찬가지입니다. 생명이 나의 것 같지만 우리는 생명의 길이를 우리 마음대로 할 수 없습니다. 생명은 하나님의
것이며 우리는 이 땅에서 허락하신 기간 동안 생명을 누리는 나그네일 뿐입니다.

∞ 레위기 25장은 안식년과 희년에 대한 말씀입니다. 인간은 이 땅에서의 삶이 영
원할 것처럼, 이 땅에서의 소유가 영원한 것인 것처럼, 나의 생명이 나의 것인 것처
럼 살아갑니다. 하지만 성경은 그렇게 말하지 않습니다. 모든 생명, 땅, 소유는 하나
님의 것이며 우리는 그것을 일정 기간 맡아서 관리하는 청지기일 뿐입니다. 하나님
께서 정해 주신 기간이 지나면 우리는 그것을 하나님께 다시 반납해야 하는 순간이
오게 되므로, 우리는 영원히 나의 생명과 땅을 소유할 수 없습니다. 마침내 하나님은
마지막 날(안식이 완성되는 날) 모든 생명과 모든 피조물에게 진정한 '자유'를 주시
게 됩니다. 그것을 보여주는 예표가 안식일이며 희년입니다.
'피를 먹지 말라'는 말은 생명은 하나님의 것이므로 우리 마음대로 어떻게 하지 말라
는 것입니다. 다른 사람, 동물의 생명도 하나님의 것이고, 나의 생명마저도 하나님의
것이기에 우리가 마음대로 생명을 어떻게 할 수 없습니다. 우리의 생명도 땅(소유)
도 결국 하나님의 것이고 나는 잠시 맡은 청지기임을 잊지 마시기 바랍니다.

BODY BIBLE

2 나의 생명을 내 마음대로 할 수 있나요? 심장이 뛰고, 세포가 세포호흡을 하며 에너지를 만들어 내는 것, 신장이 쉬지 않고 노폐물을 걸러 피를 정화하는 것 등이 나의 의지와 관계있나요? 나의 생명은 나의 것이 아니기에 내 생명을 가지고 나를 스스로 대속할 수 없습니다. 그렇다면 하나님의 아들이자 하나님의 본체이신 예수님께서 십자가에서 나를 위해 피를 흘리셨다는 말은 어떤 의미인가요?

➡ 모든 생명의 주인 되신 하나님께서 나에게 친히 자신의 생명을 주셔서 대속하셨다는 뜻. 이 땅에서 잠시 청지기로 살아가는 인간에게 영원한 생명을 주시기 위해 자신의 생명을 친히 주셨다는 뜻

3 세 걸음
말씀에 나를 비춰보기

> 오직 피를 통해서 산소와 에너지를 공급받아야만 하는 의존적인 존재라는 것입니다. 피를 끊는다는 것은 생명이 중단된다는 것입니다. 우리가 가지고 있는 피는 한계가 있습니다. 우리의 피는 마르고 닳아 없어집니다. 우리의 피로는 영원히 살 수 없습니다.
> …예수님의 피는 성령입니다. 하나님이 우리에게 주신 언약의 말씀입니다. 그 언약의 말씀 안에는 하나님의 아들 독생자를 구주로 영접하는 자에게 영원한 생명을 주시겠다는 약속이 들어 있습니다. 예수 그리스도를 나의 구주로 받아들이는 인생이 예수님의 피를 마시는 것입니다.
>
> **< 바디바이블 p287~288 中 >**

1 예수님의 피가 어떻게 우리에게 생명을 주시는 것일까요? 그 말의 진정한 의미는 무엇일까요?

➡ 피는 생명이고, 피로 인하여 살 수 있습니다. 예수님을 구주로 영접하는 자는 예수님으로 인하여 살게 됩니다.

2 나는 예수님의 피로, 예수님의 생명으로 살아가는 자입니까, 나의 피(호흡)와 생명으로 살아가는 자입니까?

∞ 나의 피는 호흡을 통해 생명을 얻습니다. 호흡을 하면 산소를 들이마시게 되고 피를 통해 온 몸에 전달합니다. 온 몸에서 세포호흡을 하고 발생한 이산화탄소를 호흡을 통해 배출합니다. 그러나 잊지 마십시오. 나의 피와 호흡, 생명으로 살아가는 것은 한계가 있습니다. 이 땅에서 유한한 삶의 정도일 뿐입니다.

오늘 깨달은 것과 기도제목을 나눕니다.

● 〈오늘의 말씀〉을 함께 암송합니다.

4 영화 묵상
깨달은 것 되새기기

영화 '인 타임(In Time)'에 보면 이런 대사가 있습니다.

"인간은 아무도 영생해서는 안 됩니다."

시간이 돈이 된 미래사회에서 인간은 '영생'이라는 욕망을 누리기 위해 누군가의 시간을 빼앗아야 합니다. 그러한 의식 바탕에서는 진화론의 '약육강식'과 '적자생존'이 깔려있습니다.

무한 경쟁이 반복되는 현대사회에서 진화론의 가치관으로 바라보면 강한 자, 적합한 자는 살아남게 되고 약한 자, 경쟁에서 뒤처지거나 실패한 자는 도태되는 것이 시스템이 유지되는 법칙입니다.

과연 생명도 그럴까요? 여러분은 어떻게 생각하시나요? 생명이 과연 강한 자에게 달려있는 것일까요? 그렇다면 건강한 사람이 사고로 죽는 일, 부자나 지식이 많은 사람들이 죽는 일은 어떻게 해석해야 할까요?

태어난 사람은 모두 죽게 되는 것. 이것은 그 누구도 피할 수 없이 정해져있습니다(히9:27). 생명은 아무도 자기 마음대로 할 수 없습니다.

3
생명이란 **연결**이다

: 공동체 (소속vs.소외)

준비 | 『바디바이블』 "생명이란 '연결'이다" (p289~292) 읽어오기

오늘의 말씀 | 내 안에 거하라 나도 너희 안에 거하리라 가지가 포도나무에 붙어있지
아니하면 스스로 열매를 맺을 수 없음 같이 너희도 내 안에 있지 아니하
면 그러하리라(요15:4)

기도 | 주님! 이 외롭고 힘든 세상에, 저 혼자 살지 않고 가족과 교회, 직장, 사회를 주신
것 감사를 드립니다. 제가 속한 이 모든 공동체를 사랑해 주시고 건강하게 인도
해 주세요! 저 또한 공동체에 필요한 사람이 되게 하시고 약자들을 배려하게 하
소서!

도움닫기
마음 열기

> 오늘날 현대인들의 최대 관심사는 '소외감'입니다. 부익부 빈익빈에 따른 경제에서의
> 소외를 인생의 가장 큰 문제로 정의 내리고 있습니다. 문제는 인간의 근본적인 문제
> 를 물질적인 것으로 이해하고 있다는 것입니다. 물론 사람은 먹지 못하면 살 수 없습
> 니다. 먹고사는 문제도 중요합니다. 그러나 과연 먹고사는 문제가 '소외'의 문제를 극
> 복해 낼 수 있을까요?
>
> **< 바디바이블 p291 中>**

● 어떤 모임에서 혹은 누군가에게 소외감이 든 적이 있습니까? 나는 어떨 때 소
외감을 느끼나요?

● 돈이 있다고 해서, 명예나 지식을 가졌다고 해서, 높은 자리에 오른 회사 사장이라고 해서 소외감을 느끼지 않을까요? 무엇을 가져야 우리는 '소외'의 문제를 극복할 수 있을까요?

1 한 걸음
말씀 살펴보기

1 예수님은 자신을 '포도나무', 우리를 '가지'로 비유하시면서(요15:1~2) 우리에게 무엇을 하라고 하시나요? 그 이유는 무엇인가요?(요15:4)

➡ 예수님 안에 거하므로 예수님께 붙어있으라. 가지 스스로 열매를 맺을 수 없지만 붙어있으면 열매를 맺을 수 있기 때문

➡ 내 안에 거하라 나도 너희 안에 거하리라 가지가 포도나무에 붙어있지 아니하면 스스로 열매를 맺을 수 없음 같이 너희도 내 안에 있지 아니하면 그러하리라

2 말씀에 순종해 예수님께 붙어있는 자와 예수님을 떠난 자는 어떻게 다른가요?(요15:5)

➡ 나는 포도나무요 너희는 가지라 그가 내 안에, 내가 그 안에 거하면 사람이 열매를 많이 맺나니 나를 떠나서는 너희가 아무것도 할 수 없음이라

3 예수님을 떠난 자의 최후는 어떻게 되나요?(요15:6)

➡ 사람이 내 안에 거하지 아니하면 가지처럼 밖에 버려져 마르나니 사람들이 그것을 모아다가 불에 던져 사르느니라

4 예수님께 붙어 예수님과 하나 된 자는 무엇을 누리게 되나요?(요15:7~8)

➡ 너희가 내 안에 거하고 내 말이 너희 안에 거하면 무엇이든지 원하는 대로 구하라 그리하면 이루리라

➡ 너희가 열매를 많이 맺으면 내 아버지께서 영광을 받으실 것이요 너희는 내 제자가 되리라

◇◇ 예수님이 하나님께 붙어 하나가 되셨듯, 우리도 예수님께 붙어 하나가 된다는 말씀은 예수님의 사랑 안에 거하라는 말씀입니다.

5 예수님께 붙어 있으라는 말은 무슨 뜻일까요?(요15:9)

➡ 아버지께서 나를 사랑하신 것 같이 나도 너희를 사랑하였으니 나의 사랑 안에 거하라

6 어떻게 예수님 사랑 안에 거할 수 있을까요?(요15:10)

➡ 내가 아버지의 계명을 지켜 그의 사랑 안에 거하는 것 같이 너희도 내 계명을 지키면 내 사랑 안에 거하리라

7 우리를 예수님 사랑 안에 거하게 하는 예수님의 계명은 무엇인가요?(요 15:12)

➡ 내 계명은 곧 내가 너희를 사랑한 것 같이 너희도 서로 사랑하라 하는 이것이니라

8 예수님께서 우리에게 이러한 말씀을 하시는 이유는 무엇인가요?(요15:11)

➡ 내가 이것을 너희에게 이름은 내 기쁨이 너희 안에 있어 너희 기쁨을 충만하게 하려 함이라

∞ 예수님께 꼭 붙어 하나가 되는 것, 예수님의 사랑 안에 거하는 것, 우리가 서로 사랑하는 것, 예수님의 기쁨이 우리 안에 충만하게 넘치는 것. 이 모든 것은 같은 말입니다.

2 두 걸음
말씀의 의미를 생각하기

왜 인간은 '단절'이라고 하는 것을 두려워하며, '연결'을 원하는 것일까요? 그 이유는 '단절'은 곧 죽음을 의미하며, '연결'은 곧 생명을 의미하기 때문입니다.

혈관은 우리에게 연결의 의미를 잘 알려주고 있습니다. 우리의 몸 역시 '연결'되어 있습니다. 심장과 폐, 간과 같은 내부 장기들로부터 몸통과 팔다리, 그리고 머리, 그 안에 살아 움직이는 100조 개의 세포들 모두 '연결'되어 관계를 맺고 생명을 유지하는 상호관계를 유지하고 있습니다.

< 바디바이블 p290 中>

1 포도나무의 열매와 잎사귀, 우리의 몸…, 모든 생명은 하나로 '연결'되어 있을 때 살아있을 수 있습니다. '연결'은 생명을 가진 모든 존재의 열망입니다. 생명의 근원 되신 예수님이 나를 사랑하셔서 나와 붙어있기 원하신다는 말이 내게 어떤 의미로 다가오나요?

2 예수님과 붙어 있어 누리게 되는 기쁨은 세상이 주는 기쁨과 어떻게 다른가요?

∞ 예수님의 사랑 안에 거함으로 예수님과 하나 되어 누리는 기쁨은 예수님께서 느끼시는 기쁨입니다. 내가 주인으로 살며 느끼는 영원하지 못할 세상의 기쁨이 아니라 예수님의 영원한 생명의 관점에서 보는 기쁨인 것입니다. 그 기쁨은 세상 그 누구도 빼앗을 수 없습니다.

3 **세 걸음**
말씀에 나를 비춰보기

하나님과 연결되어 있지 않은 근원적인 소외의 상태에서 첨단의 사회를 이뤄내고 부를 누린다고 해서 그 단절이 극복될 수 있냐는 것입니다. '연결'이란 눈에 보이지 않는 신비입니다. 하나님은 보이지 않지만 우리와 연결된 관계를 원하십니다. 하나님과의 단절은 먹고 마시고 숨을 쉬지만 진정한 생명을 누리지 못하는 영적인 죽음의 상태인 것입니다.

< 바디바이블 p291~292 中 >

1 나는 어떤 공동체에 소속되고, 누구와 연결되기를 원하고 있습니까? 내가 원하는 그 모임에 소속되면 나에게는 어떤 일이 일어나게 되며, 그 기쁨은 영원히 지속될까요?

2 영원한 기쁨을 소유하는 것은 어디에 소속되어 하나가 되는 것일까요? 그것을 알고는 있지만 진정으로, 간절하게 원하고 있습니까?

➡ 하나님과 하나 될 때 영원한 생명과 기쁨을 누리게 됩니다. 하나님이 주시는 평안과 기쁨은 세상이 줄 수 없는 기쁨이며, 세상이 주는 기쁨과는 다른 기쁨입니다. 세상에 속한 사람들은 세상의 만족과 세상의 기쁨을 추구하지만 그것은 영원할 수 없습니다. 하나님이 주시는 기쁨은 하나님과 하나 된 상태에서 누리는 영적인 기쁨입니다. 환경과 상황에 관계 없이 부어 주시는 기쁨이기에 그 누구도 빼앗을 자가 없습니다. 하나님과 하나 됨으로 이것을 꼭 경험하는 여러분이 되시기 바랍니다.

∞ 세상에 속한 사람들은 세상의 만족을 추구합니다. 하나님이 주시는 기쁨은 세상의 기쁨과 다릅니다. 이것을 경험한 사람만 알 수 있습니다. 이 땅에서의 삶이 너무 소중해서 영원한 기쁨을 놓치고 있지는 않습니까?

오늘 깨달은 것과 기도제목을 나눕니다.

● 〈오늘의 말씀〉을 함께 암송합니다.

신랑 신부가 하나 되기 위해서는 서로의 희생이 필요합니다.

서로에 대한 사랑과 섬김입니다.

신랑 되신 예수님이 신부된 우리를 위해 먼저 죽기까지 희생하시고 사랑해 주셨습니다.

온전한 하나 되기 위해서 이제는 신부인 우리 차례입니다.

그렇게 하나가 된 사랑의 공동체에서 누리는 기쁨은 세상 누구도 빼앗을 수 없습니다.

4
서로 **다르지만** 이름은 **하나**이다

: 교회

준비 | 『바디바이블』 '서로 다르지만 이름은 하나이다' (p293~295) 읽어오기

오늘의 말씀 | 그에게서 온몸이 각 마디를 통하여 도움을 받음으로 연결되고 결합되어 각 지체의 분량대로 역사하여 그 몸을 자라게 하며 사랑 안에서 스스로 세우느니라(엡4:16)

기도 | 주님! 저와 다른 지체들을 포용하는 마음을 주시고 다양성 속에서 조화를 이루게 하소서! 각자의 달란트대로 교회를 위하여 헌신, 봉사하게 하시고 후배들에게 본을 보이는 저희가 되게 하소서!

도움닫기
마음 열기

> 우리 몸에 연결되어 있는 혈관은 예수 그리스도를 통해 하나로 연결된 교회의 모습을 보여줍니다.…나라 안에서 도로도 마찬가지입니다. 우리나라의 도로 지도를 보면 큰 도시나 주요 지점들을 연결하는 고속도로가 나있고, 그 사이사이를 연결하는 국도가 있습니다. 경우에 따라서는 고속도로가 유용하고, 일상 속에서는 국도가 유용하기도 합니다. 둘 다 필요한 것입니다.
>
> **< 바디바이블 p293~294 中>**

● 혈관은 우리 몸 구석구석까지 연결되어 혈액이 순환하고 있습니다. 큰 혈관 (동맥, 정맥)과 작은 혈관 중에 무엇이 더 중요하다고 말할 수 있을까요? 왜 그렇습니까?

  ➡ 동맥은 심장에서 나와 산소와 영양분을 온몸에 공급하는 혈관이고, 정맥은 세포호흡으로 나온 이산화탄소와 노폐물을 수거하는 혈관입니다. 이 동맥과 정맥 사이를 모세혈관이 연결하며 산소 및 영양분과 같은 물질교환을 합니다. 하는 역할이 다르기 때문에 하나라도 없어서는 안되며 모두가 필요하고 중요합니다.

● 고속도로와 국도의 역할이 다른데 둘 중 한 가지만 존재한다면 어떤 불편함이 발생할까요?

> ∞ 몸에서도 큰 혈관에서 작은 모세혈관까지, 땅에서도 큰 도로에서 작은 골목까지 모두가 유기적으로 연결되어 있으며, 모두가 필요한 것입니다.

1 한 걸음
말씀 살펴보기

1 성령이 하나 되게 하신 것을 힘써 지키기 위해 우리가 해야 할 일은 무엇인가요?(엡4:1~3)

➡ 부르심을 받은 일에 겸손과 온유로 행함, 오래참음으로 사랑 가운데서 서로 용납, 평안의 줄로 서로를 돌봄

➡ 그러므로 주 안에서 갇힌 내가 너희를 권하노니 너희가 부르심을 받은 일에 합당하게 행하여

➡ 모든 겸손과 온유로 하고 오래 참음으로 사랑 가운데서 서로 용납하고 평안의 매는 줄로 성령이 하나 되게 하신 것을 힘써 지키라

2 성경에서 무엇 무엇이 하나라고 말씀하시나요?(7가지, 엡4:4~6)

➡ 몸, 성령, 부르심의 소망, 주, 믿음, 세례, 하나님도 한 분이심

➡ 몸이 하나요 성령도 한 분이시니 이와 같이 너희가 부르심의 한 소망 안에서 부르심을 받았느니라

➡ 주도 한 분이시요 믿음도 하나요 세례도 하나요

➡ 하나님도 한 분이시니 곧 만유의 아버지시라 만유 위에 계시고 만유를 통일하시고 만유 가운데 계시도다

3 그리스도와 우리 모두는 하나이지만 각 사람에게 각각 다른 은혜(역할을 할 수 있는 힘)를 주셨습니다(엡4:7). 그리스도 안에는 어떤 역할들이 있습니까?(엡4:11)

➡ 그가 어떤 사람은 사도로, 어떤 사람은 선지자로, 어떤 사람은 복음 전하는 자로, 어떤 사람은 목사와 교사로 삼으셨으니

4 다 똑같은 역할이 아니라 각자에게 다른 은혜를 주셔서 다른 역할을 하게 하신 이유는 무엇인가요?(엡4:12)

➡ 이는 성도를 온전하게 하여 봉사의 일을 하게 하며 그리스도의 몸을 세우려 하심이라

5 그 몸의 머리는 누구신가요?(엡4:15) 그 머리를 통해 각 지체는 무엇을 하게 되나요?(엡4:16)

➡ 오직 사랑 안에서 참된 것을 하여 범사에 그에게까지 자랄지라 그는 머리니 곧 그리스도라

➡ 그에게서 온몸이 각 마디를 통하여 도움을 받음으로 연결되고 결합되어 각 지체의 분량대로 역사하여 그 몸을 자라게 하며 사랑 안에서 스스로 세우느니라

6 이는 각자의 역할을 하지만 결국에 모든 성도는 하나가 되어 무엇에 이르게 하시기 위함인가요?(엡4:13)

➡ 우리가 다 하나님의 아들을 믿는 것과 아는 일에 하나가 되어 온전한 사람을 이루어 그리스도의 장성한 분량이 충만한 데까지 이르리니

7 장성한 분량(그리스도로 충만함)에 이른 자는 무엇을 분별하고 피할 수 있게 되나요?(엡4:14)

➡ 이는 우리가 이제부터 어린아이가 되지 아니하여 사람의 속임수와 간사한 유혹에 빠져 온갖 교훈의 풍조에 밀려 요동하지 않게 하려 함이라

8 이처럼 예수 그리스도를 머리로 하나 된 '새사람'은 '옛 사람'과 어떻게 다른가요?(엡4:22~24)

➡ 너희는 유혹의 욕심을 따라 썩어져 가는 구습을 따르는 옛 사람을 벗어 버리고

➡ 오직 너희의 심령이 새롭게 되어

➡ 하나님을 따라 의와 진리의 거룩함으로 지으심을 받은 새사람을 입으라

2 두 걸음
말씀의 의미를 생각하기

우리는 그리스도 안에서 한 몸이며 한 지체입니다. …우리 몸의 한 지체가 아프면 온몸이 아픔을 느낍니다. …왜 다른 역할들을 하는데 서로 약한 점을 돌아보게 되고, 아프면 함께 아프고, 다리가 달음박질을 잘해서 1등을 하면 다리에게 상을 주는 것이 아니라 온몸에게 상을 주어 함께 기뻐하는 것일까요? 그것은 같은 피(혈액)에 참여하고 있기 때문입니다.

< 바디바이블 p295 中>

1 모든 성도가 그리스도 안에서 한 몸이라는 말은 무슨 의미일까요?(고전 12:11~12, 14~27 참고)

➡ 몸의 지체는 각자 자기를 주장하지 않습니다. 한 부분이 아프면 모든 내가 아픈 것이 되고, 다른 부분은 그 부분을 보호하기 위해 노력합니다. 연약한 얼굴에 공이 날아오면 반사적으로 등을 돌려대듯이, 한쪽 무릎이 아프면 다른 쪽으로 짚게 되거나 다른 부분에 상대적으로 힘이 더 가게 되듯이, 모든 지체는 상호 유기적으로 돕습니다. 마찬가지로 그리스도 안에서 한 몸이라면 머리 되신 그리스도와 같은 생각, 같은 목적과 방향성을 가지고 살아가며 타인의 기쁨과 아픔, 영광과 슬픔을 나의 것으로 같이 느끼는 사랑의 공동체가 되는 것입니다.

∞ 본문은 '성령이 하나 되게 하신 것을 힘써 지키라'고 하십니다. 성령이 하나 되게 하셨다고 해서 끝인 것이 아니라 우리 몸의 각 지체가 서로 돕고 한 몸으로 작용하듯이 그리스도 안에서 성도들은 하나임을 유지하기 위해 끊임없이 서로 돕고, 서로 기쁨과 슬픔을 나누고, 서로 베풀고, 도움을 주고 받으며 장성한 분량까지 성장하라는 의미입니다. 때로는 도움을 받는 자가 되게 하실 때도 있고, 때로는 섬김을 주는 자가 되게 하실 때도 있습니다. 한 몸이라면 도움을 받는다고 부끄러워 숨거나, 도움을 준다고 으스댈 수 없습니다. 그저 우리를 불러주신 하나님께 감사하고, 서로가 있기에 감사한 지체들이며, 머리 되신 그리스도와 하나 된 한 몸일 뿐입니다.

2 같은 피에 참여한다는 말은 무슨 의미일까요?(『바디바이블』 p294 마지막 문단 참고)

➡ 같은 피가 흐르고 있다는 말은 같은 호흡을 하고, 같은 순환계를 사용하는 한 몸이라는 의미입니다. 모든 성도는 그리스도의 피(생명)로 같은 생명을 소유한 사람들입니다.

3 세 걸음
말씀에 나를 비춰보기

> 성도들은 예수님의 성만찬 약속으로 인해 '한 피에 참여한 한 몸'입니다. 성도 다르고, 지역도, 배경도, 가치관도 다르지만 그 모든 '다름'들이 예수의 이름 안에서 하나가 되는 것입니다.
> 그렇다면 더 이상 우리는 우리 자신으로 일컬음 받을 수 없습니다. 우리의 지체들은 각자의 이름인 위, 장, 쇄골뼈 등으로 불리는 것이 아니라 그 몸의 주인의 이름으로 불려지듯이 우리의 머리 되신 예수님의 이름 안에서 우리가 불려지게 되는 것입니다. 세상과 나는 간 곳 없고 구속한 주만 보이게 되는 것입니다.
>
> < 바디바이블 p295 中 >

① 나는 성도들을 '그리스도의 같은 피에 참여한 한 몸'으로 여깁니까? 그렇다면 내가 지금 도와야 할 연약한 지체는 누구입니까? 만약 그렇지 않다면 그 이유는 무엇인가요?

② 예수님의 피와 생명에 참여하여 예수님과 하나가 되면 나는 없고, 오직 예수님만 보인다는 뜻은 무엇일까요?

∞∞ 지성소에는 대속죄일에 오직 대제사장 '한 명'만 들어갈 수 있습니다. 출애굽 당시 장자 '한 사람'의 죽음은 그 가족과 가문, 백성 전체의 죽음을 의미합니다. 그래서 하나님은 '모든 첫 태생(장자)은 내 것'(출34:19)이라고 하셨습니다. 이 말은 장자가 아닌 사람들은 하나님의 것이 아니라는 뜻이 아니라 하나님 백성 모두를 대표하는 상징적인 말입니다. 우리는 하나님의 자녀이고, 하나님께 장자는 하나님의 아들 '예수 그리스도'이십니다. 하나님 앞 지성소까지 들어갈 수 있는 분은 대제사장 예수님밖에 없습니다. 그러면 우리는 어떻게 해야 하나님께 도달할 수 있을까요? 바로 예수님과 하나 되어 하나님께 나아가는 것입니다. 그래서 우리는 기도할 때 우리의 이름으로 기도하지 않고 '예수님의 이름으로' 기도하며 나아가는 것입니다. 대표성을 가진 장자 되신 예수님의 죽음이 하나님의 자녀 된 우리 모두의 죽음으로 받아들여지는 이유도 그 대표 안에 우리가 포함되어 있기 때문입니다.

마치 우리나라를 대표하는 국가대표가 1등을 하면 우리나라가 영광을 받듯, 나라를 대표하는 대통령이 결정하고 하는 일에 따라 모든 국민이 영향을 받듯, 하나님 백성의 대표이신 예수님께 속해 있기 때문에 우리의 공로나 의가 아닌 예수님의 의로 우리는 평가받고 영원한 영광을 받게 된 것입니다. 그래서 하나님 앞에서는 우리가 한 잘한 일(자기의), 실수, 실패는 모두 없고 오직 예수님의 공로와 의만 존재하게 되며 그 의는 하나님의 의에 만족되기에 우리는 휘장을 넘어 하나님 계신 지성소에 담대히 들어갈 수 있습니다(히6:19~20).

오늘 깨달은 것과 기도제목을 나눕니다.

● 〈오늘의 말씀〉을 함께 암송합니다.

4 **그림 묵상**
깨달은 것 되새기기

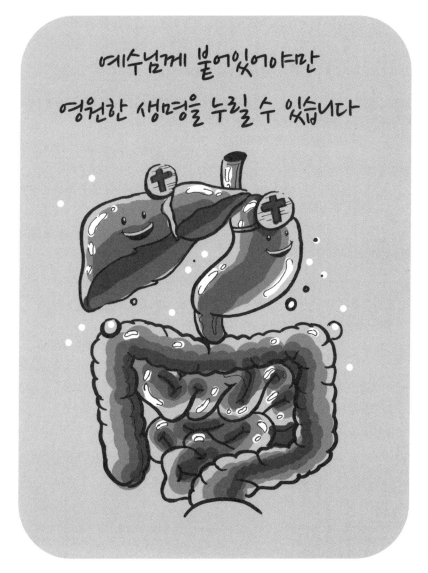

5
생명을 연결시키는
좋은 콜레스테롤
: 이웃사랑

준비 | 『바디바이블』 '생명을 연결시키는 좋은 콜레스테롤' (p296~299) 읽어오기

오늘의 말씀 | 마음을 같이하여 같은 사랑을 가지고 뜻을 합하며 한마음을 품어 아무 일에든지 다툼이나 허영으로 하지 말고 오직 겸손한 마음으로 각각 자기보다 남을 낫게 여기고(빌2:2~3)

기도 | 주여! 저와 잘 안 맞는다고 생각해서 친하지 않은 교우들이 있다면, 제 마음이 넓고 깊어지게 하셔서 그들과 친해지게 하소서! 나와 다른 사람들을 통해서 배우게 하시고 서로에게 있는 좋은 것들을 나누게 하소서!

도움닫기
마음 열기

> 혈관과 혈액의 흐름을 막는 것은 무엇일까요? 바로 나쁜 콜레스테롤 LDL입니다. 이 콜레스테롤은 혈액이 원활하게 모두에게 전달되는 것을 방해합니다.
>
> **< 바디바이블 p296 中>**

● 혈액이 원활하게 공급되지 않으면 우리 몸은 어떻게 될까요? 혈액이 온몸에 원활하게 공급되기 위해서는 어떤 조건이 필요한가요?

➡ 혈액이 공급되지 않는 부분들은 세포가 죽을 수 있습니다. 혈관이 막힘이 없고 깨끗해야 합니다.

● 예수님과 한 몸인 우리 안에서 예수님의 보혈(생명)이 닿지 않으면 어떻게 될까요? 모든 지체에게 예수님의 보혈(생명)이 원활하게 공급되기 위해서는 어떻게야 할까요?

➡ 교회에 다녀도 예수님의 생명이 그 안에 없으면 영생이 없습니다. 즉 영적인 사망상태 그대로입니다. 모든 지체에게 예수님의 사랑이 전달될 수 있도록 먼저 예수님의 생명을 받은 자들이 사랑으로 섬기고, 예수님의 손과발이 되어 베풀고, 격려하며, 기도해 주어야 합니다.

한 걸음
말씀 살펴보기

1 성도 안에 권면, 위로, 교제(사귐) 등이 있을 때 어떤 마음으로 어떻게 해야 하나요?(빌2:1~4)

➡ 그러므로 그리스도 안에 무슨 권면이나 사랑의 무슨 위로나 성령의 무슨 교제나 긍휼이나 자비가 있거든
➡ 마음을 같이하여 같은 사랑을 가지고 뜻을 합하며 한마음을 품어
➡ 아무 일에든지 다툼이나 허영으로 하지 말고 오직 겸손한 마음으로 각각 자기보다 남을 낫게 여기고
➡ 각각 자기 일을 돌볼뿐더러 또한 각각 다른 사람들의 일을 돌보아 나의 기쁨을 충만하게 하라

2 우리 안에 품어야 할 마음은 어떤 마음인가요?(빌2:5)

➡ 너희 안에 이 마음을 품으라 곧 그리스도 예수의 마음이니

3 예수님의 마음에 대해서 알아봅시다.

● (1) 예수님은 본래 어떤 분이신가요?(빌2:6a)

➡ 그는 근본 하나님의 본체시나(하나님과 동등된 분, 하나님 되심)

● (2) 그런 예수님은 어떤 형체를 가지고 무엇을 하셨나요?(빌2:6b~8)

➡ 하나님과 동등됨을 취할 것으로 여기지 아니하시고
➡ 오히려 자기를 비워 종의 형체를 가지사 사람들과 같이 되셨고
➡ 사람의 모양으로 나타나사 자기를 낮추시고 죽기까지 복종하셨으니 곧 십자가에 죽으심이라

4 자기를 낮추시고 비우신 예수님께 하나님은 어떤 영광을 주셨나요?(빌2:9~11)

➡ 이러므로 하나님이 그를 지극히 높여 모든 이름 위에 뛰어난 이름을 주사
➡ 하늘에 있는 자들과 땅에 있는 자들과 땅 아래에 있는 자들로 모든 무릎을 예수의 이름에 꿇게 하시고
➡ 모든 입으로 예수 그리스도를 주라 시인하여 하나님 아버지께 영광을 돌리게 하셨느니라

∞ 예수님의 낮아지심과 죽기까지 복종하심의 결과는 '하나님 아버지께 영광'이 되는 것이었습니다. 예수님은 자신을 주장하지 않으시고 하나님의 뜻을 이루기 원하셨습니다(마26:39, 42). 아버지의 영광을 드러내기 위해, 아버지의 사랑을 나타내기 위해서는 나의 뜻을 포기하는 자기부인이 필요합니다.

BODY BIBLE

307

그렇다면 한 몸인 교회 안에서 혹은 교회를 초월해 모든 믿는 자들 사이에서 나쁜 콜레스테롤은 없을까요? …우리 자신이 나쁜 콜레스테롤이 되지 않도록 해야 합니다. 성경에서 말하는 성도는 예수님으로 묶인 한 몸입니다. 만약 그중 한 지체에 혈액이 공급되지 않게 되면 그 피해는 누구에게 돌아갈까요? 몸 전체입니다.

그렇다면 우리는 내가 생각하기에 필요한 존재이든, 불필요한 존재이든, 좋든, 싫든 예수님의 혈액이 공급되는 혈관을 막아서는 안됩니다. 아무 일에든지 다툼이나 허영으로 하지말고 오직 겸손한 마음으로 각자 자기보다 남을 낫게 여길 줄 알아야 합니다.

< 바디바이블 p296~297 中>

1 나는 교회 안에서 주의 일을 할 때 어떠한 마음으로 하나요? 겸손과 다른 사람을 높이는 마음입니까? 간혹 열심히 하는 나를 알아주지 않아서 섭섭한 적은 없습니까?

2 나와 친한 사람이 다른 사람을 시기하거나 험담할 때 나는 친한 사람의 편에서 그것을 들어주고 동조하는 편입니까? 분별력을 가지고 이야기를 듣습니까?

∞ '내가 생각하기에 좋고, 싫고, 필요하고, 필요하지 않는 것- 즉 자기 판단을 모두 내려놓는 것이 자기부인입니다. 주님이 주인 되셔서 주님의 분별력으로 채워 주시길 기도하십시오.

교회 공동체는 세상에 비해 정이 많습니다. 남의 일이라고 해도 서로 자기 일처럼 나서서 도와줍니다. 그런데 그 이면에는 다른 사람의 이야기를 하거나 허물을 들추어내는 일, 자신의 의를 드러내는 것에 적극적인 면을 부인할 수 없습니다. …왜 그렇게 되는 것일까요? …오직 예수님만 존재하셔야 하는데 자신이 존재하기 때문입니다. 혈관 속에 혈액(주님)말고 다른 나쁜 콜레스테롤(내 생각)이 쌓여서 흐름을 방해하는 것입니다.

예수님과 연결된 자의 주인은 오직 예수님 한 분 뿐이십니다. 각자 자신의 생각이 없을 수는 없지만 자신의 생각과 판단이 주님을 앞선다면 자신이 재판장 되는 것입니다. 그것이 주인 되신 주님의 흐름을 방해하는 것입니다.

예수님을 하나님의 아들로 인정하는 순간 예수님의 혈관이 우리에게 뿌리를 내리고 그분의 생명(혈액)을 공급받는 한 몸이 됩니다.

< 바디바이블 p298 中 >

1 선입견이나 잘못된 정보로 인해 다른 사람을 판단하거나 상처 주는 일, 아무 생각 없이 다른 사람에 대한 좋지 않은 이야기를 하는 것에 동참하는 등으로 다른 사람에게 예수님의 사랑이 공급되는 것을 막았던 적은 없나요?

2 교회 안에서 내가 억울한 일을 당할 때 나를 힘들게 하는 자들을 미워하고 정죄하나요? 모든 판결과 원수되는 상황을 주님께 맡기나요?

∞ 나를 판단하고 힘들게 하는 자를 내가 정죄한다면, 이 또한 내가 주인 되고 재판장 되어 판결하는 나쁜 콜레스테롤과 같습니다. 나를 힘들게 하는 사람이 있다면, 선한 일을 하다가 오해를 받고 있다면, 그것을 주님께 가져가 아뢰고 그분께 판단을 맡기십시오. 놀랍게도 나의 마음을 위로하고 가라앉혀 주시고, 용서하는 마음을 주심을 경험할 수 있습니다.

오늘 깨달은 것과 기도제목을 나눕니다.

● 〈오늘의 말씀〉을 함께 암송합니다.

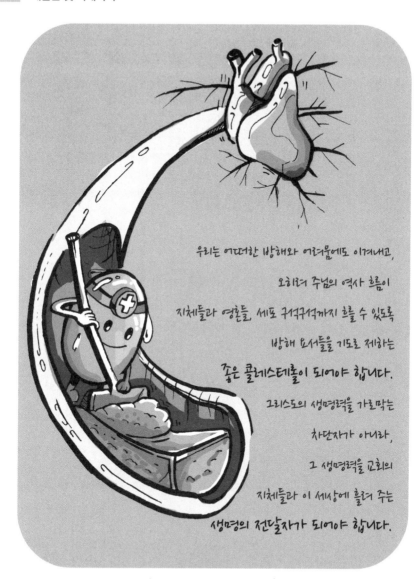

우리는 어떠한 방해와 어려움에도 이겨내고,

오히려 주님의 역사 흐름이

지체들과 영혼들, 세포 구석구석까지 흐를 수 있도록

방해 요서들을 기도로 제하는

좋은 콜레스테롤이 되어야 합니다.

그리스도의 생명력을 가로막는

차단자가 아니라,

그 생명력을 교회의

지체들과 이 세상에 흘려 주는

생명의 전달자가 되어야 합니다.

BODY BIBLE

XI

관절염
(깨어진 인생의 아름다움)
묵상

3주

1
움직임이 삶의 질을 결정한다

: 수고

준비 | 『바디바이블』 '움직임이 삶의 질을 결정한다' (p305~308) 읽어오기

찬양 | 찬송가 330 '어둔 밤 쉬되리니'

오늘의 말씀 | 아담에게 이르시되 네가 네 아내의 말을 듣고 내가 네게 먹지 말라 한 나무의 열매를 먹었은즉 땅은 너로 말미암아 저주를 받고 너는 네 평생에 수고하여 그 소산을 먹으리라(창3:17)

기도 | 주여! 제가 건강하지 않은 생각을 할 때가 종종 있습니다. 그것은 부끄럽지만, '그냥 돈이 아주 많아서 직장 안 다니고 평생 놀고 먹으면 좋겠다'라는 미련한 생각입니다. 주께서 저희에게 주신 노동(직업, 소명)을 귀하게 여기게 하셔서 이웃을 섬길 기회를 허락해 주신 것에 감사하며 성심으로 일하게 하소서!

도움닫기
마음 열기

> 저는 인생이란 '양도 중요하지만 '질'이 더 중요하다고 생각합니다. '삶의 질', '건강의 질', '행복의 질' 그 질을 결정하는 기본 토대가 바로 우리의 두 다리 입니다.
>
> **< 바디바이블 p306 中>**

● 100세 시대를 맞아 건강하고 행복한 삶을 위해서 100세까지 꼭 필요한 것은 무엇이라고 생각하나요?

- 인간의 관절은 대략 143개로 수없이 다양한 움직임을 만들어 낼 수 있습니다. 관절을 가지고 할 수 있는 것들을 생각해 보고 이러한 다양한 움직임을 주신 하나님의 마음을 생각해 봅시다.

➡ 말하고, 먹고, 걷고, 글씨를 쓰고, 고개를 돌려서 주위를 바라보고, 고개나 손을 흔들어서 의사표시를 하거나, 손의 움직임으로 감정을 표현할 수도 있고, 운동을 하거나, 악기를 연주하거나, 그림을 그리거나, 춤으로 표현할 수도 있습니다.

한 걸음
1 말씀 살펴보기

1 일에 대한 구절들을 찾아봅시다.
- (1) 창3:17b
  ➡ 너는 네 평생에 수고하여야 그 소산을 먹으리라

- (2) 잠21:25
  ➡ 게으른 자의 욕망이 자기를 죽이나니 이는 자기의 손으로 일하기를 싫어함이니라

- (3) 살전4:11
  ➡ 또 너희에게 명한 것 같이 조용히 자기 일을 하고 너희 손으로 일하기를 힘쓰라

- (4) 살후3:10
  ➡ 우리가 너희와 함께 있을 때에도 너희에게 명하기를 누구든지 일하기 싫어하거든 먹지도 말게 하라 하였더니

- (5) 살후3:12
  ➡ 이런 자들에게 우리가 명하고 주 예수 그리스도 안에서 권하기를 조용히 일하여 자기 양식을 먹으라 하노라

2 땅(이 세상)은 사람에게 어떤 곳인가요?(창3:18)
➡ 먹고살기 위해서 수고로운 곳, 내 뜻대로 안되는 곳, 내가 원하는 대로 되지 않는 곳
➡ 땅이 네게 가시덤불과 엉겅퀴를 낼 것이라 네가 먹을 것은 밭의 채소인즉

3 결국 이 세상의 여정을 통해서 인간은 무엇으로 돌아가게 되나요?(창3:19)
➡ 흙(깨어진 상태)이 됨. 이 세상에서 만나는 모든 고난을 통해 하나님 앞에 깨어진 존재가 됨
➡ 네가 흙으로 돌아갈 때까지 얼굴에 땀을 흘려야 먹을 것을 먹으리니 네가 그것에서 취함을 입었음이라 너는 흙이니 흙으로 돌아갈 것이니라 하시니라

BODY BIBLE

4 하나님께서 아담에게 이 땅을 사는 동안 시키신 일은 무엇인가요?(창3:23)

➡ 여호와 하나님이 에덴동산에서 그를 내보내어 그의 근원이 된 땅을 갈게 하시니라

'에덴동산에서 그를 내보내어 그의 근원이 된 땅을 갈게 하다'라는 말은 하나님의 임재가 있는 지성소(에덴동산)의 주변을 기경하여 옥토로 만드는 과정입니다. 아담은 가족들에 대한 책임을 가지고 노동을 통하여 먹고살 수 있게 되었습니다.

2 두 걸음
말씀의 의미를 생각하기

> 어떻게 해야 오랫동안 관절의 건강을 유지할 수 있을까요? 그것은 '움직임'입니다. 움직이면 관절의 노폐물들이 빠져나갑니다. 새로운 영양 공급을 받고 연골이 생성됩니다.
>
> **< 바디바이블 p307 中>**

1 일을 하거나 움직임은 인간에게 어떤 의미가 있을까요? 나는 어떤 활동을 하면서 나를 만드신 하나님을 찬양하나요?

∞ 많은 사람들이 창세기 3장의 의미를 오해합니다. 죄를 지어서 죄의 대가로 '노동'을 하게 되었다고 생각합니다. 그렇다면 노동과 수고, 우리에게 주어진 일이 과연 저주이기만 할까요? 그렇지 않습니다. 오히려 사람은 자신이 수고하여 무언가를 이루었을 때나 가족이나 공동체, 타인을 위해서 무언가를 해 줄 수 있을 때 보람과 기쁨을 느낍니다.

하나님은 인간의 수고와 능력이 없어도 스스로 모든 것을 완벽하게 할 수 있는 분이십니다. 그러나 하나님은 당신의 일을 우리와 함께함으로써 우리에게 '주인의 즐거움에 참여'(마25:21) 할 기회를 주시는 것입니다. 기독교적 소명의식으로 바라볼 때 이 땅의 직업은 그 어떤 일도 하찮은 것이 아닙니다. 나를 잘 아시는 하나님께서 내가 잘할 수 있는 직업을 통하여 다른 이웃(사회)을 섬길 수 있는 기회를 주신 것입니다.

2 '땅이 있을 동안에는 심음과 거둠과 추위와 더위와 여름과 겨울과 낮과 밤이 쉬지 아니하리라'(창8:22). 노동을 통해서 수확의 기쁨도 누리고, 하나님의 은혜와 섭리도 깨닫게 되기도 하고, 인간의 연약함을 알게 되기도 하고, 경쟁사회에서 더욱 천국소망을 바라보게도 됩니다. 형통한 날과 곤고한 날이 병행해서 있듯이(전7:14) 노동과 수고를 통해서 나의 모난 부분들이 깨지기도 합니다. 일을 하고 수고를 하면서 나의 모났던 부분이 깨졌던 경험이 있나요? 어떤 어려움을 겪었으며 어떤 부분이 다듬어지고 아름답게 변화되었나요?

---

3 세 걸음
말씀에 나를 비춰보기

> …수고하는 땀을 멈추지 말아야 합니다. 스스로 보람을 느끼고 가치를 느끼는 일들을 향해 쉬지 않고 움직여 나갈 때, 우리의 마음은 행복을 느끼고, 건강한 관절이 되는 것입니다.
>
> **< 바디바이블 p308 中 >**

1 나는 오늘 어떤 일에 가장 우선적인 가치를 두고 열심히 노력하고 있습니까? 그 일이 내게 주는 기쁨과 만족감은 어느 정도인가요?

---

2 영원한 가치를 위해 이 땅을 사는 동안 어떤 일에 수고할 수 있을까요? 그 일은 나에게 어떤 기쁨과 만족감을 가져다줄까요? 영원을 위한 수고로움이 실천하기 힘들다면 그 이유는 무엇인가요?

∞ 몇몇의 기독교인들은 교회 일은 거룩하여 열심을 다하지만, 가정이나 직장의 일은 등한시하는 경우가 종종 있습니다. 그러나 하나님께서는 우리에게 주어진 '모든 일'을 하나님과 함께함으로 의미를 발견하고 하나님을 알아가기 원하십니다. 중요한 것은 그 일을 하는 것의 동기가 무엇이며, 그 일의 모든 과정을 나의 힘으로 하는가, 하나님과 함께 하는가 입니다. 어떤 일이든 하나님께서 명하신 일이 거룩한 일이며, 하나님께서 부르신 그곳이 거룩한 장소이며, 하나님과 함께하는 것, 하나님의 아들 예수 그리스도를 믿는 믿음으로 하는 것이 하나님의 일입니다. 그러나 자신을 기만하지 마십시오. 자기 욕심을 위해 하나님을 이용하는 것은 하나님의 일이 아닙니다.

오늘 깨달은 것과 기도제목을 나눕니다.

● 〈오늘의 말씀〉을 함께 암송합니다.

내가 만약 나비라면 난 날개치며 주를 찬양

또 내가 나무 위의 새라면 난 지저귀며 찬양해

또 내가 바다 고기라면 꼬리를 치며 기쁨으로 찬양

날 만드신 주 나의 하나님을 찬양

내게 생명 주고 기쁨 주시었네 하나님 자녀삼아 주시었네

감사드리세 날 만드신 주를 찬양

내가 코끼리라면 큰 코를 들어 주를 찬양

또 내가 캥거루라면 높이 뛰며 찬양해

또 내가 만약 문어라면 내 팔을 들어서 찬양해

감사드리세 날 만드신 주를 찬양

내게 생명 주고 기쁨 주시었네 하나님 자녀삼아 주시었네

감사드리세 날 만드신 주를 찬양

내가 지렁이라면 난 땅을 기며 찬양해

또 내가 만약 악어라면 내 큰 입으로 찬양해

또 내가 만약 곰이라면 어여쁜 털 주신 주를 찬양해

감사드리세 날 만드신 주를 찬양

내게 생명 주고 기쁨 주시었네 하나님 자녀삼아 주시었네

감사드리세 날 만드신 주를 찬양

내게 생명 주고 기쁨 주시었네 하나님 자녀삼아 주시었네

감사드리세 날 만드신 주를 찬양

<내가 만약 나비라면>

2
관절의 연골만큼
마음의 연골이 중요하다

: 부드러움(마음의 완충제)

준비 | 『바디바이블』 '관절의 연골만큼 마음의 연골이 중요하다' (p309~311) 읽어오기

오늘의 말씀 | 누구든지 하나님을 사랑하노라 하고 그 형제를 미워하면 이는 거짓말하
는 자니 보는 바 그 형제를 사랑하지 아니하는 자는 보지 못하는 바 하나
님을 사랑할 수 없느니라(요일4:20)

기도 | 주여! 제가 지체를 험담한 것이 있다면 회개합니다. 보이는 형제, 자매를 사랑하
지 못하면서, 하나님을 사랑한다, 인류를 사랑한다, 위선적인 말을 했던 저를 용
서하시고 가까운 지체들을 소중히 여기며 섬기게 하소서! 친절한 말을 하고 미
소를 띠며 이웃을 친근하게 대할 수 있게 하소서!

도움닫기
마음 열기

> 뼈와 뼈가 연결되어 있는데, 그 사이에 아무것도 채워져 있지 않다면 어떻게 될까요?
> 마치 타이어가 없는 자전거를 타고 다니는 것과 같을 것입니다. 쇳덩어리가 시멘트
> 바닥을 긁고 다닌다면 삐걱거리고, 마모되고, 변형이 일어날 것입니다.
> …하나님께서 우리 몸에 주신 이 연골이 얼마나 신비롭냐하면 …뼈와 뼈 사이에 충
> 격을 흡수해 주고, 완충해 주는 기능을 해줍니다.
>
> **< 바디바이블 p310 中>**

● 주변에 관절염으로 고생하는 분을 본 적이 있습니까? 연골이 손상되거나 닳아 없어진다면 뼈가 부딪힐 때 어떤 통증이 있을지 생각해 봅시다.

> ∞∞ 우리가 매일 자연스럽게 움직이면서도 아프지 않은 것은 하나님께서 관절마다 연골을 주셨기 때문입니다.

● 충격을 흡수해 주거나 줄여주는 완충작용을 하는 것에는 어떤 것들이 있을까요?
  ➡ 에어백, 신발깔창에 에어쿠션, 뽁뽁이(유리로 된 제품의 충격을 줄여 줌), 선박에 타이어를 붙이는 것, 범버카 부딪히는 부분, 소방서에서 사람을 구조할 때 사용하는 쿠션 등

1 한 걸음
말씀 살펴보기

① 사랑은 누구에게 속한 것이며, 다른 사람을 사랑하는 자는 누구에게 나서 누구를 아는 것인가요?(요일4:7)
  ➡ 사랑하는 자들아 우리가 서로 사랑하자 사랑은 하나님께 속한 것이니 사랑하는 자마다 하나님으로부터 나서 하나님을 알고

② 그 이유는 무엇인가요?(요일4:8b)
  ➡ 사랑하지 아니하는 자는 하나님을 알지 못하나니 이는 하나님은 사랑이심이라

③ 우리가 하나님을 사랑하기 이전에 하나님은 우리를 사랑하사 누구를 무엇으로 왜 보내주셨나요?(요일4:9~10)
  ➡ 독생자(하나밖에 없는 자기 외아들)를, 우리 죄를 용서하시기 위한 화목제물로, 우리를 사랑하기 때문에 보내주셨습니다
  ➡ 하나님의 사랑이 우리에게 이렇게 나타난 바 되었으니 하나님이 자기의 독생자를 세상에 보내심은 그로 말미암아 우리를 살리려 하심이라
  ➡ 사랑은 여기 있으니 우리가 하나님을 사랑한 것이 아니요 하나님이 우리를 사랑하사 우리 죄를 속하기 위하여 화목제물로 그 아들을 보내셨음이라

4 이처럼 큰 사랑을 받은 우리가 마땅히 해야 할 바는 무엇인가요?(요일4:11)

➡ 사랑하는 자들아 하나님이 이같이 우리를 사랑하셨은즉 우리도 서로 사랑하는 것이 마땅하도다

---

5 육체로 하나님을 직접 본 사람은 없지만 무엇을 통해 하나님이 우리 안에 계심을 아나요?(요일4:12~13)

➡ 어느 때나 하나님을 본 사람이 없으되 만일 우리가 서로 사랑하면 하나님이 우리 안에 거하시고 그의 사랑이 우리 안에 온전히 이루어지느니라

➡ 그의 성령을 우리에게 주시므로 우리가 그 안에 거하고 그가 우리 안에 거하시는 줄을 아느니라

---

6 하나님을 사랑하는 자, 하나님의 사랑 안에 거하는 자는 인생을 마치고 인생에 대해 심판받는 날 어떠한 태도를 가질 수 있나요?(요일4:17)

➡ 이로써 사랑이 우리에게 온전히 이루어진 것은 우리로 심판 날에 담대함을 가지게 하려 함이니 주께서 그러하심과 같이 우리도 이 세상에서 그러하니라

---

7 그 이유는 무엇인가요?(요일4:18~19)

➡ 사랑 안에 두려움이 없고 온전한 사랑이 두려움을 내쫓나니 두려움에는 형벌이 있음이라 두려워하는 자는 사랑 안에서 온전히 이루지 못하였느니라

➡ 우리가 사랑함은 그가 먼저 우리를 사랑하셨음이라

∞ 하나님의 온전한 사랑이 내 안에 이루어진 자는 '하나님(사랑)안에 내가 거하고, 내 안에 사랑(하나님)이 거하는 자'로 '하나님과 하나 된 자'입니다(요일4:16). 그 자신이 하나님의 사랑 안에 거할 뿐 아니라 하나님의 사랑이 그 안에 거하기 때문에 모든 사람을 하나님의 사랑으로 사랑할 수 있으며, 심판 날에 하나님과 하나 된 자로 심판을 면할 수 있기 때문에 두려움이 없습니다. 그러나 사랑 되신 하나님과 하나 되지 못한 자는 자신의 의로 심판대에 서야 하기 때문에 두렵습니다. 아버지의 자녀된 자, 아버지의 사랑을 받은 자는 아버지의 사랑 앞에 두려움을 이깁니다. 사랑하는 아버지께서 죄인인 나를 건져주실 것을 믿기 때문입니다.

8 형제를 사랑하지 못하면서 하나님을 사랑한다는 자는 어떤 자이며, 그 이유는 무엇인가요?(요일4:20)

➡ 거짓말 하는 자, 보이는 형제도 사랑하지 못하면서 보이지 않는 하나님을 사랑한다는 것은 불가능

➡ 누구든지 하나님을 사랑하노라 하고 그 형제를 미워하면 이는 거짓말하는 자니 보는 바 그 형제를 사랑하지 아니하는 자는 보지 못하는 바 하나님을 사랑할 수 없느니라

9 하나님께서 주신 계명을 한 마디로 말하면 무엇인가요?(요일4:21, 막12:33,
눅10:27)

➡ 하나님 사랑과 이웃사랑
➡ 우리가 이 계명을 주께 받았나니 하나님을 사랑하는 자는 또한 그 형제를 사랑할지니라
➡ 또 마음을 다하고 지혜를 다하고 힘을 다하여 하나님을 사랑하는 것과 또 이웃을 자기 자신과 같이
사랑하는 것이 전체로 드리는 모든 번제물과 기타 제물보다 나으니이다
➡ 대답하여 이르되 네 마음을 다하며 목숨을 다하며 힘을 다하며 뜻을 다하여 주 너의 하나님을 사랑
하고 또한 네 이웃을 네 자신 같이 사랑하라 하였나이다

두 걸음
2 **말씀의 의미를 생각하기**

> …인간관계는 마음 맞추기입니다. 마음과 마음을 맞추는 데 소리가 납니다. 맞출수
> 록 통증이 옵니다. 똑같은 마음인 것 같은데 서로 부딪히면 그렇게 딱딱하고 뾰족
> 하게 느껴지는 것이 사람의 마음입니다.
> 마치 연골이 닳아 없어진 것처럼 서로가 서로에게 관절염과 같은 마음의 염증을
> 일으킵니다. 나이를 먹어 가면서 강퍅한 세상에 길들여지면서 물렁물렁했던 마음
> 이 딱딱하게 굳어지고, 그 굳어진 마음이 돌처럼 문질러서 상대의 마음을 아프게
> 한다는 것입니다.
>
> < 바디바이블 p311 中>

1 사람과의 관계에서 서로의 마음을 연결해 주고, 양쪽의 오해를 풀어주는 완
충역할을 하는 사람을 본 적이 있습니까? 그런 사람들의 특징은 무엇인가
요? 내가 그랬던 경험이 있다면 어떻게 했는지 나누어 봅시다. 그때의 마음
은 어떠했습니까?

2 나는 공동체에서 서로의 마음을 연결해 주고, 오해를 풀어주는 '연골'같은
사람입니까? 만약 그렇지 않다면 오늘 본문에 비추어 보아 나에게 필요한
점은 무엇인가요?

마음의 연골이란 '사랑'입니다. '존중'입니다. '사랑'과 '존중'이 없는 마음은 연골이 없는 관절과 같이 서로의 마음을 병들게 하고, 아프게 하고, 무너지게 할 뿐입니다. 우리의 마음속에 사랑과 존중이라는 연골이 채워져 있을 때 서로의 아픔을 덜어 내주고, 서로가 서로에게 부드러운 마음의 속살을 보여주게 되는 것입니다.

< 바디바이블 p311 中 >

1 사랑과 존중이 부족해 나의 마음이 아팠거나 상대방의 마음을 아프게 한 경험이 있습니까? 그럴 때 어떤 말과 태도로 대해 주길 기대했으며, 나는 상대방을 어떻게 대했나요? 서로를 사랑과 존중으로 대하지 못하는 이유는 무엇일까요?

2 내가 속해 있는 공동체(가정, 교회, 학교, 직장, 모임 등)에는 '사랑'과 '존중'이 있습니까? 어떤 모습을 보며 그런 것을 느끼나요? 어떤 과정을 통해 서로 사랑과 존중을 갖는 모임이 되었습니까? 혹시 부족한 점이 있다면 내가 어떻게 하면 좋을까요?

오늘 깨달은 것과 기도제목을 나눕니다.

● 〈오늘의 말씀〉을 함께 암송합니다.

『쿠션-고단한 삶을 자유롭게 하는』이란 제목의 책이 발간되기 직전에 작가 조신영 씨의 강연에서 이런 이야기를 들은 적이 있습니다.

"삶에 다가오는 충격을 흡수할 수 있는 쿠션을 가지고 있다면…."

우리 삶에는 당연히 수많은 일들이 다가오고, 일의 크기에 따라 나에게 충격과 영향을 주겠지요. 하지만 우리 마음에 쿠션이 얼마나 두껍고 완충작용을 잘할 수 있느냐에 따라 같은 일을 겪더라도 다른 반응을 보이고, 견뎌내고, 다시 일어나는 정도는 사람마다 다를 것입니다.

마음의 연골이 건강하다면, 하나님께 받은 사랑에 대한 감사가 크다면, 우리가 겪는 삶의 고통을 이겨낼 수 있을 것입니다!

3
관절염의 특효는
내려놓음이다
: 내려놓음-그리스도께 맡김

준비 | 『바디바이블』 '관절염의 특효는 내려놓음이다' (p312~314) 읽어오기

오늘의 말씀 | 믿음으로 말미암아 그리스도께서 너희 마음에 계시게 하시옵고 너희가
사랑 가운데서 뿌리가 박히고 터가 굳어져서(엡3:17)

기도 | 주여! 제가 미련한 욕심으로 저의 영을 어둡게 하지 않도록, 사랑과 나눔을 실천
하게 하소서! 주께로부터 받은 은혜가 늘 크다고 말만 하고 지체들을 구체적으
로 돕는 일에는 소홀했습니다. 소유욕과 탐심을 내려놓고 나누는 기쁨을 누리게
하소서!

도움닫기
마음 열기

> …치열한 삶의 생존 전쟁터에서 살아남으려는 긴장 상태, 수많은 인간관계에서 오는
> 긴장, 소외감과 미래에 대한 두려움, 자기의 욕망의 성취를 위한 압박, 소음과 혼란,
> 불안함, 극도의 긴장 상태로 몰아가는 스트레스가 우리 시대에는 가득 차 있습니다.
> **< 바디바이블 p313 中>**

● 적당한 스트레스는 도움이 되지만 과도한 스트레스는 병이 됩니다. 지금 나를
압박하는 스트레스는 무엇인가요?

➡ 각자의 고민과 스트레스를 솔직하게 털어놓으면서 마음 문을 열어주세요.

● 이러한 고난을 통해 하나님은 어떠한 교훈을 가르쳐 주시는 것일까요?

➡ 하나님이 허락하지 않으시면 어떠한 일도 있을 수 없습니다. 과도한 스트레스는 하나님과 무관한 나의 과도한 욕심, 욕망에서 비롯되지 않았을까 돌아볼 필요가 있습니다. 또는 고통과 아픔은 나를 사랑하셔서 더 이상 잘못된 길을 가지 않도록 막으시는 사랑의 브레이크일 수도 있고, 하나님께 가까이 오라는 신호일 수도 있습니다. 그분은 사랑하는 자녀에게 징계와 고난을 주십니다. 반면 하나님의 뜻을 구하고 가는 길에도 스트레스와 고난이 있을 수 있습니다. 이러한 단련의 시간을 통해 불순물을 걸러내고 정금 같은 믿음에 이르게 하시는 과정일 수도 있습니다. 나의 스트레스는 어떤 경우에 해당하는지 돌이켜 보는 시간을 가져봅시다.

한 걸음
말씀 살펴보기

1

* 에베소서 3장 14~21절은 사도 바울의 기도입니다. 그의 기도 내용을 살펴보고 우리도 같은 마음으로 기도해 봅시다.

1 사도 바울이 기도하는 대상은 누구이고 그 기도의 태도는 어떠한가요?(엡 3:14~15)

➡ 하늘과 땅의 모든 주인 되신 하나님 아버지께, 무릎을 꿇고(간절하게) 기도함
➡ 이러므로 내가 하늘과 땅에 있는 각 족속에게
➡ 이름을 주신 아버지 앞에 무릎을 꿇고 비노니

* '무릎을 꿇고' 기도한다는 말에서 복음의 정수를 알았던 사도 바울이 그만큼 간절하게 기도할 만큼 중요한 내용임을 알 수 있습니다.

2 하나님은 무엇이 풍성하신 분이신가요?(엡3:16a)

➡ 영광('그의 영광의 풍성함을 따라')
➡ 그의 영광의 풍성함을 따라 그의 성령으로 말미암아 너희 속사람을 능력으로 강건하게 하시오며

* '영광'은 거룩함과 위엄이 가득 차고 넘쳐서 찬양과 경배를 받기에 합당하신 분이라는 뜻으로 모든 정사와 권세의 머리(골2:10)되시며 부와 귀, 만물의 주재, 권세와 능력, 모든 사람을 크게 하심과 강하게 하심을 가지시고 계신, 모든 것의 주인이자 왕 되신 분(대상29:11~13)이라는 의미입니다.

3 모든 것의 주인이자 왕 되신 하나님께서 무엇으로 우리의 속사람을 강건하게 하시나요?(엡3:16b)

➡ 하나님의 영이신 성령
➡ 그의 성령으로 말미암아 너희 속사람을 능력으로 강건하게 하시오며

* 하나님은 구하는 자에게 '하나님의 영'이신 '성령'을 주시겠다고 하십니다(눅11:13). 하나님의 영은 '예수를 주로 시인하게 하시고(고전12:3), 우리에게 믿음을 주시며(갈3:5), 우리를 지키시고, 인도하시며, 가르치시고(요14:46), 할 말을 생각나게 하시는(막13:11)분이십니다. 우리와 영원토록 함께하시는(요14:16) '하나님의 영'이십니다.

◇◇◇ 우리의 '속사람'은 '하나님의 생기'로 된 '생령'으로 '영의 생각'을 하며 늘 하나님을 추구합니다. 우리 안에는 육신의 소욕과 성령의 소욕이 항상 싸우는데, 이 둘은 서로 반대되는 것이여서 우리는 원하는 일을 할 수 없고 자유를 누리지 못하게 됩니다(갈5:17). 그러나 성령이 내 안에 임하시고 그분께 많은 권리를 내어드리면 우리의 속사람이 강건하여져서 주님과 같은 생각을 하게 되고, 주님의 뜻대로 행하게 되며, 주님이 드러나게 됩니다. 그 결과 육신의 생각대로 살면 죽을 수밖에 없었던 우리가 영의 생각으로 생명과 평안을 누리게 됩니다(롬8:6).

4 우리 안에 그리스도께서 거하시기 위해 필요한 것은 무엇이고,(엡3:17a) 우리는 무엇에 뿌리를 내리고 기초로 하여 살아가야 하나요?(엡3:17b)

➡ 사랑
➡ 믿음
➡ 믿음으로 말미암아 그리스도께서 너희 마음에 계시게 하시옵고 너희가 사랑 가운데서 뿌리가 박히고 터가 굳어져서

5 믿음으로 그리스도를 우리 안에 채우고, 사랑 안에 살아갈 때 우리가 알고 깨닫게 되는 것은 무엇인가요?(엡3:18~19a)

➡ 하나님의 신비인 그리스도의 사랑을 알고, 그 사랑이 얼마나 넓고 길고 높고 깊은지 인간의 모든 지식을 초월하는 사랑임을 깨달아 알게 됨
➡ 능히 모든 성도와 함께 지식에 넘치는 그리스도의 사랑을 알고
➡ 그 너비와 길이와 높이와 깊이가 어떠함을 깨달아

6 (인간이 이해할 수 없는, 인간이 할 수 있는 사랑을 초월한 큰 사랑 안에 거함으로) 하나님의 사랑을 깨달을 때, 우리에게 이루어지는 일은 무엇인가요?(엡3:19b)

➡ 하나님께서 우리를 통해 이루고자 하시는 일이 충분하고 넘치게 이루어짐
➡ 하나님의 모든 충만하신 것으로 너희에게 충만하게 하시기를 구하노라

7 하나님은 우리 안에 역사하시면서 우리가 바라거나, 생각하는 것을 어떻게 해 주실 수 있는 분이신가요?(엡3:20)

➡ 우리가 바라고 생각하는 것보다 넘치게 해주실 수 있으며, 좋은 것이라면 넘치게 이루어주십니다.
➡ 우리 가운데서 역사하시는 능력대로 우리가 구하거나 생각하는 모든 것에 더 넘치도록 능히 하실 이에게

8 바울은 이 모든 것을 통해 무엇이 이루어지길 간구하며 기도를 맺나요?(엡 3:21)

➡ 교회 안에서와 그리스도 예수 안에서 영광이 대대로 영원무궁하기를 원하노라 아멘

* 여기서 '교회 안에서와 그리스도 예수 안에서'의 의미는 교회와 예수를 믿는 자 안에서만 영광을 받으신다는 이야기가 아니라 '교회와 그리스도 예수를 통해서' 세세무궁토록 영광을 받으신다는 뜻입니다. 그것이 하나님께서 정해 놓으신 방법이며, 우리는 예수님 안에서, 예수님과 하나 되어 하나님께 영광을 돌릴 수 있습니다.

∞ 우리의 능력보다 뛰어나실 뿐 아니라, 모든 만물의 권세와 주인 되시며 우리를 사랑하시는 아버지 하나님께서 우리 안에서 우리가 바라고 원하는 것보다 더 많은 것을 주기 원하고 계십니다. 그러나 성도는 아버지의 모든 능력을 나의 영광과 나의 안락함을 위해서만 사용하는 자가 아니라 교회와 그리스도 예수를 통해 아버지의 영광을 구하는 자가 되어야 합니다. 예수님께서 그러하셨으므로 예수님과 하나 된 자는 아버지의 영광을 자신의 뜻으로 삼게 됩니다.

두 걸음

2 **말씀의 의미를 생각하기**

바울은 에베소서 3장 17절에서 이렇게 기도를 합니다.
'믿음으로 말미암아 그리스도께서 너희 마음에 계시게 하시옵고' …이 구절을 더 쉽게 풀어 보면, 이런 뜻이 됩니다.
'너희가 그리스도를 믿고 신뢰하는 만큼 그리스도께서 너희 마음에 계신다'라는 것입니다. 즉 예수 그리스도가 내 안에 얼만큼 계시느냐의 문제는 내가 예수님을 신뢰하는 만큼에 달려 있다는 뜻입니다.

< 바디바이블 p313~314 中>

1 삶을 살아가거나 어떤 일을 할 때 가장 먼저 무엇을 하고, 누구를 찾습니까? 내가 가장 의지하고 신뢰하는 사람은 누구인가요? 나 자신인가요? 나와 가장 가까운 사람인가요? 인맥을 활용해 이 일의 전문가를 찾느라 주님은 전혀 고려하지 못하고 있지는 않나요?

2 나는 일을 할 때 나의 힘과 주님을 의지하는 정도가 몇 대 몇 정도 되나요? 100% 온전히 주님께 맡길 수 있나요?

3 세 걸음
말씀에 나를 비춰보기

> …이 세상에서 스트레스를 가장 잘 처리하는 존재는 '어린아이'입니다. 어린아이는 자신의 스트레스를 부모님께 맡기기 때문입니다. 자신이 힘들고 아프다고 하는 상황을 호소하기만 할 뿐, 그 스트레스의 문제를 맡겨 버립니다. 그리고는 모든 것을 잊고 천진하게 뛰어놉니다.
> …그 어떤 병이든 걸리지 않는 해법은 주님께 내 삶의 문제를 내려놓는 것입니다. 그렇게 어린아이가 되는 것입니다. 어린아이처럼 오직 그리스도로 가득 채워지는 것입니다.
>
> **< 바디바이블 p314 中 >**

1 내 안에 가득 채워져 있는 고민은 무엇입니까? 왜 어린아이처럼 하나님께 문제를 맡기지 못할까요?

2 나의 자녀가 내가 쉽게 해결해 줄 수 있는 문제를 나에게 털어놓지 않고 끙끙 앓고 있다면 나의 마음은 어떨까요? 그런 자녀에게 어떤 말을 해주고 싶은가요?

오늘 깨달은 것과 기도제목을 나눕니다.

● 〈오늘의 말씀〉을 함께 암송합니다.

나의 산성, 피할 반석 되신 하나님 앞에

겸손히 나를 억누르는 문제, 고민,

삶의 짐을 내려놓습니다.

바디 바이블 나눔교재
BODY BIBLE STUDY BOOK

제목 | 바디 바이블 나눔교재(인도자용)
초판 | 1쇄 발행 2019년 5월 1일
지은이 | 이창우
펴낸이 | 김정신
책임편집 | 이상완, 유수진
디자인 | 정성진, 허지혜
일러스트 | 이수지
펴낸곳 | 서우북스
주소 | 서울시 강남구 논현로 507 성지하이츠3차B/D 107호
전화번호 | 02-2088-3055
이메일 | gsh4u2love@gmail.com
페이스북 | facebook.com/bodybibles
등록일 | 2018년 4월 17일
책값 | 뒤표지에 있습니다.
ISBN | 979-11-963804-2-7 03230

"서우(瑞友)"는 "남녀노소 모든 사람들에게 복이 되는 친구"라는 뜻으로
서우북스는 문서출판을 통하여 좋은 친구처럼 도움을 주는 일에 주력하고자 합니다.